UTB 3564

W0039132

Eine Arbeitsgemeinschaft der Verlage

Böhlau Verlag · Wien · Köln · Weimar
Verlag Barbara Budrich · Opladen · Farmington Hills
facultas.wuv · Wien
Wilhelm Fink · München
A. Francke Verlag · Tübingen und Basel
Haupt Verlag · Bern · Stuttgart · Wien
Julius Klinkhardt Verlagsbuchhandlung · Bad Heilbrunn
Mohr Siebeck · Tübingen
Nomos Verlagsgesellschaft · Baden-Baden
Orell Füssli Verlag · Zürich
Ernst Reinhardt Verlag · München · Basel
Ferdinand Schöningh · Paderborn · München · Wien · Zürich
Eugen Ulmer Verlag · Stuttgart
UVK Verlagsgesellschaft · Konstanz, mit UVK/Lucius · München
Vandenhoeck & Ruprecht · Göttingen · Oakville
vdf Hochschulverlag AG an der ETH Zürich

Andrea Komlosy

Globalgeschichte

Methoden und Theorien

BÖHLAU VERLAG WIEN KÖLN WEIMAR · 2011

Andrea Komlosy ist a. o. Universitätsprofessorin am Institut für Wirtschafts-
und Sozialgeschichte der Universität Wien.

Gedruckt mit Unterstützung durch
das Bundesministerium für Bildung, Wissenschaft und Forschung BM.W_Fª

Bibliografische Information der Deutschen Bibliothek:

Die Deutsche Nationalbibliothek verzeichnet diese Publikation in der
Deutschen Nationalbibliografie; detaillierte bibliografische Daten sind
im Internet über http://dnb.ddb.de abrufbar.

Online-Angebote oder elektronische Ausgaben sind erhältlich
unter www.utb-shop.de.

Einbandgestaltung: Atelier Reichert, Stuttgart
Druck und Bindung: Freiburger Graphische Betriebe, Freiburg
Gedruckt auf chlor- und säurefrei gebleichtem Papier
Printed in Germany

UTB-Band-Nr.: 3564 | ISBN 978-3-8252-3564-2

Inhalt

Einführung

Globalgeschichte ist in den vergangenen Jahren zu einer Teildisziplin der Geschichtswissenschaften geworden, die aus keinem Lehrplan mehr wegzudenken ist. Sie knüpft in vieler Hinsicht an ältere Traditionen der Welt- und Universalgeschichte an, die im 18. und 19. Jahrhundert einen zentralen Stellenwert im geschichtswissenschaftlichen Kanon einnahmen und erst in der zweiten Hälfte des 19. und im 20. Jahrhundert von einer primär nationalgeschichtlichen Ausrichtung verdrängt wurden. Dies trifft insbesondere für den deutschen Sprachraum zu, während in den USA und der Sowjetunion, aber auch in den Staaten mit langjähriger kolonialer Tradition, wie Großbritannien, den Niederlanden und Frankreich, Weltgeschichte entweder in ihrer Ausprägung als Universalgeschichte, als Geschichte der westlichen Zivilisation oder als Übersee- und Kolonialgeschichte stets prominent vertreten war. Deutschlands überseeische koloniale Aktivität war demgegenüber vergleichsweise gering und auf eine kurze Periode am Ende des 19. Jahrhunderts beschränkt. Die Habsburgermonarchie bzw. die Republik Österreich verfügte über keinen überseeischen Kolonialbesitz. Expansionen der deutschen Staaten mit kolonialem und imperialistischem Charakter waren nach Ost- und Südosteuropa gerichtet, dessen Länder zwischen dem 16. und dem 19. Jahrhundert zwischen den angrenzenden Reichen – dem zaristischen Russland, der Habsburgermonarchie, Preußen bzw. Deutschland sowie dem Osmanischen Reich – aufgeteilt wurden; da diese Gebiete als Provinzen in die Reiche eingegliedert wurden, kann von einer kolonialen Herrschaft im engeren Sinn, die einheimische von kolonialen Untertanen unterschied, nicht die Rede sein; in wirtschaftlicher und kultureller Hinsicht, aber auch in Hinblick auf Integration und Aufstiegschancen erfüllten die inneren Peripherien der Reiche eine den überseeischen Kolonien der westeuropäischen Kolonialmächte vergleichbare Rolle. Diese Regionen und ihr Verhältnis zu den angrenzenden Reichen stellen aus zentraleuropäischer Perspektive einen wichtigen Forschungsgegenstand von Globalgeschichte dar. In

Globalgeschichte knüpft an ältere Traditionen der Welt- und Universalgeschichte an.

Globalgeschichte muss ihre Aufgabe als Subdisziplin innerhalb der Wissenschaftslandschaft erst finden und in Kooperation mit anderen Disziplinen behaupten.

der Arbeitsteilung der Historikerzunft werden sie – Russland eingeschlossen – in einer eigenen Teildisziplin der Geschichtswissenschaften, der Osteuropäischen Geschichte, behandelt. Sie bleiben damit als Arealwissenschaft aus der allgemeinen Geschichte ausgeschlossen und fristen eine Sonderexistenz, die sie mit den regionalen Kulturwissenschaften, den *Area Studies,* teilen, die sich auf außereuropäische Regionen – ausgenommen die nordamerikanischen Siedlerkolonien – spezialisieren. Arealwissenschaften, ob in Osteuropa oder in anderen Teilen der Welt, stellen als regionale Kulturwissenschaften, die Sprachen, Denksysteme, Philosophie, literarische Überlieferung, Geschichte und Mentalitäten in ihrer Wechselwirkung behandeln, eine wesentliche Grundlage für jede globalgeschichtliche Herangehensweise dar. Diese Ausführungen zeigen, dass Globalgeschichte ihre Aufgabe als Subdisziplin innerhalb der Wissenschaftslandschaft erst finden und in Kooperation mit anderen Disziplinen behaupten muss. Der Standort des Betrachters ist dabei von entscheidender Bedeutung.

Das Hin- und Hergehen zwischen den Disziplinen ist für Globalgeschichte unerlässlich. Dazu kommt, dass Kompetenz in mehreren Regionen bzw. Kulturen erforderlich ist. Aus diesem Anforderungsprofil resultieren besondere arbeitspraktische Konsequenzen in Hinblick auf die Erforschung überregionaler bis hin zu transkontinentalen Interaktionen und Beziehungen als engerem Aufgabengebiet von Globalgeschichte.

Globalgeschichte ist Methode.

vgl. Osterhammel: Globalgeschichte als Perspektive

Globalgeschichte steht ganz generell für eine bestimmte Annäherung an die Erforschung von Geschichte, ein Erkenntnisinteresse, das nicht thematisch oder räumlich definiert ist, sondern jede Frage und jeden Raum betreffen kann. Wenn Globalgeschichte eine bestimmte Herangehensweise an Geschichte verkörpert, ist Globalgeschichte Methode. Auch räumlich sehr begrenzte Themen, wie zum Beispiel die Geschichte einer Stadt, einer Region, einer Familie oder eines Unternehmens, können unter globalgeschichtlichen Prämissen interessant sein. Das heißt nicht, dass alles und jedes Globalgeschichte werden muss, denn es gibt Aspekte des sozialen Lebens, die ausschließlich kleinräumig bestimmt und nur in diesem Kontext erklärbar sind. Doch fast jede Frage hat auch eine globalgeschichtliche Dimension. Das heißt, sie führt über den engeren räumlichen Horizont ihres Schauplatzes hinaus, und sie beruht auf Entwicklungen und Voraussetzungen in Regionen und in Bereichen, die außerhalb liegen.

Sie basiert auf Interaktion, die nur aus dem überregionalen und aspektübergreifenden Zusammenhang heraus verständlich ist. Globalgeschichte bedeutet mithin, den Vergleich, die Verbindung und die Interaktion zwischen verschiedenen regionalen Schauplätzen des historischen Geschehens über klein-, mitunter auch großräumige Grenzen hinweg in Angriff zu nehmen.

Jede Frage, wie weit sie auch auf regionale, nationale oder internationale Ebenen wirkt, hat auch ihre lokale Verankerung. Die Koexistenz mehrerer räumlicher Handlungsebenen ist geradezu der Normalfall. Und der Forscher muss entscheiden, von welcher dieser Ebenen er ausgeht und welche weiteren Ebenen er in seine Überlegungen einbezieht. All dies macht deutlich, dass Globalgeschichte hier nicht als *big history* begriffen wird, gleichsam als eine Ebene des Geschehens, das über den konkreten Orten und Menschen schwebt und diese von oben beeinflusst. Globalgeschichte kann und darf also nicht nur „global" vorgehen. Vielmehr geht es um die Beziehung und Vermittlung zwischen diesen verschiedenen, überlappenden Horizonten, um die Verankerung einer Frage in ihrem räumlichen Beziehungsgeflecht.

Die GlobalhistorikerIn muss das gleiche Rüstzeug mitbringen wie jede/r andere HistorikerIn auch. Ihre ureigenste Aufgabe in der Arbeitsteilung der Historikerzunft ist die Frage nach dem Zusammenhang: zum einen dem Zusammenhang zwischen verschiedenen Schauplätzen, Orten, Räumen, zum anderen dem Zusammenhang zwischen verschiedenen räumlichen Ebenen. Dabei muss nicht unbedingt eine Kontinentgrenze, ja, nicht einmal eine Staatsgrenze überschritten werden. Interregionale Interaktion kann auf jeder räumlichen Ebene einen Gegenstand der Globalgeschichte bilden.

Man mag einwenden: Auch jeder andere Historiker bemüht sich, Zusammenhänge herzustellen. Das ist richtig. Dieser geht dabei aber primär von einem bestimmten Sachgebiet, einem Aspekt, zum Beispiel Wirtschaft, Soziales, Geschlecht oder sozialer Schichtung aus, unter Umständen zu einem bestimmten Zeitpunkt oder in einer bestimmten Epoche, an einem bestimmten Ort oder Raum. Der Globalhistoriker hingegen ist in erster Linie am Vergleich, dem Inbeziehungsetzen, der Einordnung in den größeren räumlichen oder epochenübergreifenden Zusammenhang interessiert. Die beiden Herangehensweisen und ihre Protagonisten können und sollen einander treffen und einander in

Globalgeschichte kann und darf nicht nur „global" vorgehen.

die jeweilige Perspektive verwickeln. Dies würde bedeuten, dass der Globalhistoriker sich auf die Mikro- und Fallperspektive einlassen muss, und der Historiker, der sich auf bestimmte Epochen, Räume oder Aspekte konzentriert, sich einer globalhistorischen Methode befleißigt, also *Globalgeschichte als Methode* betreibt, wie dies viele VertreterInnen ihres Faches explizit oder implizit praktizieren.

Methoden, Theorien, Modelle

Was auswählen, wie auswählen?

Großräumig, auf mehreren räumlichen Ebenen und Epochen überschreitend zu arbeiten, stellt den Historiker vor das Problem der Materialfülle. Was auswählen, wie auswählen? Und den Wald nicht vor lauter Bäumen aus den Augen verlieren! Es gibt im Prinzip nur einen Weg (der keineswegs nur für globalgeschichtliche Fragestellungen gilt): Ich nehme eine Auswahl, eine Einschränkung der Primärquellen aufgrund bestimmter theoretischer Vorannahmen, Hypothesen über Wirkungs- und Ablaufzusammenhänge vor. Dies birgt die Gefahr, dass ich mich dem historischen Material mit Balken vor dem Kopf nähere und Wichtiges nicht zur Kenntnis nehme. Wir müssen also vorsichtig sein und immer wieder Quellen überprüfen, auch wenn sie nicht ins Konzept zu passen scheinen. Zudem müssen auch die passenden Theorien ausgewählt werden, was sachliche, aber auch philosophische und weltanschauliche Implikationen hat. In der Praxis besteht der Forschungsprozess aus einem oftmaligen Hin- und Hergehen zwischen den Quellen und den Theorien, mit deren Hilfe ich die Quellen auswähle, sondiere und interpretiere. Mehrere Durchgänge sind deshalb notwendig, um die Plausibilität der Hypothesen, die ein Modell nahelegt, mit den empirischen Quellen zu konfrontieren und aufgrund des konkreten Materials die Hypothesen zu korrigieren und der Fragestellung anzupassen. Auf diese Weise formt der Historiker im Prozess des Quellen- und Literaturstudiums die von ihm herangezogenen Theorien und Modelle zu Instrumenten, die auf seine Fragestellung zugeschnitten sind.

Theorien und Modelle kommen auch bei der Interpretation der Forschungsergebnisse zum Tragen. Für GlobalhistorikerInnen, die sich auf die Einordnung in größere Zusammenhänge konzentrieren, ist dies besonders wichtig. Einordnungen verlangen Konzepte, also Theorien und Modelle, die in vorhergegangenen Forschungen entwickelt wurden und nun für die Interpretation neuer Ergebnisse genutzt werden. Historiker haben zu allen Zeiten Konzepte verwendet und entwickelt, die Annahmen über Ursachen, Abläufe und Ziele bestimmter Ereignisse und Entwicklungen darstellen. Sie haben diese Konzepte aus der Empirie, der Beobachtung und dem Studium der Quellen entwickelt und folgten dabei alten Überlieferungen, philosophischen oder theologischen Annahmen über Sinn und Zweck des Menschseins und den Lauf der Geschichte. Auch die Ergebnisse der Naturwissenschaften über Erdgeschichte, Menschheitsentwicklung und Entwicklungspsychologie flossen in die Konzepte ein. In der europäischen Geschichtsschreibung sind wir besonders mit den Geschichtsbildern aus dem alten Griechenland und Rom vertraut. Seit dem Mittelalter wurden die vom Christentum bestimmten Vorstellungen vom Wesen des Menschen und Sinn des Lebens prägend. Die älteren Denkstrukturen wurden in der Neuzeit in das klassische europäische Fortschrittsmodell transformiert, das – ebenso wie das römisch-katholische Christentum – universelle, menschheitsweite Geltung beanspruchte. Es gibt gute Gründe, diese alten Konzepte und Denkstrukturen zurückzuweisen; dies enthebt uns allerdings nicht der Notwendigkeit, frühere Perioden im Lichte damals wirkender Vorstellungen zu betrachten und eine Entscheidung darüber zu treffen, was davon weiterhin zutreffen mag oder durch neue Annahmen und Erkenntnisse ersetzt werden muss.

Im 19. Jahrhundert zerfiel die Kombination von Überlieferung, Empirie und religiöser bzw. philosophischer Sinnstiftung und wurde durch Wissenschaften ersetzt. Diese spalteten sich in Einzeldisziplinen mit ihrem jeweils eigenen Methodenkanon auf. Eine entscheidende Spaltungslinie bildete die Trennung in eine idiosynkratische und eine nomothetische Richtung. Unter idiosynkratisch verstehen wir eine Wissenschaftstradition, die aus den Quellen schöpft und ihre Ergebnisse erzählend vorträgt; ihre Methoden bestehen im Einfühlen (Hermeneutik) und der Quellenkritik. Dies war das Verständnis einer Geschichtswissenschaft, die dem Historismus verpflichtet war und, mit Leopold von Ranke, nachspüren wollte, „wie es eigentlich gewesen ist". Als nomothetisch werden demgegenüber systematische Wissenschaften bezeichnet, die mit Gesetzen und Axiomen arbeiteten und Statistik, Reihen- und Modellbildung als ihre Methoden entwickelten. Sie lieferten keine Erzählung, sondern Synthesen. Ur-

Theorien und Modelle kommen auch bei der Interpretation der Forschungsergebnisse zum Tragen.

Von einem Globalhis-
toriker wird nicht mehr
verlangt als von anderen
Wandernden zwischen
den Kulturen.

sprünglich in den Naturwissenschaften entwickelt, verbreitete sich
diese Herangehensweise in den Sozial- und Wirtschaftswissenschaften.
Beide Schulen zeichneten sich durch gegenseitige Geringschätzung
aus und lehnten es ab, sich die jeweils andere Methode zu eigen zu
machen. Die Trennung wurde erst überwunden, als Historiker be-
gannen, Geschichte als historische Sozialwissenschaft zu begreifen
und Quellenstudium und Fallstudien mit quantitativen Verfahren,
Theorie- und Modellentwicklung zu kombinieren. Die prominentes-
ten Vertreter stellte die um die Zeitschrift „Annales d'histoire économique et sociale" (1929 ff.) gruppierte französische Historikergruppe
dar, deren Anstöße weltweit aufgegriffen wurden und vielerorts zur
Herausbildung von Wirtschafts- und Sozialgeschichte als Subdisziplin der Geschichtswissenschaften führten.

Die Zusammenführung der idiosynkratischen und der nomothe-
tischen Traditionen erweist sich für globalgeschichtliche Zugänge als
unerlässlich. GlobalhistorikerInnen müssen nicht nur verschiedene
historische Teilgebiete und Arealwissenschaften zusammenführen,
sondern auch mit den Entwicklungen in sozial- und wirtschaftswissenschaftlichen Disziplinen vertraut sein. Je nach Fragestellungen
werden auch Recht, Ethnologie, Agrar- und Geowissenschaften mit
einzubeziehen sein. Daraus folgt, dass Globalgeschichte sowohl zur
Entwicklung von Fragestellungen als auch zur Analyse von Ergebnissen kollektive Anstrengungen erfordert, basierend auf Teildisziplinen
mit ihren spezifischen Spezialisierungen und Sprachkompetenzen.
Dieses Buch schließt alle diese SpezialistInnen als Zielgruppe ein,
wendet sich aber in erster Linie an HistorikerInnen, unabhängig davon, ob sie von einer Mikro- oder einer Makro-Ebene ausgehen, die
Globalgeschichte in dem Sinn betreiben wollen, dass sie das Zusammenspiel von Geschehnissen, die in verschiedenen Regionen und auf
verschiedenen räumlichen Ebenen stattfinden, analysieren wollen.

In einer solchen Situation befindet sich jeder Reisende. Er fühlt
und denkt in den Dimensionen seiner Welt, wenn er andere Welten
betritt, und bringt neue Sichtweisen und Erkenntnisse mit heim. In
einer ähnlichen Situation befindet sich auch jeder Migrant. Es er-
geht ihm wie dem Reisenden mit dem Unterschied, dass Aufbruch
und Rückkehr u. U. nicht aus freien Stücken erfolgt sind, existen-
zielle Fragen (Aufenthalt, Überleben, Identität) im Spiel sind und
das Hin- und Hergehen wie das Hin- und Hergerissensein zwischen

zwei Welten jahre- bis lebenslang dauern kann und oft in nachfolgende Generationen weiter wirkt. Es wird von einem Globalhistoriker also nicht mehr verlangt als von anderen Wandernden zwischen den Kulturen. Dazu kommt freilich, dass sich der Historiker nicht nur zwischen den Räumen bewegt, sondern auch auf der Zeitachse mit ihrer unterschiedlichen Chronologie, je nachdem in welchem Raum das Geschehen angesiedelt ist.

Eurozentrismus und Universalisierung

Aus dem Gesagten resultiert, dass ein beweglicher Globalhistoriker in mindestens einem Raum wissenschaftlich und kulturell verankert sein muss, um von diesem aus überlokale/überregionale Zusammenhänge in den Blick zu nehmen. Er gewinnt so Einblick in das Selbstverständnis, das die Weltsicht der BewohnerInnen prägt, und damit in die Vorurteile, die diese BewohnerInnen anderen Regionen und Kulturen entgegenbringen. Im Fall von Europäern nahm die regional bedingte Weltsicht, die jeder Region eigen ist, also der Eurozentrismus, eine besondere Entwicklung. Aufgrund der Dominanz, die Europa im Laufe des 18. und 19. Jahrhunderts über die gesamte Welt erlangt hatte, konnte die europäische Perspektive verallgemeinert und zum universellen Prinzip erklärt werden. Das damit verknüpfte, eurozentrische Bild von Fortschritt und Entwicklung erreichte auch in außereuropäischen Gesellschaften eine solche Hegemonie, dass von einer Europäisierung der Welt gesprochen werden kann.

Dies so zu konstatieren, spricht Machtverhältnisse an – verbunden mit der Gefahr, diese als unwidersprochen, als absolut und als unumstößlich zu betrachten, obwohl sie doch in- und außerhalb Europas permanent herausgefordert und bekämpft oder transformiert und mit lokalen/regionalen Verhältnissen abgemischt wurden. Dies herauszuarbeiten, zieht sowohl dem fixen Bild vom „Europäer" als auch der „Europäisierung" den Boden unter den Füßen weg. Es zeigt sich, dass es keine einheitliche „europäische" Haltung gegenüber dem Rest der Welt gibt, sondern Kolonialismus, Imperialismus und Weltbeherrschung von ganz bestimmten Regionen ausgingen, von bestimmten Interessen und Akteuren getragen waren und entgegen der allseitigen Verallgemeinerung niemals alle EuropäerInnen einschlossen. Der eurozentrische Universalismus war genau so nach

Der eurozentrische Universalismus ist genauso nach innen wie nach außen gerichtet.

innen wie nach außen gerichtet: Er holte Menschen und Regionen in ein Boot, deren Interessen einander antagonistisch gegenüberstanden, und er fügte „den Rest der Welt" zu einer außereuropäischen Einheit, die es nicht gab, zusammen. Indem diese universalisierende Sichtweise jedoch durchgesetzt, angenommen und verbreitet wurde, erlangte der Eurozentrismus reale Macht. Seine Macht ist realer als jene anderer regional bedingter Weltsichten, etwa einer chinesischen oder einer arabisch-islamischen Perspektive, nicht weil diese keine universalisierenden Sichtweisen kennen, sondern weil diese keine praktische weltweite Wirkungsmacht erlangten.

Globalhistoriker bemühen sich, regional bedingte Weltsichten in ihrem jeweiligen Kontext zu verstehen. Dabei zählen sie auf die Kooperation regionaler SpezialistInnen. Darüber hinaus fragen sie, indem sie untersuchen, welche Geltung regionale Sichtweisen in Hinblick auf den Rest der Welt erlangten, und vergleichen Anspruch und Wirkung. Nehmen wir das Beispiel von Großbritannien, das im 19. Jahrhundert die globale Hegemonialmacht darstellte, und China, dessen unangefochtene Stellung als eigenständiges Weltreich damals erodierte. Großbritannien setzte im 19. Jahrhundert seine Interessen auf Marktbeherrschung mit dem Argument durch, seine Standards (Goldstandard, Freihandel etc.) seien Ausdruck der allgemeinen Vernunft und des Fortschritts. China interpretierte die Welt ebenfalls aus einer universellen Reichsperspektive, gemäß der „alles unter der Sonne", also auch der englische König, in Vasallenbeziehungen zum Zentrum, dem chinesischen Kaiser, gesetzt wurde. Auf dieser Basis wies dieser englische Ansprüche zur Kontrolle chinesischer Häfen und des Außenhandels zurück, ohne zu bedenken, dass England und seine Verbündeten ihren Forderungen nach freiem Handel mit China mit militärischem Nachdruck zum Durchbruch verhelfen würden. So kam es zur Gestaltung der Weltwirtschaft nach britischen und nicht nach chinesischen Vorstellungen – einschließlich der Kriterien, was als Fortschritt zu gelten habe. Diese eurozentristischen Bilder haben sich auch unter geänderten politischen Rahmenbedingungen verfestigt und verselbstständigt. Sie freizulegen (sprich: zu dekonstruieren), ist eine der zentralen Voraussetzungen, um darauf weitere globalhistorische Beziehungsanalysen aufzubauen.

Aufbau des Buches

Das Buch bietet eine grundsätzliche Auseinandersetzung mit Globalgeschichte als einer, mit der zunehmenden Intensität globaler Vernet-
zung aufstrebenden Teildisziplin der Geschichtswissenschaften. Was
macht eine Frage zu einer globalgeschichtlich relevanten, und worin
besteht der spezifisch globalhistorische Zugang?

Was macht eine Frage zu einer globalgeschichtlich relevanten, und worin besteht der spezifisch globalhistorische Zugang?

Der Aufbau folgt in drei Abschnitten den großen Fragen, die sich
einer globalhistorischen Zugangsweise stellen:

- Raum und Zeit und ihre Untergliederungen,
- die Probleme, die sich aus räumlicher Ungleichheit und der Ungleichzeitigkeit historischer Prozesse ergeben,
- schließlich die Frage nach der adäquaten räumlichen Einheit, von
der aus die Untersuchung regionenübergreifender Prozesse zu bewerkstelligen ist – Kleinraum, Weltregion oder Weltsystem – und wie die
verschiedenen räumlichen Ebenen miteinander zusammenhängen.

Es handelt sich somit um eine problemorientierte Gliederung, nicht
um eine theorienorientierte (zu Theorien der Globalgeschichte vgl.
Fässler 2007; zu Theorien der Globalisierung vgl. Rehbein/Schwengel
2008). Die Probleme werden systematisch entfaltet, und sie entfalten sich so, wie sie sich dem Historiker, der eine globalgeschichtliche
Fragestellung in Angriff nimmt, stellen – entweder bei der Lektüre,
die die globalen Implikationen eines Werkes herausfiltert, oder beim
Verfassen selbstständiger globalgeschichtlicher Studien. Insofern ist
das Buch systematischer Problemaufriss und methodisch-arbeits-
praktische Anleitung in einem. Darüber hinaus vermittelt jedes Kapitel Einblick in wichtige theoretische Ansätze, ihre AutorInnen und
Werke und diskutiert diese in Hinblick auf ihre Implikationen und
ihre Erklärungskraft.

Literaturhinweise im Text sind knapp gehalten. Am Ende jedes Kapitels befindet sich ein kurzer Literaturbericht. Dieser dient einerseits
als Nachweis der herangezogenen Werke, andererseits als Hinweis auf
wichtige Werke zum Thema, die weiterführende Literatur beinhalten.
Es wurden bevorzugt Werke in deutscher Sprache oder Übersetzungen ins Deutsche aufgenommen. Damit soll unterstrichen werden,
dass Globalgeschichte nicht nur von jedem Ort, sondern auch von
jeder Sprache aus in Angriff genommen werden kann, auch wenn

Fremdsprachenkenntnisse und übergreifende Kommunikationssprachen hilfreich und notwendig sind.

Im Anhang befindet sich ein arbeitspraktisches Kapitel, das auf Erfahrungen der Autorin bei der Betreuung von Studierenden der Globalgeschichte und der Global Studies an der Universität Wien beruht.

Raum und Zeit

Dieser Abschnitt behandelt die Grundkategorien der Geschichtswissenschaften, Raum und Zeit, und diskutiert diese in Hinblick auf die globalgeschichtliche Aufgabe, diese einerseits in ihrer weltregionalen Vielfalt, andererseits in der Verbindung unterschiedlicher Räume mit ihren je eigenen Zeiten zu erfassen (Kapitel 1). Er erörtert die Möglichkeit einer Periodenbildung, die eurozentrische Vorgaben überwindet (Kapitel 2). Zentrale Kategorien der Einordung einzelner Regionen im Raum und in der Zeit bilden die Basis für die Bestimmung von Rückständigkeit oder Peripherisierung. Diese beinhalten unterschiedliche Konzepte zur Erklärung ungleicher regionaler Entwicklung, die ihrerseits auf Strategien verweisen, räumliche Ungleichheit zu überwinden (Kapitel 3).

1. Raum und Zeit als zentrale Kategorien der Geschichte

Jede Fragestellung hat eine zeitliche und eine räumliche Dimension. Jedes Ereignis und jeder Prozess verfügen über Anfang, Ende, Dauer und Rhythmus, sie haben einen oder mehrere Schauplätze, von denen sie auf weitere Räume wirken und ausstrahlen. Die Vielfalt der Räume bringt es mit sich, dass auf der Welt ständig eine Vielzahl von Entwicklungen unterschiedlichen Tempos und unterschiedlicher Reichweite vonstatten geht. Stehen diese Prozesse untereinander in Verbindung, wirken die Räume in ihrer Zeitstruktur aufeinander ein. Vermittelt über die Interaktion werden die Unterschiede zwischen den Räumen dynamisiert. Im Ergebnis transformieren sich regionale Unterschiede in eine übergreifende ungleiche Raumstruktur, die in weiterer Folge nur mehr aus dem interaktiven Zusammenhang heraus erklärbar ist. Raum und Zeit müssen im Prozess überregionaler Interaktion daher immer im Zusammenhang betrachtet werden. Im Folgenden werden elementare Möglichkeiten, Raum und Zeit zu gliedern, zuerst getrennt vorgestellt und anschließend in Hinblick auf mögliche raum-zeitliche Gliederungskonzepte zusammengeführt.

Jede Fragestellung hat eine zeitliche und eine räumliche Dimension.

Raumhorizonte

Raumhorizonte umfassen sämtliche Ebenen des Geschehens von der lokalen, über die regionale bis hin zur überregionalen und letztlich die ganze Welt umfassenden Ebene. Dabei stellt sich die Frage, wodurch Raum untergliedert wird und wer die Raumgliederung vornimmt. Sind Räume durch naturgegebene Eigenschaften festgelegt? Sind es Personen, die als Händler, Reisende, Fahrende, Migranten oder Flüchtlinge ihre Routen bestimmen? Sind es die Ereignisse selbst, die einen gewissen Raum in Anspruch nehmen und damit ihren räumlichen Horizont definieren? Sind es Herrscher oder Verwalter, die auf ein bestimmtes Territorium, seine Ressourcen und die Steuerkraft ihrer Untertanen Anspruch erheben? Und die über persönliche Rechte oder über Gesetze auf die Bewegungsfreiheit und den Mobilitätsradius ihrer Untertanen bzw. Staatsbürger Einfluss nehmen können? Oder sind es Angebot und Nachfrage auf Arbeitsmärkten, die die Routen, Ziele und Aufenthaltsorte der Menschen vorgeben?

Existiert räumliches Bewusstsein?

Dazu kommt die Frage, ob ein, und wenn ja, welches räumliche Bewusstsein existiert? Identifizieren sich Bewohner mit bestimmten räumlichen Einheiten, angefangen von der Wohnumgebung, von Gemeinden, Gegenden über staatliche und substaatliche politische Einheiten bis hin zu internationalen Vereinigungen? Hat die räumliche Identität territorialen Charakter oder ist sie netzwerkartig verfasst, umfasst also nur jene Personen, die bestimmte Merkmale teilen (z. B. Sprache, Religion) oder an einer bestimmten Interaktion (z. B. Handel, Krieg) teilhaben? Welche Eigenschaften, Bekenntnisse, Einstellungen und Aktivitäten sind überhaupt dazu geeignet, Zusammengehörigkeitsgefühle auf räumlicher Ebene hervorzubringen?

Varianten räumlicher Gliederung

- Naturräume
- Politische Räume (Herrschafts- und Verwaltungsräume)
- Kulturräume
- Interaktionsräume
- Identitätsräume
- Raumkonstrukte der Wissenschaft

Raum kann in folgender Weise untergliedert werden: Natur-, Herrschafts- und Verwaltungsräume haben territorialen Charakter und sind durch natürliche oder politische Grenzen begrenzt. Kulturräume können mit einem bestimmten politischen Territorium übereinstimmen; sehr oft decken sie sich nicht mit politischen Grenzen, sondern überlappen einander und reichen in verschiedene Territorien hinein. Sie lösen sich im *mental mapping* von der physischen Geographie; umgekehrt bieten kulturräumliche Vorstellungen Anlass zur politischen oder militärischen Besetzung von Territorien. Interaktionsräume richten sich nach der Spannweite einer bestimmen Handlung, sind also offen in der Reichweite, was allerdings nicht unbedingt bedeutet, dass alle Beteiligten diese Handlungshorizonte in ihrer Zusammengehörigkeit wahrnehmen oder akzeptieren, also eine damit verbundene räumliche Identität entwickeln. Räumliche Identität, das heißt die Identifikation von BewohnerInnen mit bestimmten Räumen, kann klein- und großräumige Ausmaße annehmen, und sie kann unterschiedliche Räume bzw. Reichweiten gleichzeitig einschließen. Die Identifikation mit politischen Räumen war lange Zeit auf Herrscher und Eliten beschränkt, im Zuge der staatlichen Konsolidierung und der Ausweitung der politischen Berechtigung auf breitere Bevölkerungskreise entstand staatsbürgerliche Identität. Der Nationalismus diente der identitären Anbindung der Bürger an den Staat, verursachte allerdings auch Probleme, weil er die politische mit der ethnisch-kulturellen Identität verband und deren Deckungsgleichheit anstrebte, die in den wenigsten Fällen gegeben war. Deckungsgleichheit konnte durch Assimilation ethnischer Minderheiten oder durch Abtrennung ihrer Siedlungsgebiete und Gründung neuer Staaten bewerkstelligt werden. Beide Prozesse wurden im 19. Jahrhundert in Europa bestimmend und erreichten weltweiten Einfluss. Es gab und gibt aber auch Staaten, in denen multiple ethnische Identitäten in einem politischen Territorium akzeptiert werden, ebenso wie diese als politische Einheiten in einer übergreifenden, netzwerkartigen Zusammengehörigkeit, z. B. von Diasporagemeinschaften, empfunden werden können.

Die Wissenschaft muss von vorhandenen Raumgliederungen ausgehen und danach fragen, welches die Umstände für die Ausbildung, Abfolge und den Wandel bestimmter Raumgliederungen waren; Wissenschaftler „verlieben" sich manchmal in den Raum, den sie erforschen, und identifizieren sich mit ihm; dabei kann es sich um

Mental mapping von der physischen Geographie lösen

einen historischen Raum handeln, es kann sich aber auch um ein Raumkonstrukt handeln, das lediglich aus einer ForscherInnenperspektive gebildet wurde. Gerade in der Globalgeschichte sind Räume, die rein dem ForscherInnenblick entsprechen, häufig. Dies liegt darin, dass Menschen, die mit ihren Handlungen überregionale Wirkung erzielen, sich der Reichweite ihrer Handlungshorizonte oft nicht bewusst sind: Die Forschung kann also Dinge verbinden – und damit Interaktionsräume kreieren –, die von den Beteiligten als getrennt wahrgenommen wurden. Wir müssen uns daher als WissenschaftlerInnen fragen, inwieweit die Raumeinheiten und Raumbezüge, die wir schaffen, unser eigenes Erzeugnis sind, das uns als Instrument zur Analyse von räumlichen Zusammenhängen dient.

Räume der Globalgeschichte

> **Raumhorizonte**
> - Kulturräume (durch Verbreitung gemeinsamer kultureller Merkmale und Praktiken bestimmt)
> - Zivilisationen (durch Landschaft, Geschichte, Vielfalt der Kulturen geprägte Großräume)
> - Staaten und Reiche
> - Weltwirtschaften und Weltsysteme mit Zentren und Peripherien
> - Nationalökonomien

Kulturräume und Zivilisationen

Kulturräume werden durch ein breites Spektrum kultureller Praktiken definiert.

Kulturräume werden durch ein breites Spektrum kultureller Praktiken charakterisiert, das über Haus- und Siedlungsformen, Familien- und Verwandtschaftssysteme, Speisepläne, Kleidung, Agrar- und Gewerbetechniken, Bräuche, Überlieferung, Literatur, Herrschafts- und Partizipationssysteme, Lebenseinstellung, Normen, Wert- und Transzendenzvorstellungen definiert wird. Bei allen fließenden Übergängen und historischem Wandel in der Ausprägung ist es ganz offensichtlich, dass es hier große regionale Unterschiede gibt und dass daher eine Unterteilung in verschiedene Kulturareale sinnvoll ist. Ein Problem dabei ist, dass Kulturräume im Lauf der Nationalismen des 19. Jahrhunderts mit nationalen Stereotypen und dem von der Nation beanspruchten politischen Territorium in Verbindung gebracht wurden. Dabei gewannen Sprache und Ethnizität Vorrang über alle anderen kulturellen Merkmale. Aber auch dort, wo kulturräumliche Zusammengehörigkeiten nicht in den Dienst der Politik gestellt wurden, wurde die Zusammengehörigkeit in der Regel aus der Perspektive der Abgrenzung von anderen Kulturen gesehen. Austausch, gegenseitige Beeinflussung und Akkulturationen, das heißt die Übernahme von Elementen einer fremden Kultur, wurden zwar nicht unbedingt ausgeschlossen, aber als externer Faktor für eine im Wesentlichen aus sich selbst heraus definierte Kultur angesehen. Dies ist der Grund, warum viele Forschende den Begriff Kultur und Kulturraum ablehnen, wie er in der Romantik von Sprachforschern wie Johann Gottfried Herder (im deutschen Sprachraum) oder Nikolai Jakowlewitsch Danilewski (im nordslawisch-russischen Sprachraum) zugrunde gelegt wurde und später in Volkskunde, Völkerkunde (Ethnologie), Sprach-, Literatur- und Geschichtswissenschaften Eingang fand: Er verabsolutiert Merkmale, die im historischen Kontext entstanden waren, zu Eigenschaften, die einer bestimmten Gruppe von Menschen auf den Leib geschrieben werden, stellt Rangordnungen zwischen diesen Gruppen auf und leitet daraus unter Umständen territoriale Ansprüche oder politische Führungsaufgaben bestimmter Volksgruppen ab. Kritiker bezeichnen einen solchen Umgang mit Kultur als „essentialistisch", d. h. es werden historisch und sozial bedingte Eigenschaften zu unveränderlichen, natürlichen erklärt. Fernand Braudel führte lange, bevor der Essentialismus-Vorwurf formuliert wurde und zu einem postmodernen Allerweltsbegriff verkam, den Begriff der „Zivilisation" ein (Braudel 1963). Auch dieser Begriff ist missverständlich, beinhaltet Zivilisation doch ebenfalls eine Abgrenzung von jenen, die (noch) nicht zivilisiert sind, und begründet damit eine Rangordnung. So möchte Braudel „Zivilisation" jedoch nicht verstanden wissen.

Aus globalhistorischer Perspektive ist Braudels Herangehensweise deshalb wegweisend, weil er Zivilisation überregional und interaktiv fasste. Am Beispiel des Mittelmeerraumes entwickelte er einen Zivilisationsbegriff, der aus dem Zusammenwirken der verschiedenen hier entstehenden Gruppen – Gemeinwesen, Reiche, Staaten mit ihren unterschiedlichen materiellen Kulturen, Sprachen und Sinnstiftungen (Mythen, Religionen, Philosophien) – gebildet wird. Er ist also per se auf Kontakt, Interaktion, Übernahmen und Akkulturation

Braudel: Zivilisation überregional und interaktiv fassen

ausgerichtet, im Bemühen, die dafür ausschlaggebenden sozialen, wirtschaftlichen und politischen Systeme und Herrschaftsverhältnisse einzufangen. Der Begriff Kultur wird demgegenüber in seiner Bedeutung auf die Ebene der materiellen Bewältigung des Alltags durch Techniken und Praktiken des Überlebens reduziert, also auf materielle Kultur.

Braudels berühmte Mittelmeerstudie (1966) wählte dafür einen beschränkten zeitlichen Ausschnitt, die Regierungszeit des spanischen Königs Philipp II. (1555–1598), in der Spanien zu einem weltumspannenden Reich mit Kolonien in Amerika und Ostasien (Philippinen) anwuchs. Braudel erweiterte seine Studien später auf weitere Perioden sowie andere Räume und veränderte damit die Art und Weise, Weltgeschichte zu schreiben (1986). Viele Forschende orientieren sich an seiner Herangehensweise, wenn sie interkulturelle Wechselwirkungen in anderen Regionen studieren, und die Braudelsche Methode, das Mittelmeer zu erfassen, übertrug sich von der ursprünglichen geographischen Region auf andere Räume, beispielsweise den Indischen Ozean (Chaudhuri 1985; 1990; Rothermund/Weigelin-Schwiedrzik 2004), den chinesischen Raum (Bin Wong 1997) oder die Ostsee (Komlosy/Nolte/Sooman 2008). Braudel führte vor Augen, wie vorteilhaft es für einen Globalhistoriker ist, für seine Forschungen einen konkreten Ausgangspunkt zu wählen. In thematischer Hinsicht war dies Spanien in seinen Bestrebungen, Vorherrschaft im Mittelmeerraum und in der Welt zu erlangen; in biographischer Hinsicht gehörte Braudel als Franzose und Frankreich-Historiker zu den Anrainern des Mittelmeers, das er in seiner Zeit als Gymnasiallehrer im damals noch kolonialfranzösischen Algerien auch von der afrikanisch-maghrebinischen, also von kolonisierender und kolonisierter Seite kennenlernte. Die Verankerung im französischen und spanischen Raum bedeutete gleichzeitig, dass Braudels Kompetenz im östlichen Mittelmeerraum nicht so gut fundiert war; er griff zwar die islamische Kultur auf, das griechisch-orthodoxe Erbe des oströmischen Reiches in seinen Mentalitäten, Sprachen und Kirchen blieb in seinen Forschungen allerdings unterrepräsentiert.

Staaten und Reiche

Zu den Attributen des modernen Staates gehört ein Territorium mit einer klar definierten Grenze und einer klar definierten, über die Staatsbürgerschaft geregelten Zugehörigkeit der Bevölkerung zum Staat. Durch die auf das Territorium beschränkte Wirksamkeit der Gesetzgebung markiert die Grenze einen Unterschied zu anderen Staaten. Die historische Entwicklung zeigt, dass diese absolute Form der Staatlichkeit ein Produkt der zentralstaatlichen Konsolidierung im Europa der frühen Neuzeit darstellt (Becker/Komlosy 2004). In den mittelalterlichen Staaten rangierte das Personalprinzip über dem Territorialprinzip, die Territorien bildeten oft keinen flächenhaften Zusammenhang und überschnitten sich mit jenen benachbarter Staaten. Dies galt noch mehr für die Zugriffsmacht auf Untertanen, die der Landesfürst mit anderen adeligen Herrschaftsträgern teilte, wobei Mehrfachzugehörigkeiten in Hinblick auf unterschiedliche Herrschaftsrechte die Regel waren. Auch in anderen Kontinenten und Herrschaftsformen war der Grad der Durchstaatlichung selbst dort, wo es zentrale Staatlichkeit gab, gering; darüber hinaus lebten viele Gemeinschaften in dezentralen Verbänden ohne Staatsform. In der Zeit vom 16. bis zum 19. Jahrhundert kristallisierte sich der flächenmäßig arrondierte Territorialstaat mit unmittelbarer Zugriffsmacht des Fürsten auf die Untertanen als Inbegriff von Staatlichkeit heraus; die Ausweitung ständisch-parlamentarischer Partizipation und bürgerlicher Rechte ging mit der Etablierung einer Eigentumsordnung einher, die Eigentum und privatwirtschaftliche Tätigkeit von der Mitbestimmung ausnahm. Gleichzeitig weitete sich der Begriff der Nation von einem engen Kreis politisch Berechtigter auf sämtliche Staatsbürger aus. Ihre Zugehörigkeit und ihre Identität drückten sich in der Nationalität aus, die auch dort, wo es sich wie in England oder in Frankreich um politische Nationen handelte, in zunehmendem Maße über Sprache und Ethnizität definiert wurde. Ethnische Gruppen, die keinen Nationalstaat hatten, formierten sich unter diesem Eindruck in Nationalbewegungen, die staatliches Territorium für ihre Nation forderten, zumindest aber politische Autonomie innerhalb von größeren multi-ethnischen Staatsgebilden. Angefangen mit den lateinamerikanischen Provinzen des spanischen Kolonialreiches über die Balkanprovinzen des Osmanischen Reiches bis zu den National-

Zum modernen Staat gehört ein Territorium mit einer klar definierten Grenze.

Der Nationalstaat löste das imperiale Konzept ab.

staatsgründungen nach dem Ersten Weltkrieg in Ost- und Südosteuropa und dem Zweiten Weltkrieg in Asien und Afrika löste der Nationalstaat das imperiale Konzept ab. Eine Deckungsgleichheit von Territorium, Sprache und Ethnizität war damit trotzdem nicht gegeben, was Anlass für Gebietsforderungen, Umsiedlungen und Vertreibungen bot, wenn Minderheitenfragen nicht anders geregelt werden konnten.

Da der moderne Staat die wichtigste Instanz darstellte, die bevölkerungs- und wirtschaftsbezogene Daten sammelte, präsentieren sich statistische Quellen, die einen Überblick über die Bevölkerung, die wirtschaftliche Aktivität und die infrastrukturelle Ausstattung bieten, in überproportionalem Ausmaß in Bezug auf staatliche Territorien und deren BewohnerInnen. Der Zeitpunkt variiert, je nachdem wann die Staatsbildung erfolgte bzw. die Staatlichkeit so konsolidiert war, dass verlässliche statistische Erhebungen durchgeführt werden konnten. Vor der Herausbildung zentraler Staatlichkeit war dies nicht der Fall – mit der Folge, dass für diese Zeiten keine Überblicksdaten verfügbar sind. Seit der Herausbildung internationaler Organisationen gibt es auch transnationale Datenerhebungen, zum Beispiel von Weltbank, Internationaler Arbeitsorganisation, UNICEF oder OECD; die Grunderhebungseinheit bleibt allerdings weiterhin der Einzelstaat.

Imperien oder Reiche zeichnen sich gegenüber dem Nationalstaat durch ihre zusammengesetzte Form aus, die verschiedenartige, bei früheren Reichserweiterungen gewonnene Provinzen mit unterschiedlichen politischen und kulturellen Traditionen, ethnischen und religiösen Gruppen umfasste, die durch eine dynastische Klammer zusammengehalten wurden. Im Fall von überseeischen Eroberungen werden diese Provinzen als Kolonien bezeichnet. Provinzen können im Reichsverband gleichberechtigt integriert sein, sie können eine Sonderstellung mit eigenständigen Fürsten und Selbstverwaltungsinstitutionen einnehmen oder sich in rechtlicher und administrativer Abhängigkeit von der Zentralmacht befinden. In jedem Fall sind sie dem zentralen Herrscher steuer- oder tributpflichtig. Die Legitimation einer herrschenden Dynastie beruht in der Regel auf religiösen Mythen, manchmal in Kombination mit einer mit den adeligen Herrschaftsträgern vereinbarten Wahl (wie z. B. im Heiligen Römischen Reich oder im polnischen Wahlkönigtum) oder Bestätigungsprozedur (Huldigung).

Die Reiche der Neuzeit haben sich gegenüber ihren älteren Vorläufern, den sogenannten Imperien erster Ordnung, wie dem Römischen (1.–5. Jahrhundert) und seinem Nachfolger, dem Heiligen Römischen Reich (800–1806), dem Chinesischen (seit dem 3. Jahrhundert v. u. Z.) oder dem Osmanischen Reich (seit 1290), stark verändert (Mückler 2005; Nolte 2005; Nolte 2008: 5–18). Imperien erster Ordnung begriffen sich als universelle Imperien, die ihr Reich als Zentrum der Welt ansahen und grundsätzlich einen globalen Geltungsanspruch erhoben. Dass sie diesen angesichts von Entfernung, mangelnder Präsenz und Wissen um andere Weltregionen nicht überall real durchsetzen konnten, änderte nichts daran, dass der Herrscher den Rest der bekannten Welt in den Kategorien seines Herrschaftsanspruchs definierte, konkurrierende Herrscher zum Beispiel als Vasallen ansah. Diesen Allmachtsanspruch mussten die Kaiser aufgeben, sobald sie durch die Kräfteverhältnisse gezwungen wurden, als Staaten die Gültigkeit einer internationalen, völkerrechtlichen Ordnung anzuerkennen, die ihre Souveränität – einschließlich ihrer kolonialen Erweiterungen – garantierte. Im Fall des Heiligen Römischen Reiches war das spätestens mit dem Westfälischen Frieden (1648) der Fall, der Imperien mit kleineren Fürstentümern und Republiken als völkerrechtliche Subjekte gleichstellte. Dies war zunächst auf die europäischen Staaten beschränkt, die die internationale Ordnung als System der Christenheit aufzogen, genauer gesagt der römisch-katholischen und der protestantischen Christenheit, denn orthodoxe Christen waren darin ebenso wenig inkludiert wie Andersgläubige. Aus der gemeinsamen Front gegenüber dem Osmanischen Reich resultierte Ende des 17. Jahrhunderts die Aufnahme Russlands in das europäische Konzert. Im 18. Jahrhundert fügten sich auch das Osmanische, im 19. Jahrhundert das japanische und das chinesische Reich der Internationalisierung, die mit der Unterordnung unter die Spielregeln des im 19. Jahrhundert britisch, im 20. Jahrhundert US-amerikanisch dominierten Weltmarkts verbunden war. Dies ging in einigen Fällen mit dem Sturz der Monarchien einher, aber auch fortbestehende Reiche wurden zu normalen völkerrechtlichen Subjekten, die sich von Republiken lediglich durch die anachronistische Beibehaltung dynastischer Herrscher unterschieden.

Der Herausbildung der internationalen Beziehungen als System der wechselseitigen Anerkennung souveräner Staaten ging das Schei-

Die Reiche der Neuzeit haben sich gegenüber ihren Vorläufern stark verändert.

Der Herausbildung der internationalen Beziehungen ging das Scheitern der Reichsidee voraus.

tern der Reichsidee voraus. Die Geschichte des mittelalterlichen Europa liest sich als Abfolge von mehr oder weniger erfolgreichen Versuchen einer Wiederherstellung des Römischen Reiches, der sogenannten *renovatio imperii*. Das Heilige Römische Reich und, nach dessen Teilung, Frankreich stellten sich ebenso in diese Tradition wie Russland, das nach der Eroberung Konstantinopels durch die Osmanen auf eine *renovatio* oströmisch-byzantinischer Traditionen setzte. Der Habsburger Karl (1516/19–1556) strebte als spanischer König und römisch-deutscher Kaiser in seinem „Reich, in dem die Sonne nie unterging" – in Konkurrenz zum französischen König – die Errichtung eines Weltreichs an – und scheiterte an Überforderung, Überdehnung und wirtschaftlicher Unterlegenheit gegenüber den wirtschaftlich viel erfolgreicheren Staaten wie den Niederlanden und England (Wallerstein 2004a).

Spätere Beispiele gescheiterter Weltreichsambitionen unter Bezugnahme auf römische Reichstraditionen können wir im frühen 19. Jahrhundert unter Napoleon Bonaparte und in den 1940er-Jahren unter Adolf Hitler beobachten. Beide Expansionskriege hatten in Reaktion auf ihr Scheitern eine Erneuerung des völkerrechtlichen Staatensystems und eine Festigung internationaler Bündnisse (Heilige Allianz und Europäisches Konzert im 19. Jahrhundert) bzw. Organisationen (Völkerbund und UNO im 20. Jahrhundert) zur Folge.

Großbritannien, die Niederlande und Frankreich errichteten ihre Kolonialreiche seit dem 17. Jahrhundert als Akteure im Staatensystem. Sie bauten ihre führende Position in der Weltwirtschaft nicht primär auf Reichserweiterung, sondern auf der Kontrolle von Transportsystemen, Schifffahrt, Handel und einer wertschöpfungsintensiven Rolle in der internationalen Arbeitsteilung auf. Territoriale Expansion wurde pragmatisch gehandhabt und kam dort zum Einsatz, wo damit Einfluss gegenüber inneren oder äußeren Konkurrenten gesichert werden sollte. Mutterland und Kolonie wurden rechtlich und administrativ klar voneinander getrennt. Dies ermöglichte den Ausschluss kolonialer Untertanen von der politischen Emanzipation in den Mutterländern, die durch Revolutionen vorangetrieben wurde, und lieferte sie der politischen Fremdbestimmung, der wirtschaftlichen Ausbeutung und der rassistischen Deutung der Differenz aus; es erlaubte gleichzeitig in den Mutterländern den Übergang vom Ständestaat zum Nationalstaat. So konnten Großbritannien und

Frankreich Imperien bleiben und die Niederlande zur Monarchie zurückkehren und gleichzeitig die Transformation der Gesellschaft nach nationalen Prinzipien betreiben; sie erwiesen sich den zentraleuropäischen Vielvölkerreichen, deren Nationalitäten die Zugehörigkeit zum Reich zunehmend als Last empfanden, in doppelter Hinsicht als überlegen: erstens verschaffte ihnen die führende Stellung in der Weltwirtschaft einen größeren ökonomischen Spielraum, der sozialen Aufstieg und gesellschaftliche Integration ermöglichte, und zweitens wurde die nationale Integration der Gesellschaft, die auf dieser führenden Stellung aufbaute, für die ost- und zentraleuropäischen Nationalbewegungen zum Vorbild.

Erst am Ende des 19. Jahrhunderts führte die innerimperialistische Konkurrenz zu einem neuen Wettlauf um Kolonien. Dieser eskalierte im Ersten, dann erneut im Zweiten Weltkrieg. Die Folge war das Ende der Kolonialreiche und die Rückkehr zu einer Form der Weltmarktführerschaft, die auf Marktbeziehungen und informeller Kontrolle beruhte.

Ende des 19. Jahrhunderts führte die Konkurrenz zu einem Wettlauf um Kolonien.

Russland und das Osmanische Reich, die in ihren Imperien trotz unterschiedlicher religiöser Leitkulturen beide regionale, eurasische Traditionen mit der zentralistisch-oströmisch-byzantinischen Reichstradition verbanden, waren in der Wahrung der imperialen Kontinuität beharrlicher als der Westen. Dies galt auch für China, das eine Reichskontinuität wahrte, der der Wechsel der Dynastien inhärent war, und für Japan. Der Ausschluss aus dem europäischen System mag die Eigenständigkeit dieser Reiche und ihr Festhalten an alten Ordnungsvorstellungen sogar noch verstärkt haben. Russland ordnete sich dem europäischen System seit Peter dem Großen (1682–1725) unter, der auf Westorientierung setzte; das Osmanische, das Chinesische und das Japanische Reich gaben die Vorstellung, eigene Welten zu sein, erst im Laufe des 19. Jahrhunderts auf, als sie unter dem Druck der europäischen Großmächte gezwungen wurden, deren ökonomische Bedingungen, sprich die Öffnung ihrer Märkte anzuerkennen. Da sie nicht kolonisiert wurden, konnten sie sich als Staaten in die internationale Ordnung integrieren; außer in Japan überlebte die dynastische Herrschaft die mit dieser Transformation verbundenen Konflikte jedoch nicht.

Weltwirtschaften und Weltsysteme

Die Weltwirtschaft bildete sich als überregionales System von Handel und internationaler Arbeitsteilung heraus.

Die Herausbildung von Staaten führte zu einer Territorialisierung, die an den Grenzen der einzelnen politischen Entitäten endete, im Verbund des Staatensystems als Grundlage des Völkerrechts jedoch die gesamte Welt erfasste; es wurde gezeigt, dass dieses System zunächst die europäischen Staaten mitsamt ihren Kolonien umfasste; außereuropäische Staaten und ehemalige Kolonien wurden erst im Laufe des 19. und 20. Jahrhunderts in das Staatensystem aufgenommen. Ein anderes Ordnungsprinzip liegt der Weltwirtschaft bzw. dem Weltsystem zugrunde. Die frühneuzeitliche Staatsbildung war in ihrer Zielsetzung nicht darauf ausgerichtet, politisches Territorium und wirtschaftliche Aktivität in eins zu setzen. Während der Staat auf flächenhafte Arrondierung und territoriale Begrenzung abzielte, ohne dass dies einen Widerspruch zum Bemühen nach Ausdehnung seines Territoriums darstellte, bildete sich die Weltwirtschaft parallel zur Konsolidierung des Staatensystems als überregionales, staatenübergreifendes System von Handel und internationaler Arbeitsteilung heraus. Dass in Europa dieser Übergang im 15. Jahrhundert stattfand, hat mit den zu dieser Zeit einbrechenden Erträgen der adeligen Grundbesitzer und des städtischen Gewerbes zu tun, was wiederum die Steuereinnahmen der Fürsten zurückgehen ließ.

Die entstehende Weltwirtschaft zeichnete sich durch einen großen, räumlich nicht fest begrenzten Aktionsradius aus, der aufgrund der Verdichtung von Beziehungen und funktionaler Arbeitsteilung zwischen den Teilräumen auch als Weltsystem charakterisiert wird. Da deren Zentren in Europa lagen, wird von einem europäischen Weltsystem gesprochen, auch wenn dessen Aktionsradius zum einen nicht alle Teile Europas einschloss und zum anderen über Europa hinausging (vgl. Kapitel 8). Der Begriff des Weltsystems ist für die Anfangsphase der europäischen Expansion und weltwirtschaftlichen Verdichtung im 15. und 16. Jahrhundert insofern ein missverständlicher, als der Interaktionszusammenhang keineswegs die ganze Welt umfasste. Er ist deswegen gerechtfertigt, weil das Spannungsverhältnis zwischen staatlich begrenzter Politik und grenzüberschreitender wirtschaftlicher Aktivität eine neue Qualität weltwirtschaftlicher Arbeitsteilung hervorgebracht hatte, die auch als kapitalistisch bezeichnet wird. Die Akteure – Händler, für überregionale Märkte produzierende Unternehmen sowie Unternehmen, die mehrere, durch arbeitsteilige Spezialisierung miteinander verbundene Standorte kontrollierten – nutzten Unterschiede im Angebot von Produkten, Qualifikationen, Produktionsverhältnissen, Lohn- und Preisniveaus, um aus Handelsspannen sowie der Kombination ungleicher Arbeitsverhältnisse Gewinn zu ziehen. Dazu kamen adelige Pioniere in der Hoffnung auf Vermehrung von Landbesitz und Untertanen. Damit dieses System inmitten zünftischer Beschränkungen und lokaler Vorrangregeln entstehen konnte, musste der Staat den Unternehmern gehörig unter die Arme greifen: Dies erfolgte vom 16. bis zum 18. Jahrhundert durch Ausnahmeregelungen bzw. Reformen der gesetzlichen Rahmenbedingungen in Handel, Gewerbe und Mobilität, durch Ausbau der Verkehrsinfrastruktur, allen voran Schifffahrtswege, sowie Schutz für Expeditionen in feindliches oder bedrohtes Terrain.

Die Weltwirtschaft war seit dem 16. Jahrhundert durch die Einbeziehung höchst ungleicher Mitwirkender geprägt. In Hinblick auf die Rolle, die diese innerhalb einer überregionalen Arbeitsteilung spielen, werden diese als Zentren und Peripherien oder als Kernräume und Randzonen bezeichnet. Sie zeichneten sich durch einen unterschiedlichen Entwicklungsstand von Gewerbe, Handel und Arbeitsorganisation in Verbindung mit unterschiedlichen Preisen und Arbeitskosten aus. Während sich Zentren auf wertschöpfungsintensivere Tätigkeiten mit höheren Lohnkosten konzentrierten, stellten Peripherien unverarbeitete Rohstoffe und Halbfertigwaren bei, sodass die Weltwirtschaft von einer Arbeitsteilung zwischen ungleichen Partnern zusammengehalten wurde, die auch in ungleicher Weise an den Erträgen partizipierten. Durch die räumliche Umverteilung des Nutzens sowie durch die Steuern, die sie in ihrem Staat ablieferten, wirkten die unternehmerischen Gewinne auf die Staaten zurück. Als erfolgreich gelten jene Staaten, die über die Position, die sie ihren Unternehmen und ihre Unternehmen ihnen verschafften, ökonomische Zentren in der Weltwirtschaft darstellten, und mehr noch, wenn sie eine politisch-militärisch beherrschende Rolle innerhalb der Zentren einnahmen (Hegemonie). Unter Semiperipherie versteht man Zwischenzonen, die sowohl zentrale als auch periphere Charakteristika vereinen.

Die Weltwirtschaft war seit dem 16. Jahrhundert durch höchst ungleiche Mitwirkende geprägt.

Abb. 1: Z – SP – P: Funktionen in der Herausbildung der Weltwirtschaft

Zentrum Z	Semiperipherie SP	Peripherie P
Fertigwarenherstellung und -export	Herstellung und Export von Halbfertigwaren	Rohstoffgewinnung und Exportlandwirtschaft
Import von Rohstoffen und Nahrungsmitteln	Import von Fertigwaren und Rohstoffen	Import von Fertig- und Halbfertigwaren
Überwiegen freier Lohnarbeit	Nebeneinander von Lohn- und Zwangsarbeit	Dominanz von unfreier- und Zwangsarbeit
Vielfalt und Spezialisierung der Produktion	Spielraum für Modernisierungsprojekte	Tendenz zur Monokultur
Kapitalreserven und Ort der Kapitalakkumulation	Kapitalimport	Kapitalmangel
Starker Staatsapparat	Schwacher Staatsapparat	Schwacher Staatsapparat

Fernand Braudel und Immanuel Wallerstein, die maßgeblich zur Entwicklung des Weltsystem-Modells beitrugen, sahen dieses im 15. Jahrhundert durch einen südwesteuropäischen multizentrischen Kern mit Venedig, Genua, Sevilla, Brügge, Antwerpen und den oberdeutschen Städten bestimmt, der sich im 17. Jahrhundert nach Amsterdam und im 18. Jahrhundert nach London verschob. Von diesem Kern spannten sich die Beziehungen in den Ostseeraum auf der einen Seite, die amerikanischen Kolonien auf der anderen Seite, die als Peripherien in die von Nordwesteuropa kontrollierte internationale Arbeitsteilung einbezogen wurden. Weitere Weltregionen wurden diesem Modell zufolge erst in späteren Jahrhunderten in das von (Nordwest-)Europa kontrollierte Weltsystem einbezogen (vgl. Kapitel 8: Weltsystem als Herangehensweise an Globalgeschichte). Regionen, die unabhängig von ihrer Verfasstheit und ihrem Entwicklungsstand in diesen Systemzusammenhang nicht einbezogen waren, wurden von Braudel als „andere Weltwirtschaften", von Wallerstein als „Außenarenen" angesehen, auch wenn diese Austausch mit dem europäischen Weltsystem betrieben. Solange dieser für den Bestand des Systems nicht konstitutiv war, wurde er als externer Faktor angesehen. Erst mit ihrer Inkorporierung wurden Außenarenen Teil des einen, sukzessive die ganze Welt einverleibenden europäischen Weltsystems.

Kritiker des Weltsystem-Modells führen verschiedene Gründe ins Treffen. André Gunder Frank kritisierte das Modell des Europäischen Weltsystems, das er selbst maßgeblich mitgeprägt hatte, in seiner späten Schaffensperiode nicht wegen dem ihm zugeschriebenen Systemcharakter, sondern wegen dessen Bezogenheit auf Europa. Frank drehte das Modell räumlich und setzte für den Zeitraum 1400 bis 1800 – also jenen Zeitraum, in dem Braudel und Wallerstein gemäß der Europäisierung sukzessive die Welt erfassten – Ost- und Südasien ins Zentrum. Seiner Ansicht nach ist die Charakterisierung dieser Regionen als Außenarenen als Eurozentrismus abzulehnen. Die Zentralität insbesondere Ostasiens wich Frank zufolge erst im Laufe des 19. Jahrhunderts einer europäischen Vorherrschaft. Ostasien befinde sich heute, so Frank in seinem Buch Re-Orient (1998), nachdem die Vorherrschaft über das kapitalistische Weltsystem von den Niederlanden über Großbritannien im 20. Jahrhundert in die USA gewandert war, im Begriff, seine einstige zentrale Rolle wiederzugewinnen.

> Die Zentralität Ostasiens wich erst im Laufe des 19. Jahrhunderts einer europäischen Vorherrschaft.

Nationalökonomien

Beide Perspektiven, die europäische und die ostasiatische, unterschätzen die Bemühungen der sich formierenden europäischen Territorialstaaten im 18. Jahrhundert, Nationalökonomien zu bilden, also die Wirtschaft im Land politischer Planung und Steuerung zu unterwerfen. Ihre Herrscher und Beamten bedienten sich verschiedener wirtschaftspolitischer Instrumente und Strategien, als Akteure im staatenübergreifenden Weltsystem zu agieren und den in ihrem Territorium, bisweilen auch in ihrem Auftrag agierenden Unternehmen durch eine günstige Stellung in der internationalen Arbeitsteilung Zugriff auf Ressourcen, Märkte und möglichst hohe Einnahmen zu verschaffen. Gleichzeitig zielte die staatliche Wirtschaftspolitik darauf ab, das staatliche Prestige zu heben und den Staat durch Förderung und Schutz zu einem möglichst hochrangigen Zentrum im Weltsystem auszubauen. Ob dafür Freihandel oder Handelsprotektionismus zum Einsatz kamen, hing von der Stellung des jeweiligen Staates in der internationalen Arbeitsteilung, vom historischen Zeitpunkt und dem Stand der Konjunktur ab.

Globalisierung steht in
enger Wechselwirkung
mit Regionalisierung.

Aus dieser Doppelrolle erwuchs ein Widerspruch: Die staatliche
Politik, die die Stellung der einheimischen Unternehmen in der
Weltwirtschaft stärken wollte und mithin das Weltsystem als ihren
Aktionsradius ansah, tendierte zur Verwandlung der weltwirtschaftlichen Zusammenhänge in territorialen Wirtschaftsraum, der die
ungleiche Arbeitsteilung zwischen Zentralräumen und Peripherien
innerhalb des Staates reproduzierte. Die Weltwirtschaft zeichnet sich
somit nicht nur durch Expansion und Globalisierung aus, sondern
steht in enger Wechselwirkung mit Regionalisierungen, die auf der
Ebene von Reichen oder Nationalstaaten stattfinden. Gleichzeitig
mit der Territorialisierung des wirtschaftlichen Geschehens auf dem
Staatsgebiet waren die Staaten selbst Akteure der Globalisierung,
und zwar sowohl durch unmittelbare kolonialistische oder imperi-
alistische Maßnahmen als auch durch indirekte Unterstützung der
unter ihrem Schutz agierenden Unternehmen. So beruhte der Aufstieg Großbritanniens zur Hegemonialmacht des 19. Jahrhunderts
auf der Kombination einer starken, auf das Mutterland beschränkten Nationalökonomie, einem Kolonialimperium, das in Hinblick
auf die Nützlichkeit für das Mutterland in Wert gesetzt wurde, und
einer beherrschenden Rolle in der internationalen Arbeitsteilung.
Diese wurde einerseits über staatliche Wirtschaftspolitik gesteuert,
die gegenüber dem Ausland durch den Übergang von protektionistischer Handelspolitik zu einer *open door*-Politik gekennzeichnet
war; darüber hinaus ermöglichte die führende Stellung den Briten,
die internationalen Regeln so zu beeinflussen, dass ihre finanz- und
kommunikationstechnischen Standards (Goldstandard, Telegraph,
Zeitsysteme, Normen ...) übernommen wurden und ihre Unternehmen maßgeblich beim Ausbau der internationalen Verkehrs-, Finanz-
und Kommunikationsbeziehungen zum Zuge kamen (vgl. Bley 2005).

Wir kommen damit zu einer Definition von Weltsystem als staatenübergreifende Arbeitsteilung mit wechselnden Kernräumen und
Peripherien, in der Staaten – nicht zuletzt unter dem Druck privatwirtschaftlicher Akteure und ihrer Lobbys – Politik einsetzen, um

■ ihren Staat im Weltsystem möglichst gut abschneiden zu lassen,
was in der Folge auch ihre Möglichkeit politischer Gestaltung erhöht,

■ und damit auch die Spielregeln der Weltwirtschaft (Internationale
Abkommen, Verträge, Organisationen und die dort vereinbarten
Marktregeln) in ihrem Sinne zu beeinflussen.

Das bedeutet, dass wir es immer mit der staatlichen und der internationalen Ebene gleichzeitig zu tun haben. Zwischen diesen beiden fungieren Grenzen als Membran: Sie vermitteln zwischen dem Ausmaß von Offenheit und Geschlossenheit im Weltsystem.

Wir haben es immer mit der staatlichen und der internationalen Ebene gleichzeitig zu tun.

Netzwerke

Netzwerke konstituieren einen Raum, aber keine Fläche. Sie haben keinen territorialen Charakter, sondern bleiben auf die Orte (Punkte) beschränkt, die die Beziehungen (Ströme) aufspannen (Castells 2001). Als Akteure treten überregional agierende Unternehmen, soziale Bewegungen, Interessensorganisationen und Lobbygruppen auf. Durch ihre Beziehungen entsteht ein Netz, an dessen Schnittpunkten sich Knoten herausbilden; durch Häufigkeit, Dichte und Anzahl der erfassten Bereiche ergibt sich eine Rangordnung. Auf diese Art und Weise entsteht ein räumlicher Zusammenhang. Dabei stellt sich die Frage nach dem Verhältnis zu den Zwischenräumen: Sie können vom Beziehungsnetz ausgeschlossen sein und repräsentieren in diesem Fall „Schwarze Löcher" oder „Vierte Welten". Die Zwischenräume können aber auch als Beteiligte auf einer niedrigeren Hierarchiestufe aufscheinen, die Impulse von den Netzknoten empfangen oder von diesen abhängig sind. In beiden Fällen erscheint der Netzpunkt als Zentrum; im Fall des Ausschlusses nimmt der Zwischenraum nicht am System teil; im Fall der funktionalen Anbindung und Unterordnung unter das Zentrum handelt es sich um Peripherie. Nähern wir uns dem Verhältnis von Netzwerken zu Territorien durch eine historische Herangehensweise.

Netzwerke konstituieren einen Raum.

Vor der territorialen Konsolidierung der modernen Staaten waren überregionale Beziehungen in Form von handlungs- und akteursbezogenen Netzwerken organisiert: Händlernetze, Kreditnetze, Adelsnetze, Netze der Klöster, der Universitäten, der Handwerker. Jedes Netz verfügte über Regeln der Teilhabe und der Kommunikation und entwickelte die Mittel und Institutionen, mit deren Hilfe Beziehungen vonstatten gehen konnten. So dienten gemeinsame Verkehrssprachen, Religionszugehörigkeit, Geleitsysteme und Erkennungsmerkmale der Kommunikation innerhalb eines Netzwerks. Mit der Konsolidierung der Staaten wurden die Netzwerke zunehmend deren Kontrolle unterstellt. Regierungen bemühten sich durch politische

Regierungen bemühten sich, Netzwerke dem staatlichen Territorium anzupassen.

und wirtschaftliche Maßnahmen, die Netzwerke in ihrer Reichweite dem staatlichen Territorium anzupassen. Staaten traten als Akteure der internationalen Beziehungen zu den transnationalen Netzwerken in Konkurrenz, machten sich aber auch deren Kontakte zunutze.

So konnten zahlreiche überregional vernetzte Gruppen auch im internationalen System ihre Beziehungsnetze bewahren und diese im Dienst der Staaten, aber auch gegen deren Regulierungs- und Kontrollbestrebungen einsetzen. Mit der Ausweitung internationaler Kooperationen entstanden neue Netzwerke, z. B. MigrantInnnen- und Diaspora-Gruppen oder die internationalen Organisationen von Unternehmern, Arbeitern und Berufsgruppen. Diese institutionalisierten Netzwerke waren nunmehr aber fest in ein System zwischenstaatlicher Beziehungen eingebettet, das in dem Maße, in dem internationale Organisationen ihre Regeln staatenübergreifend und flächendeckend in allen Mitgliedsländern durchsetzen konnten, in vielen Belangen keine Zwischenräume im Sinne von Freiräumen ließ. So erlebten auch Netzwerkbeziehungen durch die Internationalisierung eine Territorialisierung (Fischer/Zimmermann 2008; Zimmermann 2010). Ihre Kontrolle obliegt jenen Institutionen, die in internationalen Beziehungen und internationalen Organisationen den Ton angeben: Im Zeitalter des Nationalstaats waren dies die Länder- und Regierungsvertreter, die internationale Organisationen als Instrumente für Einflussnahmen, Interessensausgleich und -bündelung betrachteten. Im Zeitalter neoliberaler Globalisierung sind dies immer weniger die Staaten und ihre Vertreter, sondern überregional tätige Unternehmen und ihre Interessensorganisationen, die mit dem Instrument des Netzwerks die (im jeweiligen staatlichen Territorium geltende) flächendeckende Gültigkeit politischer Regulierung aushebeln. Damit haben akteurs- und kontextbezogene Beziehungen gegenüber den zwischenstaatlichen Beziehungen wieder an Bedeutung gewonnen. Der Nationalstaat ist deswegen keineswegs von der Bildfläche verschwunden: sein Ordnungsprinzip, die Fläche, hat sich dem Ordnungsprinzip von Netzwerken, den Punkten, jedoch angepasst. Dem tragen die Staaten Rechnung, indem sie auch in der staatlichen Politik Punkte vor die Fläche stellen, oder in anderen Worten, Eliten- und Standortförderung vor soziale und regionale Partizipation bzw. Ausgleich stellen (Hirsch 2002).

Zeithorizonte

Jeder Mensch erlebt gestern, heute und morgen, Werden und Vergehen. Zeiterfahrung zählt zu den wichtigsten Hilfsmitteln, mit denen
sich der Mensch zu seiner Umgebung in Beziehung setzt. Das gleiche
gilt für Sozialgruppen und Gemeinwesen, angefangen von der Familie,
dem Stamm, Dorf- und Stadtgemeinschaften, dem Staat, handlungs-
orientierten Verbänden und Institutionen, die kollektive Zeitwahr-
nehmungen entwickeln. Zeit hat einen chronologischen Charakter,
der es erlaubt, ein Jetzt, ein Davor und ein Danach zu identifizieren.
Aus dem Bedürfnis, Zeitpunkte zu fixieren und Ereignisse auf einer
Zeitschiene zu ordnen, resultierten eine Vielzahl von Kalender- und
Datierungssystemen. Von der bloßen Abfolge ist es nur ein kleiner
Schritt zur Wahrnehmung von Dauer: Wie lange dauern Tag und
Nacht, Jahreszeiten, wie lange beträgt die Saatzeit, die Zeit für den
Bau eines Hauses, eine Reise? Wie viel Zeit muss ich veranschlagen,
um Verpflichtungen abzuarbeiten oder einen vereinbarten Arbeitslohn
zu erhalten? Ich beginne also, Zeiten und diejenigen, die über die
Verfügung und Verausgabung von Zeit bestimmen, in ein Verhältnis
zu setzen. Eine weitere Anwendung von Zeit besteht darin, Dauer in
Form von Entwicklungsvorgängen zu fassen, die es erlauben, Abläufe
als Prozesse wahrzunehmen und in Hinblick auf die Erreichung von
Zielen zu betrachten: Wie lange dauert es, bis ein Mensch heran-
reift, eine Fertigkeit erworben, ein Ziel realisiert ist. Beim Denken
von Zeit stellt sich heraus, dass das Instrument der Festsetzung von
Chronologie und ihre Messung eigentlich nur Hilfsmittel sind, die
Momenten und Zeitabläufen Bedeutung und Sinn verleihen und
Ereignisse und Entwicklungen in einen von der Wahrnehmung des
Betrachters geprägten Bedeutungszusammenhang stellen.

Varianten zeitlicher Gliederung
- Alltägliche Zeit
- Politische Zeit
- Strukturelle Zeit
- Teleologische Zeit
- Zeitkonstrukte der Wissenschaft

Zeithorizonte passen sich zyklisch wiederkehrenden Momenten im Leben an.

Zeit kann in folgender Weise untergliedert werden: Alltagszeit resultiert aus den Abfolgen und den Rhythmen, die der Tag, das Jahr, das Leben und der Generationenwechsel hervorbringen. Die Zeithorizonte passen sich diesen zyklisch wiederkehrenden Momenten im Leben an. Sie erlauben Rückblick und Vorausblick. Durch die Koexistenz der Generationen kann ein Zeitgenosse zumindest zwei Generationen vor und zwei Generationen nach seiner Zeit aus eigener Anschauung erleben, schöpft also aus einem persönlichen Erfahrungshorizont, der – bei einer angenommenen Generationenfolge von 30 Jahren – einen Zeitraum von 150 Jahren umfasst. Dies erlaubt, einmalige von regelmäßig wiederkehrenden Ereignissen, kurzfristige von langfristigen Veränderungsprozessen zu unterscheiden.

Aus der Perspektive politischer Herrschaft kann Zeit durch die Dauer von Regierungszeiten untergliedert werden. Wichtiger als der Einzelherrscher sind dabei allerdings Dynastien oder Verfassungssysteme, die die Zeitwahrnehmung und Zeituntergliederung einer bestimmten Gesellschaft prägen: Ob durch Namen oder Nummern gekennzeichnet, dienen Dynastien und Republiken zur Beschreibung bestimmter historischer Epochen; auch Glaubenssysteme und deren religiöse Führer dienen der zeitlichen Gliederung und Epochenbildung. Machtkämpfe, Umstürze, Krisenzeiten, Kriege, Einfälle, Phasen von Fremdherrschaft oder Interregna sind dabei für die kollektive Erinnerung besonders prägend.

Die persönliche Wahrnehmung des Alltags im Generationenlauf sowie die politische Periodisierung bilden den Hintergrund, vor dem Ereignisse und Entwicklungen wahrgenommen und eingeordnet werden können. Hierbei sind ganz unterschiedliche Zeithorizonte im Spiel, für die Fernand Braudel nach der Dauer ihrer Wirksamkeit das folgende Modell entwickelt hat:

Zeithorizonte nach Fernand Braudel	
Episodische Zeit	Ereignisse kurzer Dauer bilden den Horizont der Ereignisgeschichte.
Zyklische Zeit	Länger wirkende soziale und ökonomische Prozesse weisen periodische Schwankungen auf, die als Zyklen oder Konjunkturen bezeichnet werden.

Strukturelle Zeit	Abläufe sehr langer Dauer prägen langfristige Perioden, die HistorikerInnen als Epochen, SozialwissenschaftlerInnen als Systeme bezeichnen.
Das Werden der zukünftigen Welt	Da historische Erfahrung auch den Blick in die Zukunft prägt, ist die Vorstellung vom Werden der zukünftigen Welt Bestandteil eines in die Zukunft ausgreifenden zeitlichen Horizonts.

longue durée?

All diese Zeithorizonte sind durch das Wechselspiel von Ereignis und Struktur gekennzeichnet. Ereignisse können punktuell auftreten oder regelmäßig wiederkehren und auf diese Art strukturellen Charakter erlangen. Strukturen können regelmäßig wiederkehren und dabei die zyklische Wiederkehr von immer Gleichem (statische Wiederkehr) bedeuten. Oder sie treten in Form von Entwicklungen auf, die zwar einen zyklischen Verlauf aufweisen, in ihrer konkreten Ausprägung allerdings historischem Wandel unterliegen. Dieser Wandel kann evolutionär oder teleologisch gedeutet werden. Dabei ist Evolution der schwächere Begriff: Er bringt zwar eine Entwicklungsrichtung zum Ausdruck, erklärt diese aber aus der Dynamik des Entwicklungsprozesses, ohne eine höhere Logik dafür verantwortlich zu machen. Eine teleologische Interpretation von historischem Wandel nimmt demgegenüber eine über den Dingen selbst stehende übergeordnete Wirkkraft an, die den Wandel als Erfüllung vorgegebener Zielvorgaben ansieht: Diese kann als göttliche Vorsicht oder ordnende Vernunft gefasst werden.

Zeithorizonte sind von den Prämissen und Vorgaben derjenigen, die sie durch ihre Wahrnehmung schaffen, niemals losgelöst. Wie bei der räumlichen Wahrnehmung koexistieren und kollidieren dabei die Wahrnehmung der Zeitgenossen mit ihren unterschiedlichen alltäglichen Lebenserfahrungen sowie den unterschiedlichen Sinnstiftungssystemen, die sie Ereignisse interpretieren und Strukturen erkennen lassen, mit der Wahrnehmung von Historikern. Die historiographische Bildung von Zeithorizonten und Epochen knüpft zwar an der Selbstwahrnehmung der (betrachteten) historischen Zeitgenossen an, fügt diesen jedoch Sinnstiftungen und Interpretationsschemata hinzu, die der aktuellen Erwartungshaltung der Betrachtenden entspringen. Dazu kommt, dass HistorikerInnen die Vergangenheit

Zeithorizonte sind durch das Wechselspiel von Ereignis und Struktur gekennzeichnet.

(linear)
zyklisch
spiralförmig

relationaler Relativismus

nur durch die historiographischen Schichten wahrnehmen können, die frühere Generationen von HistorikerInnen geschaffen haben. In diesem Geflecht von Ebenen und Perspektiven muss sich der heutige Betrachter erst orientieren.

Zeit-räumliche Gliederungen in der Globalgeschichte

Ein nicht eurozentrischer Blick auf die Geschichte erfordert eine Dekonstruktion des eurozentrischen Universalismus.

In der Welt- und Globalgeschichte sind wir in Hinblick auf die zeitliche Gliederung damit konfrontiert, dass europäische bzw. westliche Perspektiven die zeitliche Wahrnehmung vorgeben. Dies betrifft die Auswahl von Ereignissen und Prozessen, die als (welt-)geschichtlich relevant erachtet werden, die Momente des Einsetzens historiographischer Betrachtung, die Gliederung des historischen Verlaufs in Epochen und die Art und Weise, wie Stagnation und Entwicklung, Kontinuität und Wandel konzipiert und interpretiert werden. Einen nicht eurozentrischen Blick auf die Geschichte zu werfen, erfordert daher eine Dekonstruktion jenes eurozentrischen Universalismus, der europäische Geschichtsverläufe als Weltgeschichte deklariert. Wenn alle Räume der Welt in ihren unterschiedlichen Reichweiten und in ihren unterschiedlichen Zeitdeutungen als Schauplätze von Weltgeschichte anerkannt werden sollen, muss Globalgeschichte neue Wege gehen, Zeiten und Räume miteinander zu verbinden. Dies erfordert, die Zeitmuster anderer Kulturen in ihrem Eigensinn zu erkennen und der europäischen Deutung gleichzustellen. In einem nächsten Schritt kann versucht werden, die unterschiedlichen regionalen Chronologien und Geschichtserzählungen in einem übergeordneten Zusammenhang in Hinblick auf Gleichklänge und Wechselwirkungen zusammenzuführen. Dies führt zu der unter Historikern umstrittenen Frage, ob über bzw. neben den lokalen und regionalen Zeiten, den „Ortszeiten", überregionale Einflussfaktoren wirksam sind, die eine oder mehrere „Weltzeiten" begründen. Kapitel 2 (Periodenbildung im globalen Kontext) wird dem Vorgang der Synchronisierung unterschiedlicher regionaler Chronologien und den Möglichkeiten gewidmet sein, eine die verschiedenen regionalen Ebenen in gleichberechtigter Form einbeziehende Form von globalgeschichtlicher Periodisierung zu bilden. Dafür werden hier vorerst einige theoretische Grundlagen geschaffen.

Wer überregional wirksame Faktoren annimmt, muss sich damit auseinandersetzen, in welchem Zusammenhang kleinräumige mit globalen Entwicklungen stehen. (Eigentlich trifft das auch auf diejenigen zu, die überregional wirksame Faktoren ablehnen, aber diese stellen sich dieser Frage meist nicht.) Man kann davon ausgehen, dass die globale Ebene durch die Summe und das Zusammenwirken der lokalen Schauplätze gebildet wird; es spricht aber genauso viel dafür, davon auszugehen, dass überregionale Ereignisse bestimmend auf die lokale Ausformung historischer Abläufe einwirken.

Folgenden Gegensatzpaare können helfen, Chronologien, Perioden und Rhythmen aus unterschiedlichen räumlichen Kontexten miteinander in Beziehung zu setzen (Komlosy 2005):

Zeit-räumliche Modellierung globaler Interaktion

- exzentrisch – konzentrisch
- linear – zyklisch
- homogenisierend – polarisierend

Exzentrische versus konzentrische Entwicklung	
Exzentrisch:	Konzentrisch:
Getrennte Entwicklung von Räumen Multizentrische Konzeption	Überlagern räumlicher Ebenen (unterschiedlicher Reichweite) um ein oder mehrere Zentren
Ortszeit(en)	Wechselwirkung von Weltzeit und Ortszeit
Weltregionen und Kulturareale als getrennte Gegenstände der Untersuchung	Systemzusammenhang - Verbindung von Lokal - Global
Nebeneinander verschiedener Weltwirtschaften oder Weltsysteme (worldsystems, économies monde)	Durch Inkorporierung von Regionen in ein Weltsystem verwandelt sich eine exzentrische in eine konzentrische Anordnung.

Exzentrisches Modell voneinander unabhängiger Ortszeiten

Das exzentrische Modell geht von einer klaren geographischen Trennung der historischen Räume aus, die jeder für sich behandelt werden. In diesem multizentrischen Konzept hat jeder Raum seine eigene Zeit, die Weltgeschichte besteht aus einer Summe unterschiedlicher „Ortszeiten". Unter dieser Annahme macht es Sinn, die vielfältigen Schauplätze der Weltgeschichte als „Weltregionen", „Weltwirtschaften", „Weltkulturen", „Zivilisationen" getrennt voneinander und mit spezifischem Fokus auf ihre inneren Entwicklungen zu analysieren, wie dies im Rahmen der Regionalgeschichte und der regionalen Kulturwissenschaften (Area Studies) geschieht.

Konzentrisches Modell der Wechselwirkung zwischen Ortszeiten und Weltzeit(en)

Im konzentrischen Konzept überlagern einander die räumlichen Ebenen mit ihren unterschiedlichen räumlichen Reichweiten in einem Mehrebenensystem. Sie bilden konzentrische Ringe, die um ein Zentrum angeordnet sind; sinnvoller, weil der Komplexität der realen Welt entsprechender, ist es, mehrere konzentrische Mehrebenensysteme zu konzipieren, die einander teilweise überlappen. Auf diese Weise überlappen einander auch die Zeithorizonte, die jeden Raum bzw. Interaktionszusammenhang prägen, sodass Ortszeiten unterschiedlicher Lage und Reichweite miteinander in Beziehung treten und einander beeinflussen. Lokale und überregionale Entwicklungen gehen einen überregionalen Systemzusammenhang ein, der konzentrische Regionen unterschiedlicher Reichweite verbindet. Er verbindet in einer multizentrischen Anordnung aber auch die Handlungshorizonte, die um unterschiedliche Kerne gruppiert sind, untereinander, sodass der Systemzusammenhang gleichzeitig innerhalb und zwischen Mehrebenensystemen gedacht werden muss.

Lineare versus zyklische Entwicklung	
Linear:	Zyklisch:
Stetiges Mehr	Auf und Ab
Wachstum	Werden – Vergehen
Zunehmende Reichweite und Dichte	Zunahme – Abnahme, Expansion – Kontraktion
= Moderne?	= Tradition?
Zyklische Modelle im linearen Zeitkonzept: Hegemonien, Konjunkturzyklen	Einschreiben von Zyklen in lineare Entwicklungen, z. B. Hegemoniewechsel

Lineare Zeitkonzepte können einer Vielzahl von Entwicklungen gerecht werden: Sie schließen das kontinuierliche, gleichbleibende Fortschreiben einer Entwicklung ebenso ein wie stetige Zunahmen oder Abnahmen, also Wachstum oder Rückgang der für einen bestimmten Zusammenhang als relevant angesehenen Indikatoren. Die Stetigkeit von Entwicklung kann in einem gleichbleibenden oder sich beschleunigenden Rhythmus gedacht werden; auch die Reichweite und die Dichte von Kontakten kann als zunehmend oder als abnehmend gefasst werden. Lineare Entwicklungsvorstellungen können also auf sehr konservative Phänomene in dem Sinne zutreffen, dass alles beim Alten bleibt. Sie können aber auch sehr progressive Entwicklungen in dem Sinn abbilden, dass Wachstum, Zunahme und Beschleunigung eine nach oben weisende Linie bilden. Sie entsprechen daher ebenso konservativer wie progressiver Weltanschauung, weisen dabei aber in unterschiedliche Entwicklungsrichtungen. Auch Verfallserscheinungen können linear, in diesem Fall als absteigende Linie, konzipiert werden. Lineare Entwicklungen treten in der Praxis nicht unbegrenzt auf, sondern erreichen bestimmte Wendepunkte, an denen sie ihre Wirkkraft verlieren oder ihre Richtung verändern. Lineare Geschichtsbilder sind somit nicht unvereinbar mit Zäsuren, die einen strukturellen Wandel des Entwicklungsmodus einleiten.

Variationen linearer Entwicklung

Zyklische Zeit nimmt demgegenüber keine Stetigkeit an, sondern besteht aus Auf und Ab, Werden und Vergehen, Zunahme und Abnahme, Expansion und Kontraktion. Je nach sachlichem Kontext, der von der Klimageschichte oder der Landwirtschaft über die Entwicklungspsychologie bis zu demographischen oder sozio-ökonomischen Entwicklungen reicht, gibt es mannigfaltige Modelle, um zyklische Abläufe und die den Zyklus prägenden Entwicklungsphasen zu charakterisieren. In der Regel enthalten diese Aufstiegs-, Reife-, Krisen- und Restrukturierungsphasen, wobei Krisen die Möglichkeit einer Regeneration und der Erneuerung für einen neue Zyklusphase in sich bergen. Auch Zyklenmodelle können für konservative Bilder – zyklische Wiederkehr gleicher oder gleichartiger Entwicklungen – oder für dynamische Entwicklungsvorstellungen herangezogen werden, die Fortschritt aus den Innovationsprozessen erklären, die aus den Entwicklungsphasen eines Zyklus resultieren. In dieser dynamischen Vorstellung kehren die Dinge mit dem Anbruch eines neuen Zyk-

Zyklenmodelle können für konservative oder für dynamische Entwicklungsvorstellungen herangezogen werden.

Zyklische Wiederkehr, gleichbleibend oder eingebettet in ein Wachstumsmodell

spiralförmig
(vgl. Hegel)

lus nicht an ihren ursprünglichen Ausgangspunkt zurück, sondern starten im Folgezyklus von einem anderen Ausgangsniveau aus. Dies zeigt, dass sich Zyklen in Entwicklungen längerer Dauer einschreiben können, wobei einander zyklische und lineare Entwicklungskonzeptionen ergänzen können. Das wirtschaftliche Wachstum in modernen Industriegesellschaften wird zum Beispiel in wirtschaftswissenschaftlichen Zyklenmodellen als eine Kombination linearen Fortschritts mit der Vorstellung einer regelmäßigen Wiederkehr von expansiven Phasen und Krisen, die zur Anpassung der Kapitalakkumulation an geänderte Bedingungen beitragen (vgl. Konjunkturzyklen, z. B. bei Nicolai Kondratieff, Joseph Schumpeter, Ernest Mandel u. a.), betrachtet (Van Dujin 1983). Im zyklischen Verlauf wirtschaftlicher Entwicklung verändert sich in der Regel auch das Verhältnis von Zentren und Peripherien, sodass zeitliche und räumliche Ordnung aufeinander bezogen werden müssen. Wendepunkte können sowohl in wirtschaftlicher wie in politischer Hinsicht neue Zentren hervorbringen als auch eine Ablöse von Hegemonialmächten bedingen.

Die hier abstrakt aufgezeigten Möglichkeiten, Veränderungen im Verhältnis verschiedener Regionen im zeitlichen Verlauf zu fassen, sind als Modelle zu verstehen, um die viel komplexeren Zusammenhänge der realen zeit-räumlichen Entwicklung zu analysieren und zu begreifen. Die Wirklichkeit hält für jede Modellvariante Anschauungsbeispiele bereit. Das bedeutet, dass die Bausteine in der Analyse auch miteinander kombiniert werden können. Sie können aber auch, wie später gezeigt wird, als einander ausschließende Erklärungsmuster in verschiedenen konkurrierenden Entwicklungstheorien verwendet werden (vgl. Kapitel 8).

Homogenisierung versus Polarisierung?	
Homogenisierend ->	<- Polarisierend
Angleichung von Entwicklungsunterschieden durch überregionale Interaktion	Verstärkung von Entwicklungsunterschieden durch überregionale Interaktion
Regionale Konvergenz	Regionale Divergenz
Ortszeiten verbinden sich zur Weltzeit.	Ortszeiten transformieren sich unter dem Eindruck von Weltzeit.

Partikularitäten lösen sich auf/ver-schwimmen	Auftreten von Bruchlinien und zentrifugalen Kräften
• Global Village • Hybridisierung • Métissages	• Fragmentierung der Lebenswelten und Identitäten • Clash of Cultures

Ausgangspunkt bildet die Frage, ob Interaktion zwischen ungleichen Partnern zu einer Angleichung der Unterschiede führt, wie dies von Wachstums- und Modernisierungstheorien angenommen wird, oder ob Interaktion bzw. Integration unter den Bedingungen räumlicher Ungleichheit bestehende Unterschiede verstärkt, wie dies von Polarisations- und Dependenztheorien angenommen wird. In diesem Gegensatzpaar werden Raum- und Zeitkonzepte miteinander verbunden. Im ersten Fall gleichen sich die Ortszeiten verschiedener Räume an und verbinden sich zu einer homogenen Weltzeit; im zweiten Fall nehmen die Spezifika einzelner Regionen durch die unterschiedlichen Wirkungen des Interaktionsprozesses eine ungleiche Entwicklung, die zu Polarisierung führt; unter dem Eindruck von Weltzeit kommt Ortszeit nicht zum Verschwinden. Vielmehr erfährt sie eine neue Ausprägung, die nicht mehr nur aus endogenen Faktoren, sondern aus dem Interaktionsprozess mit anderen Regionen heraus erklärbar ist.

Homogenisierung und Polarisierung manifestieren sich auf der Ebene der wirtschaftlichen Entwicklung, des politischen Zusammenhalts, der lebensweltlichen Erfahrung und der Identität. Dem **Homogenisierungsmodell** zufolge bedeutet das eine Angleichung regionaler Einkommensniveaus, Konsumstandards, Lebensweisen, ein Aufgehen der Staaten in einem globalen Mehrebenensystem sowie eine Auflösung regionaler und nationaler Identitäten in einem alle Widersprüche aufhebenden *global village*. Das **Polarisierungsmodell** prognostiziert das Gegenteil: Die wachsenden regionalen Unterschiede führen zum Auftreten von sozialen Bruchlinien; daraus erwachsende zentrifugale Kräfte sprengen den gesellschaftlichen Zusammenhalt, ja, in vielen Fällen die staatliche Einheit selbst und führen zu einer räumlichen und sozialen Fragmentierung der Lebenswelten und Identitäten. Auch hier hält die Wirklichkeit in verschiedenen Phasen der Geschichte Anschauungsmaterial bereit. Empirische Studien zeigen, dass in der Regel nicht alle Felder des gesellschaftlichen Zusammenlebens von einer homogenisierenden oder einer polarisierenden Tendenz erfasst sind, sondern dass Homogenisierung in einem Bereich der Polarisie-

Zentripetale Pfeile symbolisieren Konvergenz.

Zentrifugale Pfeile symbolisieren Divergenz.

Wachsende regionale Unterschiede führen zum Auftreten von sozialen Bruchlinien.

rung in einem anderen Bereich gegenübersteht. So können wir im
aktuellen Fall der Europäischen Union etwa die Angleichung von
Wettbewerbsbedingungen in einem gemeinsamen ökonomischen
Raum beobachten, der staatsgrenzenüberschreitende Mobilität aller
Produktionsfaktoren sowie die Herausbildung einer (EU-)europä-
ischen Identität hervorbringt, während Steuern und Sozialpolitik
weiterhin den Einzelstaaten überlassen sind. So finden Investoren im
gemeinsamen Markt höchst unterschiedliche Investitionsbedingungen
vor, die sich für die Bevölkerung in höchst unterschiedlichen Ein-
kommens-, Lebens- und sozialen Versorgungsniveaus niederschlagen.
Die Folge ist die Herausbildung von Wohlstandschauvinismen und
von Regionalismen der sich benachteiligt Fühlenden als konstitutive
Begleiterscheinungen des Integrationsprozesses.

Für eine globale Interaktionsgeschichte bedeutet dies den folgenden methodischen Auftrag:
■ Homogenisierung und Polarisierung aufeinander beziehen
■ Unterschiede miteinander konfrontieren und herausarbeiten, wie
sie im Zuge der Interaktion zwischen Weltregionen bzw. zwischen
lokal und global entstanden und dynamisiert wurden
■ Einheit in der Vielfalt und in der Differenz; Einheit im Zusammenwirken widersprüchlicher Prozesse

Literatur

Die folgenden Autoren stehen für verschiedene räumliche Gliederungskon-
zepte: Braudel 1963 und 1986 für das Konzept der Zivilisation, Mückler 2005
und Nolte 2005, 2008 für Imperien, Braudel 1990, Wallerstein 2004a, Frank
1998 und Nolte 2005 für Weltwirtschaften und Weltsysteme, Castells 2001 für
Netzwerke. Der Prototyp einer weltregionalen Zivilisationsstudie, Braudels
„Mediterranée" (1966) inspirierte zahlreiche weitere Studien zum Indischen
Ozean (Chaudhuri 1985 und 1990; Rothermund/Weigelin-Schwiedrzik 2004),
China (Wong 2001) oder zur Ostsee (Komlosy/Nolte/Sooman 2008). Die
Rolle des Nationalstaates im Globalisierungsprozess kann exemplarisch am
Beispiel Großbritanniens, dem Global Player des 19. Jahrhunderts, aufgezeigt
werden – einen Literaturüberblick vermittelt Bley 2005. Becker/Komlosy
2004 nähern sich unterschiedlichen Räumen und Raumtypen mithilfe der
Grenzen an. Fischer/Zimmermann 2008 und Zimmermann 2010 behan-
deln Grenzüberschreitungen anhand von Internationalisierungsprozessen.

Konzepte zur zeitlichen Gliederung, Einordnung und Deutung histori-
scher Prozesse bilden den eigentlichen Kern von Geschichtsforschung; die
Literatur ist überbordend. Verwiesen sei hier auf Braudels Zeithorizonte
(Braudel 1992), Osterhammels Überlegungen zur Periodisierung des 19.
Jahrhunderts (2009), den Überblick über Konjunkturzyklen-Modelle bei
Van Duijn 1983 sowie die theoretischen Überlegungen zur zeit-räumlichen
Modellierung von Globalgeschichte in Komlosy 2005, die diesem Beitrag
teilweise zugrunde liegen.

2. Periodenbildung im globalen Kontext

Dieses Kapitel widmet sich den Schwierigkeiten, sinnvolle Untergliederungen im zeitlichen Verlauf der historischen Geschehnisse zu
finden, die allen Weltregionen gleichermaßen gerecht werden. Wir
müssen daher zuerst die europäische Periodenbildung problematisieren, die sich in der Weltgeschichtsschreibung als universelle durchgesetzt hat. Dies bedeutet auch, dass wir viele eurozentristische Begriffe
und Sprachregeln, die sich in das allgemeine Denken und Sprechen
über Zeiten und Abläufe eingeschlichen haben, auf ihre weitere Ver-
wendbarkeit überprüfen und unter Umständen durch neue Begriffe
ersetzen. Dieses Unterfangen kann hier nur in seinen Zielsetzungen
vorgestellt werden; die Umsetzung würde umfassende Sprachkennt-
nisse voraussetzen, um die Rezeption eurozentrischer Perioden in
unterschiedlichen Sprachräumen zu untersuchen, was nur in einem
kooperativen Unternehmen realisiert werden kann.

■ In einem ersten Schritt wird die Frage aufgeworfen, ab welchem
historischen Moment die Beschäftigung mit Globalgeschichte überhaupt einsetzt.

■ In einem zweiten Schritt wird das Stufenmodell der europäischen
Weltgeschichte kritisch hinterfragt.

■ In einem dritten Schritt befassen wir uns mit Alternativen zum
eurozentrischen System, den Ablauf der Geschichte zu strukturieren,
und stellen die Frage nach ihrer Vereinbarkeit.

Wann beginnt Globalgeschichte?

Eng verbunden mit der Untergliederung des historischen Ablaufs ist
die Frage, wann überhaupt von Globalgeschichte gesprochen werden
kann. Dies wiederum hängt davon ab, wie Globalgeschichte definiert wird. Es wirft auch das historiographische Problem auf, wann
Historiker Perspektiven auf Geschichte als einen regionenübergreifenden und -verbindenden Prozess entwickelt haben (Grandner/Ro-
thermund/Schwentker 2005; Conrad/Eckert/Freitag 2007; Schäbler
2007; Osterhammel 2008).

Wann setzt Global-
geschichte ein?

Globalgeschichte und wann sie einsetzt:
Globalgeschichte als Weltreichsgeschichte
Globalgeschichte als gelehrte Welt- und Universalgeschichte der Mensch-heit
Globalgeschichte als Geschichte überregionaler Beziehungen überhaupt
Globalgeschichte als Geschichte überregionaler Beziehungen, sofern diese eine entscheidende Quantität und Qualität von Interaktion erlangt haben und daher von Globalisierung gesprochen werden kann; als entscheidende Momente für den Beginn solcher Beziehungen gelten:
• Intensivierung und Systematisierung überregionalen Austauschs im Gefolge der neolithischen Revolution (4./3. Jahrtausend v. u. Z.)
• Periode verdichteter wirtschaftlicher, politischer und kultureller Innova-tion (Handel, Städte, Schrift, Technik [1. Jahrtausend v. u. Z., auch als „Achsenzeit" bezeichnet])
• Europäische Expansion (15./16. Jahrhundert)
• Ausweitung und Verdichtung europäischer Expansion (18. Jahrhun-dert, insbesondere die auch als „Sattelzeit" bezeichnete Periode 1760–1830)
• Weltmarktbeherrschung unter britischer Hegemonie (19. Jahrhundert)
• Übergang von der britischen zur US-Hegemonie (20. Jahrhundert)
• Neue Formen der globalen Verdichtung und Verflechtung im Rahmen der jüngsten Globalisierung ab den 1980er-Jahren

Globalgeschichte als Menschheitsgeschichte ist prinzipiell in allen Geschichtsauffassungen alter Reiche zugrunde gelegt, die ihr Reich als Inbegriff und Kern der gesamten (jeweils bekannten) Welt ansahen und damit keinen Teil der Welt aus der Betrachtung ausschlossen (= Imperien erster Ordnung). Ihre Geschichtsschreiber entwickelten Kategorien, Kernzugehörige des Reiches von Fremden sowie von anderen, entfernten, nicht vollständig unterworfenen oder integrierten Völkerschaften zu unterscheiden; sie entwickelten aber auch Vorgangsweisen, diese anderen in ihre („die") Welt zu integrieren, etwa durch Missionierung, Versklavung, Unterwerfung unter direkte Herrschaft oder Tributpflicht. De facto kannten die Reichshistoriographen große Teile der Welt nicht oder hatten nur vage Vorstellungen davon. Mythen und Legenden spielten eine große Rolle in der Geschichtsschreibung und in der Tradierung historischer Vorstellungen.

> Mythen und Legenden spielten in der Tradierung eine große Rolle.

Eine aufgeklärte Variante von Globalgeschichte als Menschheitsgeschichte bestand darin, die Existenz mehrerer Staaten zur Kenntnis zu nehmen und die Unterschiede in ihren Kulturen wahrzunehmen. Sie setzte ein, als sich Herrscher bewusst wurden und akzeptieren mussten, dass ihr Reich nur eines von vielen war, die durch internationale Beziehungen verbunden waren (Nolte 2008: 9). Diese Internationalisierung setzte gedankliche Anstrengungen in Gang, die anderen Gesellschaften mit der eigenen in Beziehung zu setzen und Kategorien für Überlegenheit, Gleichgewicht oder Rückständigkeit zu entwickeln. Auch hier erfasste das Interesse im Prinzip die ganze Welt, allerdings nicht geprägt von der Vorstellung, alles in die eigene Welt einzubeziehen, sondern eine Ordnung zu entwickeln, die das Eigene in Bezug zum Anderen setzte. Kolonien, abhängige und nicht staatlich verfasste Gebiete wurden dabei als außerhalb der Zivilisation stehend angesehen. Im Zuge von Entdeckungsfahrten und Eroberungszügen wurden Informationen über andere Weltregionen und -kulturen eingeholt; die Kategorisierung der Entdeckungen und Entdeckten erfolgte vornehmlich aufgrund geschichtsphilosophischer Überlegungen, die auf einer Hierarchie von Völkern, ihrer Entwicklungspotenziale und Entwicklungsstufen basierten.

Sowohl Reichsprojektionen als auch die Wahrnehmung der Welt als internationale Ordnung produzierten globalhistorische Erzählungen im Sinn von Universalgeschichte. Diese erklärte die (bekannte) Welt auf der Basis der partikularen Grundlagen der jeweiligen Betrachter. Aufklärung und Säkularisierung, die im 17. Jahrhundert in unterschiedlichen Ausprägungen einsetzten, änderten an der Verallgemeinerung partikularer Sichtweisen nichts Grundlegendes, setzten allerdings anstelle der religiösen Grundlegung eine Reflexion über zugrunde liegende Bewertungskategorien in Gang, die im 19. Jahrhundert in der Verwissenschaftlichung von kulturellen und sozialen Unterschieden kulminierte (Rassenkunde, Volkskunde, Völkerkunde, ökonomische und soziologische Stufen- und Entwicklungstheorien). Diese entstand als europäisches Projekt und die Erfassung, Vermessung und Kategorisierung der Welt erfolgten aus einer eurozentristischen Perspektive, setzten aber gleichzeitig die Standards für wissenschaftliche Bestandsaufnahme schlechthin. Diese Geschichtsschreibung wurde von ihren Protagonisten seit dem 18. Jahrhundert als Welt- oder Universalgeschichte bezeichnet. Als um die Mitte des 19. Jahrhunderts die Nationalgeschichte in der Geschichtswissenschaft den Ton anzugeben begann, wurde Welt- und Universalgeschichte an den Rand gedrängt, behielt aber einen wichtigen Stellenwert vor allem in jenen Staaten, die sich als Großmächte ihres globalen Auftrags vergewissern wollten. Im deutschen Sprachraum wurde Weltgeschichte nach dem Zerplatzen der nationalsozialistischen Großraumpläne diskreditiert, während sie insbesondere in den USA und der Sowjetunion ungebrochenes Interesse hervorrief. Mit der Beschleunigung und Verdichtung der globalen Interaktion im letzten Drittel des 20. Jahrhunderts erlebte sie ein Revival (zu den historiographischen Traditionen von Globalgeschichte vgl. Middell 2005). Sie legte mit dem selbstständigen Auftreten von ForscherInnen aus allen Teilen der Welt aber auch ihren exklusiv westlichen Charakter ab; ob an einheimischen Universitäten oder als Teil einer internationalisierten WissenschaftlerInnen-Community stellen diese das Deutungsmonopol der alten Welt- und Universalgeschichte immer wieder infrage. In diesem Zusammenhang kam der Begriff der Globalgeschichte auf. Er bezeichnet die aktuellen Bemühungen um eine multifokale, gleichberechtigte Betrachtung der Geschichte aller Weltregionen. Aktuelle Ansätze der Globalgeschichte grenzen sich einerseits von ihren welt- und universalgeschichtlichen Vorläufern ab, können aber nicht umhin, daran anzuknüpfen und dazu Position zu beziehen. In der Auseinandersetzung mit den prägenden und deformieren-

Aufklärung und Säkularisierung änderten an der Verallgemeinerung partikularer Sichtweisen nichts Grundlegendes.

→ post-
colonialism

den Auswirkungen des Kolonialismus entstanden neue, sogenannte postkoloniale Ansätze.

Globalgeschichte im heutigen Sinn bezieht sich in Abgrenzung von der älteren Universalgeschichte nicht auf Menschheitsgeschichte schlechthin, sondern auf die Geschichte der Globalisierung: Globalisierung wird dabei als ein Prozess verstanden, in dem immer größere Teile der Welt in stärkere gegenseitige Austauschprozesse eintreten. Damit geht es in der Globalgeschichte nicht um alles, was in der Welt passiert, sondern nur um jene Prozesse, die einzelne Weltregionen miteinander in Beziehung setzten und damit eine interdependente Welt hervorbrachten. Das Problem wird damit nicht einfacher, denn der jeweilige Moment, der als konstitutiv für Interdependenz, und sei es auch nur für bestimmte Weltregionen, angesehen wird, ist höchst umstritten. Je nach fachlicher Kompetenz und sachlicher Definition werden – in den konventionellen Epochenbezeichnungen ausgedrückt – die alte Geschichte, die Ur- und Frühgeschichte, die mittelalterliche, die frühneuzeitliche Geschichte, das 19. oder das 20. Jahrhundert, die Zeitgeschichte nach Ende des Zweiten Weltkriegs oder die aktuelle Globalisierung als Zeitrahmen für die „wahre", die „eigentliche", also den jeweils aufgestellten Kriterien für Quantität, Reichweite und Qualität der Beziehungen entsprechende Globalisierung herangezogen. Es gibt gute Gründe, die Argumente für die zeitliche und sachliche Eingrenzung von Globalisierung ernst zu nehmen und Globalgeschichte auf eine engere Epoche der neueren und neuesten Zeit zu beschränken. Es gibt aber umgekehrt auch keinen Grund, bestimmte weiter reichende Verständnisse von Globalgeschichte, die großräumige Verflechtungen in früheren Zeiten erkunden, auszuschließen. Es bleibt nichts anderes übrig, als sich die jeweils zugrunde liegenden Definitionen und die dafür ausschlaggebenden Kriterien anzusehen und für sich selbst zu entscheiden, welche davon als plausibel angenommen werden und die eigene Herangehensweise prägen sollen. Regionen können dabei, je nachdem, ab wann sie in stärkerem Maße in überregionale Prozesse einbezogen wurden, zu unterschiedlichen Zeitpunkten beginnen, Gegenstand von Globalgeschichte zu werden.

In der Praxis der universitären Lehre setzen globalgeschichtliche Perspektiven insbesondere mit dem Beginn der europäischen Expansion im 16. Jahrhundert ein; einer anderen Auffassung zufolge werden

Globalgeschichte bezieht sich auf die Geschichte der Globalisierung.

diese Anfänge als eine Vorgeschichte, eine Protoglobalisierung behandelt, die der „eigentlichen" Globalisierung, die im 19. Jahrhundert
einsetzte, vorangig. Dementsprechend wird die Globalisierung der
zweiten Hälfte des 20. Jahrhunderts auch als zweite Globalisierung
bezeichnet. Diese Einschränkungen werden in dem Maße obsolet,
wie Globalisierungsprozesse auch in früheren Perioden ausgemacht
werden und ArchäologInnen, Alt- und MittelalterhistorikerInnen die
weltumspannenden Aspekte ihrer Fächer in den Vordergrund stellen.
Auch die Kooperation mit den regionalen Kultur- oder Arealwissenschaften, auf die Globalgeschichte angewiesen ist, öffnet den Blick
auf weiter zurückliegende Zeiten, von denen sich in vielen Fällen
herausstellt, dass überregionale Verflechtungen eine weitaus größere
Rolle gespielt haben, als von der europäischen Weltgeschichtschrei-
bung bisher angenommen. Dies betrifft auch die außereuropäische
Geschichtsschreibung selbst, für die es keinen Grund gibt, ihre Regionen erst dann in Hinblick auf überregionale Verflechtungen und
globale Interdependenzen zu erforschen, sobald sie in engeren Kontakt
mit der europäischen Expansion geraten sind. So wiesen der Raum
des Indischen Ozeans oder die zentralasiatischen Regionen an der
Seidenstraße längst großräumige Beziehungen auf, bevor europäische
Akteure daran teilhatten. Selbst Amerika hatte Kontakte mit der „alten Welt", bevor der Kontinent 1492 als „neue Welt" entdeckt wurde.

Je näher wir der Gegenwart kommen, desto stärker sind alle Momente, die für den Beginn von Globalisierung gehalten werden, insofern in einen eurozentrischen bzw. westlichen Kontext eingebettet, als die Triebkraft des historischen Geschehens in europäischen
bzw. westlichen Gesellschaften verortet wird. Diese Wahrnehmung
fußt auf der Tatsache einer unbestreitbaren europäischen Hegemonie, deren zeitliches Einsetzen wiederum kontrovers gesehen wird.
Wenn es stimmt, dass die europäische Expansionsdynamik die weitere Entwicklung in den beherrschten Weltregionen bestimmte, kann
es nicht verwundern, dass auch die Interpretation des historischen
Verlaufs aus der europäischen Perspektive erfolgte. Wir sollten also
vorsichtig sein, jede europäische Sichtweise sofort als anmaßenden
Eurozentrismus abzulehnen.

Wie und wann kam es zur europäischen Hegemonie?

An dieser Stelle stellt sich die Frage, wie – und wann – es zur europäischen Hegemonie, die eigentlich eine westeuropäische war, gekommen ist. Sie bedarf zu ihrer Klärung einer Daten- und Faktenbasis sowie einer historisch-empirischen Darstellung der Ereignisse, für die auf Handbücher und Überblickswerke verwiesen werden muss (Literaturhinweise am Kapitelende). Trotz fundamentaler Einschätzungsunterschiede, wie und wann nordwesteuropäische Staaten und ihre Unternehmen eine hegemoniale Rolle in der Welt einnahmen, herrscht Konsens darüber, dass dies im 19. Jahrhundert jedenfalls der Fall war. Als zentrale Momente, die den Beginn der europäischen Hegemonie markierten, gelten:

■ die europäische Expansion im atlantischen Raum, die im 17. Jahrhundert eine transatlantische Arbeitsteilung begründete, als deren Eckpunkte Nordwesteuropa, Nordosteuropa, die Amerikas sowie – als Lieferanten von Arbeitssklaven – die afrikanischen Westküsten fungierten;

■ die Verdichtung und Erweiterung der europäischen Expansion, die im 18. und 19. Jahrhundert dazu überging, asiatische Handelspartner in zunehmendem Maße den Anforderungen der europäischen Wirtschaftsentwicklung nach Bezugsquellen für Rohmaterialien und Absatzmärkten für Industriewaren unterzuordnen, wenn notwendig auch durch militärische Gewalt.

■ Im 19. Jahrhundert erfasste die Integration in die von Nordwesteuropa beherrschte Arbeitsteilung, die in der Terminologie der Weltsystem-Theorie als Inkorporierung bezeichnet wurde, weitere, bis dato nicht davon erfasste Teile Asiens sowie Afrika, das fast zur Gänze zwischen den europäischen Kolonialmächten aufgeteilt wurde.

Es sei davor gewarnt, die im 19. Jahrhundert beobachtete westeuropäische Hegemonie unhinterfragt auf frühere Epochen rückzuprojizieren und Regionen, die erst zu einem späteren Zeitpunkt unter europäische Kolonialherrschaft oder Hegemonie kamen, seit Beginn der Kontaktaufnahme als beherrschte Regionen anzusehen. Dies gilt insbesondere für die meisten west-, süd- und ostasiatischen Regionen, die mit der Ausweitung des Europa-Asien-Handels im 17. Jahrhundert eine rasante Globalisierung, allerdings keineswegs eine Unterordnung

Gefahr der Rückprojektion westeuropäischer Hegemonie vom 19. Jahrhundert auf frühere Epochen.

unter europäische Interessen erfuhren. Diese Unterordnung fand, in regionalen Abstufungen, erst im Laufe des 18. Jahrhunderts (Indien) und im Fall von China, Japan und Afrika überhaupt erst im 19. Jahrhundert statt. Diese Abstufung in der Entwicklung der Abhängigkeit, die nicht immer mit Eroberung und Kolonisierung einherging, kann allerdings nicht dafür ausschlaggebend sein, ob es sich um globale Beziehungen, also um Globalisierung handelte oder nicht. Ebenso wenig wie Globalisierung erst mit dem Einsetzen europäischer Vorherrschaft begann, endete sie mit deren Rückgang.

Mit dem Aufstieg der USA begann die nordwesteuropäische Dominanz zu schwinden.

Mit dem Ende des Ersten Weltkriegs 1918, dem Aufstieg der USA zur globalen Führungsmacht und der Entkolonialisierung begann die nordwesteuropäische Dominanz zu schwinden. Sie wurde durch eine westliche, nordatlantische, nach dem Zweiten Weltkrieg auch Japan einbeziehende nordatlantische Dominanz ersetzt, die die alten europäischen Kolonialmächte ablöste. Die Entkolonialisierung nach dem Ersten und nach dem Zweiten Weltkrieg machte die unabhängigen Staaten zu souveränen Akteuren der Weltpolitik, änderte allerdings nichts an der nun unter post- oder neokolonialen Verhältnissen fortdauernden Abhängigkeit von den alten und neuen Zentren. Man könnte aber dennoch argumentieren, dass Globalisierung die internationalen Beziehungen erst dann prägen konnte, sobald die Teilnehmer durch ihre staatliche Verfasstheit dazu in politischer Hinsicht in der Lage waren. Dies würde die Entkolonialisierungsmomente zum entscheidenden Wendepunkt in der Globalisierungsgeschichte machen: in Lateinamerika und in Südosteuropa das 19. Jahrhundert, in Osteuropa und im Nahen Osten das Ende des Ersten Weltkriegs, in Asien und Afrika allen voran das Jahr 1960. Diese antikoloniale Sichtweise war in den Jahren nach der Entkolonialisierung in den Staaten des Südens weit verbreitet.

Sie relativierte sich durch die postkoloniale Ernüchterung, die den Fortbestand kolonialer Strukturen in den innerstaatlichen wie internationalen Beziehungen unabhängiger Staaten thematisierte und auf die Kontinuität zwischen der kolonialen und der postkolonialen Epoche hinwies. Umgekehrt eröffneten die Herausbildung konkurrierender Regionalblöcke sowie der rezente Aufstieg einiger großer außereuropäischer Staaten, allen voran China, Indien, Brasilien oder Südafrika, zu Wachstumsmotoren der Weltwirtschaft die Möglichkeit, die westliche Hegemonie durch eine multizentrischere Form der internationalen Beziehungen zu ersetzen, in der die Wachstumsdynamik auf den Süden übergeht. Auch diese Emanzipation, die mit dem Entstehen neuer Zentren und Wachstumspole in der außereuropäischen Welt verbunden ist, darf nicht dazu verleiten, diese erstens in ihrer Reichweite und in ihrem Einfluss zu überschätzen und sie zweitens in Zeiten rückzudatieren, in denen noch keine Anzeichen dafür erkennbar waren.

Da es mannigfaltige Zäsuren in den Beziehungen, aber keine guten Gründe für Einschränkungen gibt, plädiere ich für einen umfassenden Begriff von Globalisierung, der weder eine Mindestmenge, eine Mindestdistanz, eine Mindesthäufigkeit, noch europäische Dominanz, das Ende der Kolonialreiche oder postkoloniale Staatlichkeit der beteiligten Akteure zur Voraussetzung von Globalisierung macht. Vielmehr gilt es, die verschiedenen Momente, Zäsuren, Geschwindigkeiten, die in jedem Raum zu unterschiedlichen zeitlichen Ablaufmustern, Chronologien und Perioden führen, in ihrem überregionalen gegenseitigen Aufeinander-Einwirken zu begreifen.

Das Stufenmodell der europäischen Weltgeschichte

Bleiben wir zunächst beim Stufenmodell der europäischen Weltgeschichte, das diesem Unterfangen entgegensteht (Landsteiner 2001: 28 ff).

Eurozentrische Periodisierung der Weltgeschichte

- Antike Reiche
- Völkerwanderung (1.–6. Jh.)
- Mittelalter (7.–14. Jh.)
- Frühneuzeit (15.–18. Jh.)
- Neuzeit (Moderne) (18.–20. Jh.)
- Weltkriegs- und Zwischenkriegszeit (1914–1945)
- Wiederaufbau in markt- und planwirtschaftlichen Varianten (1945–1970)
- Zeitalter der Globalisierung (1970–)

Das Stufenmodell
bildet das chronologische
Rückgrat jeder euro-
päischen Geschichts-
schreibung.

Dieses Stufenmodell bildet das chronologische Rückgrat jeder europäischen Geschichtsschreibung. Es orientiert sich an entscheidenden
Wegmarken und Zäsuren der europäischen Geschichte und gibt die
Sprachregelung vor, die alt, mittelalt, neu und modern datiert. Es liefert auch die entsprechenden Begründungen für diese Abfolge, deren
Herrschaftsordnungen untrennbar mit ihren Repräsentationsstilen
verbunden sind: An die Stelle der neutraleren Zeitbegriffe fungieren
mit Archaik und antiker Klassik (Antike), *dark ages* (Völkerwanderung), Romanik und Gotik (Mittelalter), Renaissance (frühe Frühe
Neuzeit), Barock, Rokoko und moderner Klassik (späte Frühe Neuzeit), Historismus (19. Jahrhundert), Moderne (19./20. Jahrhundert)
und Postmoderne (20./21.Jahrhundert) oft einfach Stilrichtungen als
Ausdruck des jeweiligen Zeitalters. Dazu kommen regionale Variationen wie Biedermeier, Empire, Tudor oder Bauhaus, die ebenfalls
über ihren zeitlichen und räumlichen Kontext hinaus verallgemeinert werden.

Man kann dieses Modell in verschiedener Hinsicht für unzurei-
chend bzw. anachronistisch halten. Zu den Kritikpunkten gehört
die Verallgemeinerung regionaler Entwicklungen in Süd-, Zentral-
oder Westeuropa, die ganz Europa übergestülpt, während regionale
Entwicklungen in anderen Teilen Europas unterschlagen werden.
Höchst eigenartig ist auch die Tatsache, dass in diesem Geschichtsbild die eurasisch-afrikanischen Kontexte, die zur Ausprägung alter
Hochkulturen in der alten Welt führten, ausgeklammert bleiben.
Europa wird aus seinem Umfeld isoliert und umgekehrt das Umfeld,
sofern es sich in die europäische Meistererzählung einfügt, europäi-
siert. Dieses Narrativ sondert aus, was als störend empfunden wird,
ob es sich um die Nachfolgestaaten zerfallender Reiche in Ägypten,
Mesopotamien oder Kleinasien oder um jene Teile Europas handelt,
die nicht in das vorherrschende Bild von Europa passen, wie das islamische Spanien, der heidnische Norden, das mongolische Russland,
die tatarischen Khanate oder das osmanische Südosteuropa. Die Erzählung taucht durch diese Epochen einfach durch, womit sie sich
bei Kritikern die Bezeichnung „Tunnel-Geschichte" eingehandelt hat
(Blaut 1993, Frank 2005).

So erweist sich das europäische Stufenmodell schlussendlich als
eine voluntaristisch zusammengewürfelte Abfolge von Episoden, die
zu einem angeblich einheitlichen Geschichtsbild und -ablauf montiert

werden. Die Vorstellung von der Gesamthaftigkeit, Einheitlichkeit und Kontinuität, die diese Montage vorzugeben scheint, die von den antiken Hochkulturen in die griechische und römische Klassik, vom Imperium Romanum zum Heiligen Römischen Reich, von der Renaissance über die Aufklärung zur neoklassischen Moderne des 19. Jahrhunderts reicht, kann nur aufrechterhalten werden, wenn Misserfolge (das Scheitern der *renovatio imperii*), Diskontinuitäten (die feudale Zersplitterung des Weströmischen Reichs) ausgeklammert und fehlende Glieder (die beständige Erneuerung der antiken Klassik in Humanismus, Renaissance, Neoklassik und klassischer Moderne) heraufbeschworen werden. Umgekehrt gibt es allerdings auch Bemühungen, die Diskontinuitäten und Krisen aktiv in eine alternative Erzählung vom europäischen Sonderweg einzubauen, die die Abfolge von Krise, Zusammenbruch und Erneuerung zur Quelle einer besonderen Dynamik macht (Mitterauer 2003). Diese Fragen können hier nicht geklärt werden. Sie sollen lediglich auf die große Schwäche des europäischen Stufenmodells, in welcher Begründungsvariante auch immer, aufmerksam machen, nämlich seinen Anspruch auf universelle Gültigkeit.

> Das europäische Stufenmodell erweist sich als eine voluntaristisch zusammengewürfelte Abfolge von Episoden.

Der universelle Anspruch führt nicht notwendigerweise dazu, dass anderen Weltregionen Erzählungen mit der gleichen historischen Abfolge übergestülpt werden. Er kommt vielmehr darin zum Ausdruck, dass die europäischen Epochen und Stile aus ihrem Kontext isoliert, zu allgemeingültigen Begriffen verallgemeinert und zur Bezeichnung anderer Zivilisationen mit ihren jeweiligen Epochen verwendet werden: es wird z. B. angenommen, die Zeit der Kreuzzüge habe in Europa wie im arabisch-islamischen Raum gleichermaßen im „Mittelalter" stattgefunden. Jesuitische Mönche, die im 17. Jahrhundert nach China aufbrachen, werden als Zeitgenossen des „Barock" angesehen, das es in China in diesem Sinn gar nicht gab. Eine Folge der Übertragung unzeitgemäßer Epochen- und Stilbezeichnungen ist die Beobachtung von Mangelerscheinungen. Zum Beispiel: Es habe in China oder im islamischen Raum keine städtische Autonomie, keine Aufklärung, keine Freiheit der Wissenschaft, keine industrielle Revolution gegeben. Hier wird vom gesellschaftlichen Kontext abgesehen, der in den meisten Fällen ähnliche oder andere Neuerungen aufwies, und aus der Tatsache, dass Erscheinungsformen aus der europäischen Geschichte dort so nicht existierten, ein Defizit abgeleitet, das in der

> Der Universalismus kommt auch als Entwicklungsmodell zum Ausdruck.

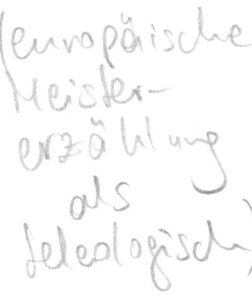

Folge als Entwicklungsblockade interpretiert wird. Der Universalismus kommt somit auch in der normativen Transformation des europäischen Abfolgemodells in ein Entwicklungsmodell zum Ausdruck, das die zurückgelegten Stufen der europäischen Geschichte, vor allem seit der zum europäischen Spezifikum erklärten „Aufklärung", als zu durchlaufende Stadien auf dem Weg zu einer, der europäischen gleichenden Entwicklung begreift. Gleichzeitig wurde außereuropäischen Gesellschaften aber die Voraussetzung abgesprochen, diese Höherentwicklung aus eigener Kraft in Angriff zu nehmen, und daraus die Legitimation für europäische Intervention abgeleitet.

Alternativen zur Universalisierung des europäischen Stufenmodells

Im Folgenden werden Alternativen zur Universalisierung des europäischen Stufenmodells vorgestellt. Dabei erörtern wir die folgenden Möglichkeiten:

Alternativen zur Universalisierung des europäischen Stufenmodells
- Periodenbildungen aus der Perspektive anderer Weltregionen bzw. Weltkulturen
- Multifokale Chronik und Lexik
- Synchronisierung durch interkulturellen Vergleich
- Synchronisierung durch Interaktion
- Konstruktion globaler Perioden

Multiperspektivität ernst nehmen

Was bedeutet Periodisierung aus der Perspektive jeder Region?
- Fragmentierung der Geschichtsschreibung? Oder:
- Zusammenführung (Synchronisierung) durch lexikalische Verknüpfung (*„Weltgeschichte"*)
- Zusammenführung (Synchronisierung) durch „trans-regionale Interaktionsgeschichte" (*„Globalgeschichte"*)
- Globale Interaktionsgeschichte konfrontiert die Ortszeiten und setzt sie in ein wechselseitiges Verhältnis; sie bringt ein eigenes zeiträumliches Periodisierungsmuster der Interaktion hervor.

Periodenbildungen aus der Perspektive anderer Weltregionen bzw. Weltkulturen

Eine wesentliche Voraussetzung, den eurozentrischen Universalismus zu überwinden, ist das Wahr- und Ernstnehmen der Abläufe, Rhythmen und Gliederungen der Geschichte, wie sie in anderen Weltregionen bzw. Weltkulturen stattgefunden haben. Jeder Raum hat seine Momente, Zäsuren, seine Perioden und Geschwindigkeiten; innerhalb dieser wird historisches Wissen überliefert, Geschichte geschrieben, werden Identitäten entwickelt und weitergegeben. Globalgeschichte zu betreiben, erfordert, ein Basiswissen über die Zeitläufe anderer Kulturen zu erlangen und deren Umgang mit Zeit und Geschichte zu begreifen. An seine Grenzen stößt dieses Unterfangen, weil Sprache, Kultur, Landeskunde und Geschichte nicht weltweit von einer Person (weder SchülerIn noch LehrerIn) erfasst werden können. Darum kann einerseits nur selektiv – Beschränkung auf ein oder zwei fremde Sprachen und Kulturen –, andererseits kooperativ – Aufteilung der Kulturkontakte und -erkundungen unter den Forschenden – vorgegangen werden. Offenheit für andere Kulturen bedeutet, deren Traditionen, Denkmuster, Sinnstiftungssysteme, deren signifikante Persönlichkeiten, Schlüsselereignisse und regionale/nationale Symbole kennenzulernen. Persönliche Begegnungen durch gegenseitige Besuche können dazu ebenso beitragen wie das Kennenlernen durch Literatur, bildende Kunst, Film u. v. a. m. Einen Transmissionsriemen zu einer anderen Kultur stellen regionale KulturwissenschaftlerInnen, sogenannte ArealspezialistInnen dar, die aufgrund ihrer Studien in der Lage sind, die Spezifika und Besonderheiten einer anderen Kultur in bekannten Begriffen auszudrücken und durch den Vergleich mit dem Bekannten Gemeinsamkeiten und Unterschiede herauszuarbeiten. Eine ähnliche Funktion erfüllen Reisende, MigrantInnen, Menschen mit mehrfacher Identität. In Hinblick auf die Frage der Wahrnehmung anderer historischer Abläufe und ihrer historiographischen Verarbeitung können sie eine wichtige Übersetzungsleistung erfüllen. Welches sind die entscheidenden Ereignisse für die historische Erzählung? Welche Zäsuren sind dafür ausschlaggebend, dass Perioden gebildet werden? Wie werden diese Perioden aus einheimischer Perspektive bezeichnet? Fügen sich die Perioden in zyklische, in lineare, in dynastische oder sonstige Abfolgemuster ein, die durch

Globalgeschichte erfordert ein Basiswissen über die Zeitläufe anderer Kulturen.

zyklische Wiederkehr, lineare Entwicklungsvorstellungen, millennarische Heilserwartungen, die Abfolge von Dynastien, Religionen, Erfindungen oder Weltanschauungen geprägt sind? Durchlaufen sie Stadien von Aufstieg und Niedergang? Es zeigt sich, dass diese Fragen nur sinnvoll gestellt werden können, wenn erstens bereits ein gewisses Vorwissen über die Ereignisgeschichte besteht, und zweitens erleichtert der Vergleich mit bekannten anderen Fällen die Herausarbeitung der Spezifika aus dem Kontrast. Selbstverständlich stellen vertraute Referenzsysteme immer auch einen Balken im Kopf dar, der das Andere in seiner Eigenart verdeckt; umgekehrt ist die gegenseitige Wahrnehmung nur aus der Kommunikation mit Bekanntem möglich, sodass an dieser Annäherungsmethode kein Weg vorbeiführt.

Abschließend sei angemerkt, dass alle angestellten Überlegungen nicht nur der gegenseitigen Wahrnehmung aus unterschiedlichen weltregionalen Perspektiven mit ihren jeweiligen Sinnstiftungssystemen dienen, sondern gleichermaßen innerhalb der einzelnen Regionen anwendbar sind, also auch in Europa. Auch innerhalb einzelner Weltregionen, Länder oder Gesellschaften koexistieren oft kleinräumig stark divergierende Wahrnehmungen zeitlicher Ereignisse und Abläufe, z. B. bedingt durch spezifische soziale, berufliche oder religiöse Erfahrungen. Auch hier bedarf es oft, unabhängig von der Sprache, der Translation.

Auch innerhalb einzelner Weltregionen koexistieren kleinräumig stark divergierende Wahrnehmungen zeitlicher Abläufe.

Multifokale Chronik und Lexik

Enzyklopäden sind keine neutralen Chronisten.

Chronologien unterschiedlicher Kulturen aus ihrer inneren Logik her zu begreifen, kann höchst verschiedenartige Konsequenzen haben. Zunächst wird die enzyklopädische Aufbereitung welthistorischen Wissens die Schlussfolgerung nahelegen, dass andere Kulturen gänzlich andere Verläufe, Abfolgen und Bewegungen in der Geschichte kennen, die so viele Besonderheiten enthalten, dass sie nicht miteinander vergleichbar sind. Um sie in ihrer Vielfalt und Gesamtheit darzustellen, erweist sich das enzyklopädische Lexikon als die praktikabelste Variante. Es lässt alles zu Wort kommen, ohne Kommentar, ohne Bewertung, scheinbar in neutraler, alphabetischer Reihenfolge. Bei näherem Hinsehen zeigt sich, dass Enzyklopädien keine neutralen Chronisten sind, sondern aus einer bestimmten, in Zeit, Raum, Sprache und Kultur verankerten Perspektive verfasst sind. Die Einträge sind ungleich gewichtet – so korreliert die Dichte mit der räumlichen und kulturellen Nähe –, und auch die Betrachtung selbst ist von der sozio-kulturellen Perspektive des Herausgebers geprägt. Schließlich ist jede Enzyklopädie in einer bestimmten Sprache verfasst, oft sogar im Auftrag von Regierungen oder Bildungseinrichtungen eines Staates. Enzyklopädien geben also nur durch die Form ein Gleichgewicht des Interesses und der Aufmerksamkeit vor; in der Praxis wird das Wissen über die gesamte Welt aus einer partikularen Perspektive organisiert. Dies haben chinesische, arabische und lateinische Lexika mit deutschen, französischen, britischen und US-amerikanischen gemein. Jedes von ihnen vermittelt daher nicht in erster Linie Wissen über die Welt, sondern Wissen über die eigene Art, Welt wahrzunehmen.

Welche Lexika in welchen Sprachen verfügbar sind, kann als Spiegel dafür dienen, wer internationale Darstellungsmacht besitzt und seine regionale Geschichte einem außerregionalen Publikum präsentieren kann und umgekehrt, welche Weltkulturen und Weltregionen durch Übersetzungen ihrer Lexika Nicht-Sprachkundigen zugänglich sind.

Es müsste aber doch durch transkulturelle Kooperation möglich sein, enzyklopädisches Wissen in einer Form zu organisieren, dass es weltregional und weltkulturell gleich gewichtet ist und jede Region und jede Kultur aus ihrer jeweiligen Perspektive zu Wort kommt. Abgesehen von der Schwierigkeit der praktischen Umsetzung stellt sich bei einem solchen Unterfangen die Frage: Kann die perfekte Enzyklopädie der Anspruch und das Ziel einer multifokalen Globalgeschichte sein? Oder mündet dieses Unterfangen in sein Gegenteil, nämlich die Einsicht in die Tatsache, dass Geschichte immer partikular und spezifisch sein muss und es keine Welt- oder Globalgeschichte geben kann? Wie auch immer man dazu steht, ist eines klar: Eine noch so gleich gewichtete, multifokale Enzyklopädie kann Weltgeschichte nicht ersetzen, sie kann allenfalls ein Hilfsmittel sein, um Weltgeschichte zu schreiben. Damit eine Enzyklopädie der Weltgeschichte aus verschiedenen regionalen Perspektiven gerecht wird, kommt der Hinzuziehung einheimischer SpezialistInnen sowie der Einfühlung (Hermeneutik) und der Übersetzungstätigkeit (Translation) durch ArealspezialistInnen eine große Bedeutung bei. So treten neben die nationalen Enzyklopädien globalgeschichtlichen Ansprüchen verpflichtete Lexika der Weltgeschichte. Diese sind in der Regel in den großen Weltsprachen verfasst, allen voran in Englisch, sodass es ohne Kenntnis des Englischen zunehmend schwieriger wird, neuere Entwicklungen im Bereich der Globalgeschichte zu verfolgen. Eine gemeinsame Kommunikationssprache, wie sie das Englische darstellt, erleichtert interkulturellen Austausch, gegenseitiges Kennenlernen und Vergleichen. Die Durchsetzung einer Sprache als globale Kommunikationssprache kann freilich nicht losgelöst von den Machtverhältnissen betrachtet werden. Sie ist immer auch Ausdruck kultureller Dominanz, die über die Sprache in die Wahrnehmungs- und Deutungsmuster einfließt. Dies hat zur Folge, dass der Anspruch auf Multiperspektivität nur mit Einschränkungen eingelöst wird. Der Übersetzung von Lexika und Handbüchern in andere Sprachen kommt daher zentrale Bedeutung für die Verbreiterung der Rezeption von Globalgeschichte zu. Das Internet-Lexikon Wikipedia, das Einträge in mehreren Sprachen beinhaltet, zeigt, dass die Auswahl der Themen und die Aufbereitung der Inhalte nach Sprach- und Kulturräumen variieren.

Interkultureller Vergleich

Verfahren des Vergleichs

Durch die multifokale Aufbereitung des Wissens stellen Lexika und Enzyklopädien wichtige Vorleistungen für den interkulturellen Vergleich bereit. Sie selbst betreiben keinen Vergleich im engeren Sinne, denn sie stellen die Einträge zu verschiedenen Regionen unverbunden nebeneinander. Eine systematische Aufbereitung der Information, die Gemeinsamkeiten und Unterschiede zutage treten lässt, stellt allerdings einen ersten Schritt zum Vergleich dar. Indem BenützerInnen Unterschiede bewusst wahrnehmen, treten sie unweigerlich in den Vorgang des Vergleichens ein. Der Vergleich selbst stellt ein eigenständiges Verfahren dar, das entlang von spezifischen Fragestellungen in Angriff genommen wird. Spezialisten für den interkulturellen Vergleich haben ein ausführliches methodisches Instrumentarium entwickelt, wie man Vorurteilen und Stereotypen durch systematische Befolgung des Gegenseitigkeitsprinzips (Wechsel der Vergleichsperspektive) sowie durch Einbeziehung von Dritten entgegenwirken und zu einem verlässlichen Ergebnis kommen kann (Kaelble/Schriewer 2003; Osterhammel 2008; Rothermund 2005: 18 ff.; Werner/Zimmermann 2002). Eine weitverbreitete Methode des historischen Vergleichs, nämlich die Bezugsetzung auf eine allgemeine, außer- und oberhalb der Vergleichseinheiten stehende Ebene, ein sogenanntes *tertium comparationis*, erweist sich im interkulturellen Vergleich als kontraproduktiv, da diese allgemeine Ebene in aller Regel aus der Verallgemeinerung europäischer Entwicklungen gebildet wurde. Ehrlicher und zielführender ist es, europäische Vergleichseinheiten nicht als allgemeine Norm und Bezugsgröße zu setzen, sondern sie beim Namen zu nennen und sie zu behandeln wie alle anderen Einheiten auch.

Nur die Übersetzungsarbeit der vergleichenden Wissenschaft kann die Differenz der Kulturen füreinander verständlich und nachvollziehbar machen. In dem Maße, wie genügend Fallbeispiele vorliegen und der Betrachter bereit ist, den Ereignis- und Ablaufvergleich um einen Strukturvergleich zu erweitern, eröffnet sich die Möglichkeit, strukturelle Gemeinsamkeiten zwischen den einzelnen Fällen herauszuarbeiten, die über die regionalen und kulturellen Unterschiede hinweg wirksam sind. Dies setzt voraus, dass der Betrachter ein Menschenbild und einen theoretischen Zugang mitbringt, durch die er bereit ist, die Existenz solcher Universalien anzunehmen; wenn er ein solches Niveau von Verallgemeinerungen ablehnt und nur den Einzelfall als seinen Bezugspunkt annimmt, wird er sich auf dieses Verfahren nicht einlassen und kaum gewillt sein, die Ergebnisse solcher Forschungen anzuerkennen. In diesem Fall kommt er allerdings über die enzyklopädische Anordnung von weltgeschichtlichem Wissen nicht hinaus.

Interaktion zwischen Weltregionen

Die Periodisierung entlang von Interaktionsbeziehungen stellt ein zentrales methodisches Instrument des Vergleichs infrage, nämlich die Vorstellung, es handle sich bei den Vergleichsgegenständen um unabhängig voneinander existierende, das heißt getrennte und trennbare Gegenstände. Der interkulturelle Vergleich geht von der Chronologie der jeweiligen Gesellschaften, also von ihren jeweiligen Ortszeiten aus und bemüht sich um deren Synchronisierung. Die Suche nach Interaktionszusammenhängen stellt diese Trennung infrage; sie begreift nicht die jeweilige Gesellschaft als Einheit, sondern die an einem Interaktionszusammenhang Beteiligten (Interaktionsgeschichte, konzeptionell: Subrahmanyam 2005). Damit ersetzt das Interesse an der Beziehung mit allen daran Beteiligten das Interesse an den Besonderheiten bzw. den Unterschieden zwischen den Beziehungspartnern.

> Das Interesse an der Beziehung ersetzt das Interesse an den Unterschieden.

Aus zwei Ortszeiten entsteht damit eine gemeinsame Zeit, eine Beziehungszeit. So können Geschehnisse an verschiedenen Schauplätzen synchronisiert werden. Da diese aber in eine gemeinsame Handlung involviert sind, werden ihre Chronologien nicht getrennt, sondern in ihrer Interaktion erfasst, als Chronologie der Interaktion. Globale Interaktionsgeschichte konfrontiert die Ortzeiten und setzt sie in ein wechselseitiges Verhältnis. Sie bringt ein eigenes zeit-räumliches Periodisierungsmuster der Interaktion hervor. Forschungspraktisch bedeutet dies, dass viele Fragen, die für einen Kulturvergleich interessant sind, für die Interaktionsgeschichte keine Bedeutung haben: Bedeutung hat hier primär das, was sich zwischen den Beteiligten abspielt. Beziehungs- statt Vergleichsgeschichte erlaubt umgekehrt, sich ganz auf die Wechselwirkungen zwischen den Beteiligten zu konzentrieren, die im Zuge der Interaktion ihren Charakter verändern. Ein Vergleich, der auf der Trennung der zu vergleichenden Gegenstände beruht, kann den Gestaltwandel seiner Vergleichsgegenstände nicht erfassen. Er könnte diese Veränderungen allerdings in den Vergleich einbeziehen und durch Beziehungsvergleich Interaktionsgeschichten vergleichbar machen. Dies zeigt, dass Vergleichen und Inbeziehungsetzen zwar unterschiedlich an ihre Gegenstände herangehen, allerdings keine einander ausschließenden, sondern sinnvoll zu kombinierende Verfahren globalgeschichtlicher Forschung darstellen.

Jede Interaktion schafft sich ihren je spezifischen Raum und bringt ihr eigenes zeitliches Muster hervor.

Während der interkulturelle Vergleich die verschiedenen regionalen Chronologien in die „Sprache" der jeweils anderen übersetzt, räumt die globalgeschichtlich-interaktive Herangehensweise der Interaktion selbst eine Chronologie ein. Im Forschungsprozess müssen zunächst die Interaktionseinheit (Raum) sowie der Interaktionszusammenhang definiert werden, also das Thema oder Feld, auf dem die Beziehungen stattfinden. Dies kann ein breites Spektrum von Fragestellungen betreffen, wie Welthandel, Arbeitsteilung und Güterketten, Migration, Kulturtransfer, Herrschaft und Kolonisierung, Identität und Grenzziehung u. v. a., die in ihrer Summe den Themenkatalog einer interaktionsorientierten Globalgeschichte ausmachen oder sich auf einen eingeschränkten Aspekt beziehen. Jede Interaktion in einem oder mehreren dieser Felder schafft sich ihren je spezifischen Raum und bringt ihr eigenes zeitliches Muster hervor. Verschiedene Interaktionschronologien können möglicherweise zu übergreifenden Interaktionsperioden zusammengeführt werden. Anders als bei den bestehenden Epochenbezeichnungen gibt es dafür keine verbindlich akzeptierten Termini: Wichtiger als Epochenbezeichnungen sind die Beschreibung und Erklärung des Gesamtprozesses auf Basis der den beteiligten Räumen eigenen Takte und Zäsuren. In der Folge können sich auch dafür gängige Bilder und Bezeichnungen durchsetzen: Warum sollen wir nicht z. B. das System des transatlantischen Sklavenhandels (wenn wir die Sklaverei in den Vordergrund stellen) oder das System des transatlantischen Dreieckshandels (wenn wir die Arbeitsteilung und den ungleichen Tausch zwischen Sklaven, Plantagenprodukten und Industriewaren in den Vordergrund stellen) genauso ernst nehmen wie die Regierungszeit eines bestimmten Königs oder die Vorherrschaft einer bestimmten Stilrichtung an den europäischen Adelshöfen?

Auch Interaktion kann aus verschiedenen Perspektiven betrachtet werden: Die Betrachtung kann aus der Perspektive einer Hegemonialmacht erfolgen oder aus der Perspektive der Dekolonisierung, sie kann der Ereignis- und Datenchronologie folgen, Strukturen, Diskurse oder Repräsentationen in den Vordergrund stellen. Sie kann die regionalen Geschichten der an einer Interaktion Beteiligten summieren oder diese in eine integrierte Interaktionsgeschichte zusammenführen. Sie kann dabei mit verschiedenen Einordnungsmodellen operieren. Globalgeschichte als Interaktionsgeschichte zu betreiben, enthebt die Historiker also nicht der Notwendigkeit, Positionsbestimmungen vorzunehmen, zu relativieren und zu hinterfragen. Je nachdem, unter welchen Prämissen Interaktionsgeschichte betrieben wird, tritt sie als *Entangled History* oder Verwickelte Geschichte, *Connected History* oder Verbundene Geschichte (Bayly 2006; Strayer 1989; Subrahmanyam 1997), als Transfergeschichte oder *Histoire Croisée* (Werner/Zimmermann 2002), als Weltsystem-Geschichte (Nolte 2005; Wallerstein 1995) oder einfach als Globalgeschichte auf. Die Chronologie der Interaktion hebt die unterschiedlichen regionalen Chronologien nicht auf, sondern lässt diese in ihre Periodisierung einfließen; darüber hinaus schreibt sie sich als verbindendes Element in regionale bzw. partikulare Chronologien ein. Kann daraus ein Geschichtsbild weltweiter Interaktion entstehen, das jedem Teil des Gesamtsystems gerecht wird?

Entangled History,
Connected History,
Transfergeschichte,
Histoire Croisée,
Weltsystem-Geschichte

Interaktionsfelder der Globalgeschichte	
Waren- und Kapitalverkehr, Finanz- und Kredit-wesen, Verkehrs- und Kommunikationswesen, Technologietransfer, Arbeitsverhältnisse und internationale Arbeitsteilung	Wirtschaft und Arbeit
Migration, Kolonisation, Bevölkerungs- und Sied-lungsbewegungen	Bevölkerung
Kulturkontakte und Kulturtransfer (Wissens- und Glaubenssysteme, Weltbilder und Ideen, Sprachen und Ausdrucksformen, Säkularisierung, Rationalisierung)	Weltbilder und Aus-drucksformen
Staaten und Beziehungen im zwischenstaatlichen System (Krieg und Frieden, Herrschaft und Unter-werfung, Hegemonie, Bündnisse und Unionen)	Politik
Identitäten, Lebensstile, Vorbilder, Selbst- und Fremdvergewisserung in Bezug auf Klasse, Rasse, Geschlecht	Gesellschaft

Konstruktion globaler Perioden

Wir sind bisher einem Bottom-up-Ansatz gefolgt. Zunächst haben wir die Verallgemeinerung europäischer Periodenbildungen hinterfragt und darauf hingewiesen, dass alle regionalen Ablaufmuster gleichberechtigte Bestandteile von Weltgeschichte und Weltgeschichtsschreibung darstellen. Mithilfe von regionalen Experten können sie füreinander verständlich gemacht und verglichen werden. Da ein solches Unterfangen – eine multifokale Weltgeschichtsschreibung – lexikalische Breite anzunehmen droht, die sich im Detail verliert, haben wir vorgeschlagen, uns auf die Beziehungen zu konzentrieren, die einzelne regionale Schauplätze der Geschichte verbinden und diese Beziehungsgeschichte zum Gegenstand einer neuen beziehungsorientierten Globalgeschichte zu machen. Die Verbindungen ergeben sich in dem Maße, wie einzelne Ereignisse oder Prozesse in einer Region auf Voraussetzungen beruhen und aufbauen, die an ganz anderen Orten stattfanden. Umgekehrt strahlen Ereignisse und Prozesse, die an einem bestimmten Ort stattfinden, weit über ihren vordergründig sichtbaren Schauplatz auf andere Orte aus. Prozesse entfalten sich im Raum und schaffen damit einen dem Geschehen angepassten Wirkungsraum. Sie entfalten sich gleichermaßen in der Zeit und schaffen ihre eigene Chronologie, die nolens volens die Chronologien der beteiligten Räume miteinander in Beziehung setzt und – in Bezug auf das zur Debatte stehende Beziehungsfeld – zu einer gemeinsamen Periodisierung der Interaktion zusammenführt. Im Vordergrund stehen jene Handlungsfelder, die im historischen Prozess interaktiv aufeinander bezogen sind.

Man kann eine Synchronisierung der Ortszeiten jedoch auch in einem anderen Sinn ins Auge fassen. Die Rede ist von der möglichen Existenz welthistorischer Perioden, die universelle Geltung beanspruchen, ohne dabei einem bestimmten regionalen bzw. kulturellen Zentrismus zu entspringen. Ihr gemeinsamer Nenner bestünde vielmehr in der Existenz eines system(at)ischen Zusammenhangs zwischen den verschiedenen beteiligten Regionen, der nicht nur die interregionalen Beziehungen prägt, sondern jede Entwicklung in einem Teilraum als Ausdruck der interregionalen Arbeitsteilung im Gesamtsystem begreift. Ob die Konstruktion solcher globaler Perioden, die in Zyklen- und Systemmodellen zum Ausdruck kommen, einen praktischen Erklärungswert für das Verständnis historischer Abläufe bietet, ist Gegenstand heftiger Kontroversen. Manche Historiker lehnen es grundsätzlich ab, einen globalen, weltweit wirksamen Interaktionsrahmen anzunehmen, andere schließen aus dem synchronen Auftreten ähnlicher Entwicklungen in weit entfernten Weltregionen auf einen solchen Zusammenhang, wobei sie hinsichtlich der zeitlichen Zuordnung und der räumlichen Reichweite divergieren. Für die Zeiten verstärkter globaler Interaktion seit der Frühen Neuzeit stellen Weltsystem-Modelle einen weitverbreiteten Analyserahmen dar, um unterschiedliche Entwicklungen aus ihrem Systemzusammenhang zu deuten. Auch prähistorische Perioden werden in ihren – wenn auch nicht so dichten und intensiven – Systemzusammenhängen gedeutet; der neolithische Innovationsschub vor 5.000 Jahren stellt dabei eine entscheidende Epochenschwelle dar. Diese Überlegungen werden im Kapitel 8 (Weltsystem als Herangehensweise an Globalgeschichte) erneut aufgegriffen.

Können welthistorische Perioden universelle Geltung beanspruchen?

Literatur

In den vergangenen Jahren erschienen zahlreiche Sammelbände, die sich mit der Definition des Gegenstands Globalgeschichte in Kontinuität und Abgrenzung mit älteren Formen der Weltgeschichte beschäftigen, u. a. Grandner/Rothermund/Schwentker 2005; Conrad/Eckert/Freitag 2007; Schäbler 2007; Osterhammel 2008b; Vries 2009. Entsprechende Debatten in deutscher Sprache vermitteln laufend die Zeitschriften Comparativ (Leipziger Universitätsverlag 1991 ff.), Periplus (Lit Verlag 1991 ff.), Zeitschrift für Weltgeschichte 2000 ff. (Peter Lang 2000–2006, seit 2007 Meidenbauer Verlag); in englischer Sprache vgl. Journal of Global History (Cambridge University Press 2006 ff.), Journal of World History (World History Association, University of Hawaii 1989 ff.) oder Review (Fernand Braudel Center Binghamton University 1977 ff.).

Sachlexika zur Welt- und Globalgeschichte haben entweder einen die Menschheitsgeschichte umfassenden Anspruch oder konzentrieren sich auf einzelne Perioden. In deutscher Sprache sind dies insbesondere verschiedene Ploetz-Lexika der Weltgeschichte; Propyläen-Weltgeschichte 1961 (10 Bde. + Ergänzungsbände); Saeculum Weltgeschichte 1965–1971 (7 Bde.); Fischer Weltgeschichte 1972–1990 (36 Bde.); WBG Weltgeschichte 2009/10 (6 Bde.) sowie Jäger – Enzyklopädie der Neuzeit 2005–2010 (bisher 12 Bde.); einen darüber hinausgehenden Überblick über Lexika auch in anderen Sprachen vermittelt Nolte 2005.

Einen weniger lexikalischen, aber dennoch umfassenden Überblick geben kooperative Reihen zur Globalgeschichte, u. a. die Edition Weltregionen, hg. v. Komlosy u. a. 1999–2010 (bisher 20 Bde.), Globalgeschichte 1000–2000, hg. v. Feldbauer/Hausberger/Lehners 2008–2011 (10 Bde.) sowie Globalgeschichte 1800–2010, hg. v. Sieder/Langthaler 2010. Überblicksdarstellungen aus einer Hand lieferten u. a. Braudel 1963, 1986; Wallerstein 1998/2004a/2004b; Nolte 2005/2009; Bayly 2006; Osterhammel 2009; Wendt 2007. Diese Werke behandeln immer auch Historiographie und Forschungsstand und enthalten theoretische und methodische Überlegungen zur Konzeption von Welt- und Globalgeschichte.

Einen Überblick zu eurozentrischen Stufenmodellen gibt Landsteiner 2001. Kritik am „Tunnelblick" formulieren Blaut 1993 und Frank 1998, 2005.

Einführungen in die Methode des interkulturellen Vergleichs vermitteln Kaelble/Schriewer 2003; Osterhammel 2008; Rothermund 2005. Eine aus dem interkulturellen Vergleich schöpfende Geschichte Europas legte Mitterauer 2003 vor. Zu Transferkonzepten vgl. Werner/Zimmermann 2002. Zu interaktionsgeschichtlichen Herangehensweisen an die Globalgeschichte vgl. Osterhammel 2008, 2009; Strayer 1989; Subrahmanyam 1997; zur Weltsystem-Geschichte Wallerstein 1995; Nolte 2005. Vgl. als Überblick Feldbauer/Komlosy 2003. Für Neuerscheinungen, Aktivitäten und Kongresse wird die Konsultation der Webseite http://geschichte-transnational.clio-online.net/ (Universität Leipzig) empfohlen.

3. Vorsprung und Rückständigkeit, Peripherisierung und nachholende Entwicklung

Dieses Kapitel beschäftigt sich mit einem Grundproblem ungleicher regionaler Entwicklung: Es stellt sich einerseits die Frage nach den Ursachen für regionale Ungleichheit und andererseits die Frage nach möglichen Wegen, Unterschiede abzubauen und die weniger entwickelten Regionen an das Niveau der entwickelten heranzuführen. Es zeigt sich, dass bereits das Sprechen über das Phänomen der Ungleichheit begriffliche Probleme verursacht, da die Wahl der Begriffe Ursachen festschreibt, die eigentlich erst einer genaueren Analyse unterzogen werden müssten. Das Gleiche gilt für die nachholende Entwicklung: auch hier schleichen sich Begriffe ein, die Entwicklungsziele und Entwicklungsstrategien vorgeben, ohne zu hinterfragen, ob diese überhaupt wünschenswert oder machbar sind und ob und wie sie mit dem Ursachenbefund zusammenhängen.

Beginnen wir daher mit der Begrifflichkeit. Selbstverständlich bringt die Vielfalt in der Welt im Verein mit den Machtverhältnissen stets Unterschiede hervor, die sich auf der räumlichen Ebene in unterschiedlichen Wirtschafts- und Lebensweisen mit unterschiedlichen Wohlstandsniveaus manifestieren. Von Rückständigkeit oder Peripherisierung zu sprechen, macht erst dann Sinn, wenn diese Unterschiede in einen wechselseitigen Zusammenhang gebracht werden können. Dieses Aufeinanderbeziehen bringt es mit sich, dass das Sprechen über Unterschiede auf einen gemeinsamen Maßstab Bezug nimmt, der in der Regel von der Seite definiert wird, die die Beziehungen dominiert.

> Von Rückständigkeit oder Peripherisierung zu sprechen, macht nur Sinn, wenn diese Unterschiede in einen wechselseitigen Zusammenhang gebracht werden können.

Rückständigkeit

Mit dem Begriff der Rückständigkeit wird der Unterschied aus der Perspektive eines dominanten Akteurs angesprochen. Er fasst den Unterschied in der Kategorie eines Defizits, gemessen an den Vorgaben der eigenen Entwicklung, die damit nicht nur als Erfolg, sondern auch als Vorbild und Bezugsgröße festgelegt wird. Rückstand suggeriert, dass der Rückständige bestimmte Entwicklungsziele nicht erreicht hat, von diesen merkbar abweicht und sich daher in einer schlechteren Lage befindet. Rückstand bewertet nicht nur den Zustand des für zurückgeblieben Erklärten, sondern gleichermaßen den Erfolg des Vorreiters und übersetzt die im Vorsprung bestehende Differenz in die Kategorie des Nachzuholenden. Der Befund der Rückständigkeit ist also gleichzeitig eine Aussage über den Status des Vorreiters, zunächst als Selbsteinschätzung, aufgrund der Verallgemeinerung des vom Vorreiter eingeschlagenen Weges und Zieles jedoch auch als scheinbar objektiver Befund, der auch vom Nachzügler – auch dies ein Begriff aus der Perspektive des Vorreiters – anerkannt wird. Es wird indirekt zum Ausdruck gebracht, dass die Errungenschaften, die den Vorsprung konstituieren, aus eigenen Ressourcen bzw. eigener Kraftanstrengung erfolgt sind, worin die Standortvorteile und Maßnahmen im Einzelnen auch bestehen mochten. Die Möglichkeit, dass der Vorsprung des einen mit dem Nachhinken des anderen im Zusammenhang steht, also auf dem Rücken oder auf Kosten des zum Rückständigen erklärten Gegenübers erreicht wurde, ist im Begriff der Rückständigkeit nicht angelegt. Dieser suggeriert vielmehr, dass alle Beteiligten in gleicher Weise am Spiel – als Wettkampf oder Wettrennen gedacht – teilnehmen, weshalb hier auch vom Regatta-Modell die Rede ist. Mit dem Vornesein und dem Zurückbleiben wird ein Zustand charakterisiert, der aus dem Vergleich abgeleitet wird.

Die Rückständigkeits-Metapher

Es gibt im Rahmen der Rückständigkeits-Metapher, die von allen Modernisierungstheorien geteilt wird, verschiedene Ansätze, das unterschiedliche Abschneiden im Wettkampf zu erklären:

Klima- und Boden-Ideologien

Klima- und Boden-Ideologien: Hier wird die Ursache von Rückständigkeit in ungünstigen Lage-, Ertrags- und Ausstattungsverhältnissen mit natürlichen Ressourcen gesehen, also Standortnachteilen, die quasi von der Natur vorgegeben und durch menschliche Eingriffe nur schwer veränderbar sind. Obwohl sich die Bedeutung solcher Faktoren im historischen Prozess verändert, neigen solche Ansätze dazu, daraus resultierende Rückständigkeit als vorgegebene Eigenschaft anzunehmen; die Bezeichnung als Ideologie soll darauf hinweisen, dass es sich hier stärker um Zuschreibungen als um echte Nachteile handelt. Dies gilt umso mehr für

Rassen- und Mentalitäts-Ideologien

Rassen- und Mentalitäts-Ideologien, die bestimmte genetische oder kulturell erworbene Eigenschaften als Hemmnis für eine Modernisierung nach dem Vorbild der Normsetzenden ansehen. In ihrer rassistischen Ausprägung erlauben diese Ansätze kein Entkommen und legitimieren damit Ungleichheit und die daraus resultierenden Ausgrenzungs- bzw. Dominanzverhältnisse. Eine schwächere Ausprägung ist die Annahme, dass manche Völker aufgrund ihrer kollektiven Mentalität nicht im Konkurrenzprozess bestehen können, was immerhin die Möglichkeit des Aufholens durch Mentalitätsänderung einschließt. Diese kann durch Aneignung kultureller Praktiken, Assimilation oder – in religiöser Hinsicht – durch Missionierung bzw. Bekehrung erfolgen.

Motiv des Verpassens oder der Abbiegung: Hier wird davon ausgegangen, dass die Rückständigkeit nicht schon immer gegeben war, sondern daraus resultiert, dass bestimmte Modernisierungsprozesse, die modernes Wirtschaftswachstum und eine damit verbundene gesellschaftliche Partizipation ermöglichten, nicht stattfanden; an diesen nicht teilzuhaben, wird als Ausdruck der Abweichung oder Abbiegung von dem – nachträglich aufgrund seiner Überlegenheit – zur Norm gesetzten Entwicklungspfad angesehen. Nachholen ist daher gleichbedeutend mit einer Rückkehr zu dieser Norm.

Motiv der Verspätung oder Verzögerung: In dieser Variante wird der Rückstand aus dem verspäteten Einsetzen von Modernisierungsprozessen begründet, und nachholende Entwicklung erscheint als ein Phänomen zeitlicher Verzögerung, die durch besondere entwicklungsfördernde Maßnahmen kompensiert werden kann. Ebenso wie die Abbiegungsthese erfordert die Verzögerungsthese eine genauere Bestimmung der Ursachenbündel für Abbiegung bzw. Verspätung. Dies schließt auch eine Datierung dieses Vorgangs mit ein, wobei bei einem lange zurückliegenden Rückstand die Verfestigung des dadurch ausgelösten Nachteils als retardierender Faktor mitberücksichtigt werden muss.

Reine Boden- und Rassenideologien gelten heute als überholt, der Rückständigkeitsdiskurs wird von der Abbiegungs- und der Verzögerungsthese bestimmt.

Die Grenzen der Rückständigkeitsmetapher liegen in dem dem Vergleich zugrunde liegenden Stufenmodell von Entwicklung: Sie setzt die Kriterien des Erfolgs aus der Perspektive der *winner*, blendet den Zusammenhang zwischen Entwicklung und Unterentwicklung aus und isoliert damit die einzelnen Vergleichseinheiten aus ihrem historischen Kontext und interaktiven Zusammenhang.

Motiv des Verpassens oder der Abbiegung

Motiv der Verspätung oder Verzögerung

Wir haben bisher nicht näher spezifiziert, auf welchen Gegenstand sich der Befund der Rückständigkeit überhaupt bezieht, und dennoch weiß der Leser und die Leserin, dass es sich dabei um Entwicklung handelt. Was aber verstehen wir unter Entwicklung? Entwicklung wird im entwicklungspolitischen Zusammenhang als ein Bündel von Faktoren angesehen, die folgenden Bereichen zugehören:

- Wirtschaftsleistung, Einkommen, Kaufkraft, Lebensstandard
- Staatliche Verfasstheit, politisches - und Rechtssystem
- Individuelle Entfaltung und gesellschaftliche Partizipation in sozialer, wirtschaftlicher und politischer Hinsicht.

Der Entwicklungsbegriff ist eine eurozentrische Erfindung.

Das Problem besteht darin, dass der Entwicklungsbegriff eine eurozentrische Erfindung ist und die Kriterien, die dafür ausschlaggebend sind, ob in einem bestimmten Bereich Entwicklung vorliegt oder nicht, aus eurozentrischer Perspektive festgelegt wurden. Die in Westeuropa bzw. im Westen charakteristische Kombination von modernem Wirtschaftswachstum, privatwirtschaftlicher Eigentumsordnung und Entscheidungskompetenz, politischer Demokratie und sozial nach Einkommen gestaffelter Partizipation wird zu jenem Faktorenbündel, an dem Entwicklung gemessen wird. Dies macht alle, die diesen Vorgaben nicht genügen, zu Entwicklungsländern, während die westlichen Staaten selbst als Entwicklungsländer gar nicht in Erwägung gezogen werden können. Trotz des breiten gesellschaftlichen Ansatzes verselbstständigt sich im Entwicklungsdiskurs der ökonomische gegenüber dem politischen und dem gesellschaftlichen Aspekt, wobei der ökonomische auf die quantitativ erfassbaren Leistungen beschränkt bleibt. Der Anspruch eines integrierteren Entwicklungsbegriffs, der soziale und politische Partizipation und Verteilungsgerechtigkeit mit einschließt, gerät so in der Diskussion oft unter die Räder eines aufs Ökonomische verkürzten Entwicklungsbegriffes. Diese Verkürzung betrifft den Rückständigkeits- ebenso wie den Peripherisierungsdiskurs.

Peripherisierung

Wählt man zur Charakterisierung des Unterschieds statt Rückständigkeit den Begriff der Peripherisierung, eröffnet sich ein ganz anderer Begründungszusammenhang für die Ursachen der Differenz sowie die einzuschlagenden Strategien zu ihrer Überwindung. Auch der Begriff Peripherisierung geht davon aus, dass regionale Unterschiede existieren, die ausschlaggebend für das Wirtschafts- und Lebensniveau in einer bestimmten Region sind und die deren BewohnerInnen je unterschiedliche Möglichkeiten in der Realisierung ihrer Entfaltungs- und Beteiligungschancen bieten. Er teilt also den mit dem Rückständigkeitsbegriff vermittelten Befund der Ungleichheit. Im Unterschied zu diesem geht er an die konstatierte Ungleichheit prozessorientiert heran und fragt, wie sich dieser Unterschied im historischen Prozess herausgebildet hat. Peripherisierung setzt einen substanziellen bzw. systematischen Interaktionszusammenhang zwischen Regionen voraus. Durch die unterschiedliche Stellung und Aufgabenzuschreibung in einer überregionalen Arbeitsteilung werden bestehende Unterschiede zwischen Regionen dynamisiert. Bestehende Unterschiede, die zuvor nicht durch ein wechselseitiges Verhältnis begründet waren, verwandeln sich im interaktiven Prozess in Vor- und Nachteile, die zur unterschiedlichen Teilhabe an den Erträgen, zum Abfluss bzw. Zufluss von Werten von der einen in die andere Region führen. Damit ermöglichen sie Zentrenbildung auf der einen, Peripherisierung auf der anderen Seite, wobei Zentrenbildung und Peripherisierung als zwei Seiten einer Medaille, als Teile eines beide Seiten betreffenden Interaktionszusammenhanges angesehen werden. Um die Zusammengehörigkeit zu unterstreichen, wird dafür auch das Begriffspaar Entwicklung – Unterentwicklung verwendet. Es war das Verdienst der sogenannten Dependenztheorien, die diesen Zusammenhang in den 1960/70er-Jahren aus der Perspektive peripherer Regionen thematisiert haben (Senghaas 1972, 1974, 1977). Unter dependenztheoretischen Prämissen wird Peripherisierung nicht aus dem Zurückbleiben bestimmter Regionen gegenüber anderen, fortgeschritteneren Regionen begriffen, sondern aus den unterschiedlichen Rollen im Interaktionsprozess, der den einen Regionen Aufstieg (Entwicklung) auf Kosten von anderen (Unterentwicklung) erlaubt. Möglich wird dies durch den Zugriff der (Eliten der) Zentren auf Ressourcen und Erträge (Werte), die in den Peripherien geschaffen wurden (zum Werttransfer vgl. weiter unten). Als Messlatte für erfolgreiche Entwicklung stehen die Regionen mit höherer Wertschöpfung, was die Peripherisierungsperspektive nicht von der Rückständigkeitsperspektive unterscheidet. Auch (Wirtschafts-)Wachstum spielt in

Peripherisierung setzt einen systematischen Interaktionszusammenhang zwischen Regionen voraus.

beiden Perspektiven als Instrument zur Überwindung von Armut und Ungleichheit eine zentrale Rolle. Während Wachstum im Rückständigkeitsdiskurs als ein Allheilmittel für die Überwindung von Rückstand angesehen wird, reflektiert die Peripherisierungsperspektive die Verteilung von Wachstumseffekten auf Zentren und Peripherien. Aus diesem Grund wird ihr immer wieder unterstellt, sie betrachte die Einheit von Zentrenbildung und Peripherisierung als ein Nullsummenspiel; diese Unterstellung unterschätzt die große Hoffnung, die auch im Peripherisierungsdiskurs auf Wachstumseffekte gesetzt wird und auch diesen als Spielart des Modernisierungsparadigmas ausweist.

Dependenztheoretische Sichtweisen wurden erstmals von Friedrich List (1789–1846) ins Treffen geführt.

Welches Erklärungsmodell herangezogen wird, ist auch eine Frage der Betroffenheit. In Zentren wird Entwicklungsdifferenz eher mithilfe von Rückständigkeit, also mangelnder Ausstattung und Modernisierungsbereitschaft der Peripherien als Folge innerer Entwicklungsblockaden, erklärt; externe Faktoren der Unterentwicklung, die auch die Rolle der Zentren kritisch hinterfragen, werden oft ausgeklammert. In Peripherien steht demgegenüber die externe Einwirkung durch die Eingliederung dieser Gebiete in ein System ungleicher Arbeitsteilung im Vordergrund, das polarisierend wirkte und Zentrenbildung und Peripherisierung als aufeinander bezogene Prozesse auslöste. Es darf also nicht verwundern, wenn Analysen und Strategien autozentrierter Entwicklung in Peripherien entwickelt wurden, manchmal allerdings unter namhafter Beteiligung von Wissenschaftlern, die aus einem Zentrum kommen oder dort ihre Ausbildung genossen haben und sich als systemkritisch verstehen. Dependenztheoretische Sichtweisen wurden erstmals, ohne so genannt zu werden, von Friedrich List bei der Erklärung und Überwindung des Zurückbleibens zentraleuropäischer Staaten gegenüber Großbritannien im 19. Jahrhundert ins Treffen geführt (Senghaas 1977: 75 ff.); dependenztheoretische Analysen lagen auch der Wirtschaftspolitik von Mexiko, Brasilien, der Türkei oder Rumänien zugrunde, wenn diese Staaten in den 1930er-Jahren dafür eintraten, ihre endogenen Potenziale durch importsubstituierende Maßnahmen zu stärken und für sie aufgrund der Spezialisierung auf wertschöpfungsschwache Funktionen als nachteilig erachtete Weltmarktabhängigkeit abzubauen (Senghaas 1977: 124 ff.). Die importsubstituierende Industrialisierung wurde in den 1950er- und 1960er-Jahren zur Leitstrategie der Bemühungen lateinamerikanischer Staaten um nachholende Entwicklung. Sie prägte auch das von Akamatsu Kaname so genannte japanische „Gänseflugmodell" sowie die entwicklungspolitischen Debatten in zahlreichen Entwicklungsländern und innerhalb der UN-Organisationen. Dependenztheorien neigen dazu, die endogenen Potenziale zu unterschätzen, die es bestimmten Regionen erlaubten, zu Zentren aufzusteigen. Sie betonen in erster Linie externe Faktoren und vernachlässigen dabei interne Defizite wirtschaftlicher und gesellschaftlicher Modernisierung. Dies resultiert aus der Betroffenheit peripherer Akteure und entspricht ihrer Interessenslage. Weniger interessensgebundene WissenschaftlerInnen hingegen neigen einer Perspektive zu, die nicht einem Zentrum oder einer Peripherie verhaftet ist. Sie betrachten stattdessen Zentrenbildungs- und Peripherisierungsprozesse ebenso wie die jeweils eingeschlagenen Strategien nachholender Entwicklung im historischen Wandel. Dies schließt auch die Bemühungen von bestehenden Zentren ein, ihre Vormachtstellung gegenüber konkurrierenden Zentren oder aufsteigenden Peripherien zu verteidigen. Eine Zentren, Peripherien und ihr Zusammenspiel einschließende Sichtweise führte zur Herausbildung eines Analyserahmens, der die Interaktion im Weltsystem vor die in einem bestimmten Standort verhaftete Herangehensweise stellt (vgl. Kapitel 8).

Dependenztheorien unterschätzen endogene Potenziale in der Zentrenbildung.

Rückständigkeit und Peripherisierung	
Rückständigkeit	**Peripherisierung**
Bezugspunkt für Defizite	Differenz als Ergebnis von Interaktion
Vergleichsindikatoren	Beziehungsindikatoren
Zustand der Verspätung	Prozess der Peripherisierung
Abweichung	Zentrenbildung und Peripherisierung
Regatta-Modelle	System-Modelle

Post-Entwicklung

Die Bewertung von Andersartigkeit als Rückständigkeit kann als Teil eines Modernisierungsdiskurses begriffen werden.

Peripherisierung knüpft am Befund der Rückständigkeit an, stellt diese allerdings in einen anderen Begründungszusammenhang. Viel radikaler wird die Rückständigkeits- und mit ihr die Peripherisierungshypothese aus einer postmodernen oder Post-Entwicklungs-Perspektive infrage gestellt: Drücken die Indikatoren, die als Ausdruck des Zurückbleibens bzw. der Peripherisierung herangezogen werden, überhaupt ein Defizit in der Wirtschafts- und Lebensweise aus oder dienen sie zur Abwertung von traditionellen bzw. weniger marktbezogenen Lebensformen aus der Perspektive jener, die Entwicklung lediglich durch die Brille von Wachstum, von Produktion und Kaufkraft bzw. an westlichen Gesellschaften orientierten Wertvorstellungen ausdrücken? In dieser Lesart gäbe es gar keine Rückständigkeit, sondern diese wäre eine diskursive Erfindung jener, die eine Modernisierungsstrategie eingeschlagen haben, deren Erfolg sich an der Differenz zu anderen misst, die aufgrund ihrer mit dieser nicht übereinstimmenden Wirtschafts- und Lebensweisen zu Rückständigen erklärt werden. Diese Bewertung von Andersartigkeit als Rückständigkeit kann so als Teil eines Modernisierungsdiskurses begriffen werden, der sich in räumlicher Hinsicht in einem Nord-Süd-, einem West-Ost- bzw. allgemein gefasst in einem Zentrum-Peripherie-Verhältnis niederschlägt, in dem Nord-West-Zentrum als vorreitend, Süd-Ost-Peripherie als zurückgeblieben definiert werden. Analog kann auch der Peripherisierungsbefund, der ja das Faktum der Rückständigkeit anerkennt, wenn er dafür auch andere Ursachen ins Treffen führt, als Zuschreibung von Defiziten angesehen werden, die überhaupt erst vom Zentrum zu solchen erkoren wurden. Diese Zurichtung zur Rückständigkeit bzw. zur Peripherie, die in anderen Zusammenhängen auch als „Orientalisierung" (vgl. Kapitel 6) bezeichnet wird, dient nicht nur dazu, den Entwicklungsweg der westlichen Zentren als das einzig und allein anzustrebende Modell von Entwicklung zu verfestigen, sondern lässt auch keinen Zweifel über die Strategie aufkommen, die der angeblich weniger Entwickelte einschlagen muss, um den Rückstand aufzuholen. Die Zurückweisung des Rückständigkeits- und Peripherisierungsdiskurses als Ausdruck der Abwertung ihrer Eigenheit verteidigt das Recht der Peripherien auf Andersartigkeit, auf ihre partikulare Existenz, ohne in Vergleich oder in Beziehung gesetzt zu werden. Sie entlarvt den Herrschafts-charakter im Diskurs, der aus der Perspektive der Vorreiter gegenüber Zurückgebliebenen und der Zentren gegenüber Peripherien geführt wird, und weist dessen Befunde sowie die daraus abgeleiteten ent-wicklungspolitischen Zielsetzungen radikal zurück. Nachholende Entwicklung wird in diesem Szenario als Ausdruck fremdbestimm-ter Zielvorgaben begriffen und folgerichtig abgelehnt. Die Gefahr dieser Betrachtungsweise besteht darin, dass das Kind mit dem Bade ausgeschüttet wird und mit der Ablehnung von nachholender Ent-wicklung (nach den Vorgaben irgendeiner Modernisierungsstrategie) das Gefälle im Wohlstands- und Lebensniveau, das die Chancen von BewohnerInnen weniger entwickelter Regionen maßgeblich einschränkt, ausgeblendet – und damit letztlich legitimiert – wird. Dies ist der Punkt, wo uns Begrifflichkeiten nicht mehr weiterführen, sondern die Entwicklungsunterschiede selbst in den Blick genom-men werden müssen.

Indikatoren zur Bestimmung regionaler Ungleichheit

Differenzindikatoren

Unabhängig davon, ob sie als Ausdruck von Rückständigkeit oder von Peripherisierung aufgefasst wird, erfordert die Beschäftigung mit Differenz eine Größenbestimmung. Gemessen werden für jede Ana-lyseeinheit – im Normalfall ein Staat, es kann sich aber auch um sub-staatliche Einheiten oder Staatengruppen handeln – quantifizierbare Ausdrücke wirtschaftlicher Leistung, infrastruktureller Ausstattung, des Sozial- und Bildungsniveaus. Diese interessieren als absolute Zahl zu einem bestimmten Moment sowie in ihrer Veränderung (Zuwachs, Abnahme) über bestimmte Zeiträume hinweg, und zwar sowohl als Gesamtzahl, als Pro-Kopf-Zahl als auch in ihrer regionalen und so-zialen Verteilung. Ein zweiter Schritt besteht darin, die Niveaus ver-schiedener Analyseeinheiten nebeneinanderzustellen: So lassen sich die Daten zu einem bestimmten Zeitpunkt vergleichen; und es lässt sich das Tempo der Veränderung (Zuwachs, Abnahme) über einen bestimmten Zeitraum hinweg vergleichen. Aus der Gegenüberstellung der Abstände und Veränderungsraten ergibt sich eine absolute und eine relative Reihung, die die Beteiligten entlang der Dimension des

Als wichtigster Ver-gleichsindikator für das Entwicklungsniveau hat sich das Bruttosozialpro-dukt durchgesetzt.

stellen Unterschiede fest

Mehr/Weniger bzw. des Rascher/Langsamer ordnet; diese Ordnung kann in Bezug auf ein einzelnes Phänomen erfolgen, etwa Eisenbahnkilometer, oder in Bezug auf ein Bündel von Entwicklungsindikatoren, die das Entwicklungsniveau einer Nationalökonomie widerspiegeln. Als wichtigster Vergleichsindikator für das Entwicklungsniveau hat sich das Bruttosozialprodukt (auch Bruttoinlandsprodukt) durchgesetzt (= Summe der bei der Erzeugung von Gütern und Dienstleistungen in einem Land erzielten Werte). Das BIP spiegelt lediglich in Geld gemessen, marktbezogene Aktivitäten wider und unterschlägt sämtliche unbezahlten Leistungen. Es unterschlägt auch Leistungen aus informeller Tätigkeit, wenn diese nicht offiziell erfasst werden.

Abb. 2: BIP-Darstellungen im weltregionalen Vergleich (1500–1998)

Pro-Kopf-Produkt in US-Dollar (1990) nach Großregionen

Jahr	1500	1600	1700	1820	1870	1913	1950	1973	1998
Westeuropa	774	894	1.024	1.232	1.974	3.473	4.594	11.534	17.921
Osteuropa	462	516	566	636	871	1.527	2.120	4.985	5.461
Ehem. UdSSR	500	553	611	689	943	1.488	2.834	6.058	3.893
Europäische Gründungen*	400	400	473	1.201	2.431	5.257	9.288	16.172	26.146
USA	400	400	527	1.257	2.445	5.301	9.561	16.689	27.331
Lateinamerika	416	437	529	665	698	1.511	2.554	4.531	5.795
Asien									
China	600	600	600	600	530	552	439	839	3.117
Indien	550	550	550	533	533	673	619	853	1.746
Japan	500	520	570	669	737	1.387	1.926	11.439	20.413
Sonst. Asien	565	565	565	565	603	794	924	2.065	3.734
Afrika	400	400	400	418	444	585	852	1.365	1.368
Weltdurchschnitt	565	593	615	667	867	1.510	2.114	4.104	5.707

Anmerkung: Diese Tabelle zeigt das Pro-Kopf-BIP in absoluten Zahlen, ausgedrückt in US-Dollar (1990).

Eine gängige Darstellung ist auch die Indexierung, d. h. ein Staat wird gleich 100 gesetzt und alle anderen Regionen in ihrer Relation zu diesem zum Ausdruck gebracht.

Durchschnittliche jährliche Wachstumsraten des Pro-Kopf-Produkts nach Großregionen

Jahr	1500–1820	1820–1870	1870–1913	1913–1950	1950–1973	1973–1998
Westeuropa	0,15	0,95	1,32	0,76	4,08	1,78
Osteuropa	0,10	0,63	1,31	0,89	3,79	0,37
Ehem. UdSSR	0,10	0,63	1,06	1,76	3,36	-1,75
Europäische Gründungen*	0,34	1,42	1,81	1,55	2,44	1,94
USA	0,36	1,34	1,82	1,61	2,45	1,99
Lateinamerika	0,15	0,10	1,81	1,43	2,52	0,99
Asien						
China	0,00	-0,25	0,10	-0,62	2,86	5,39
Indien	-0,01	0,00	0,54	-0,22	1,40	2,91
Japan	0,09	0,19	1,48	0,89	8,05	2,34
Sonst. Asien	0,00	0,13	0,64	0,41	3,56	2,40
Afrika	0,01	0,12	0,64	1,02	2,07	0,01
Welt gesamt	0,05	0,53	1,30	0,91	2,93	1,33

Die prozentuellen Wachstumsraten ermöglichen es, regionale Unterschiede im Wirtschaftswachstum auszudrücken. Wachstumsraten sind besonders hoch, wenn das Ausgangsniveau niedrig ist, also nach Kriegen sowie am Beginn einer Phase nachholender Entwicklung.

Welt-Bruttoinlandsprodukt: Anteile der Großregionen (in Prozent vom Welt-BIP)

Jahr	1500	1600	1700	1820	1870	1913	1950	1973	1998
Westeuropa	17,90	19,90	22,50	23,60	33,60	33,50	26,30	25,70	20,60
Osteuropa	2,50	2,70	2,90	3,30	4,10	4,50	3,50	3,40	2,00
Ehem. UdSSR	3,40	3,50	4,40	5,40	7,60	8,60	9,60	9,40	3,40
Europäische Gründungen*	0,50	0,30	0,20	1,90	10,20	21,70	30,60	25,30	25,10
USA	0,30	0,20	0,10	1,80	8,90	19,10	27,30	22,00	21,90
Lateinamerika	2,90	1,10	1,70	2,00	2,50	4,50	7,90	8,70	8,70
Asien China	25,00	29,20	22,30	32,90	17,20	8,90	4,50	4,60	11,50
Indien	24,50	22,60	24,40	16,00	12,20	7,60	4,20	3,10	5,00
Japan	3,10	2,90	4,10	3,00	2,30	2,60	3,00	7,70	7,70
Sonst. Asien	12,70	11,20	10,90	7,30	6,60	5,40	6,80	8,70	13,00
Afrika	7,40	6,70	6,60	4,50	3,60	2,70	3,60	3,30	3,10
Welt gesamt	100,00	100,00	100,00	100,00	100,00	100,00	100,00	100,00	100,00

Quelle: Maddison 2001: 262–265

„Europäische Gründungen" = USA, Kanada, Australien, Neuseeland

Diese Tabelle zeigt den Anteil der Weltregionen am gesamten Welt-BIP. Asien zeichnete bis ins 19. Jahrhundert für den größten Teil des Welt-BIP verantwortlich. Westeuropa und die USA verdrängten asiatische Großregionen seit dem Beginn des 19. Jahrhunderts. Seit der Mitte des 20. Jahrhunderts wuchs der asiatische Anteil erneut, allerdings ohne bisher die Bedeutung vor 1800 zu erreichen.

Mit Hilfe solcher Darstellungen können im Kontext der Rückständigkeitsmetapher Vorreiter, Nachzügler und Zurückgebliebene ausgemacht werden. Der Befund erfolgt auf der Basis des Vergleichs zwischen den Analyseeinheiten. Dabei kann der Abstand vom höchsten Wert gemessen werden und dieser das höchste erreichbare Niveau andeuten, das allen anderen als Messlatte dient. Es kann auch der Median (der Wert, den die Hälfte der Teilnehmer überschreitet) oder der Mittelwert als Bezugsgröße herangezogen werden, um Starke und Schwache, Vorreiter und Nachzügler zu unterscheiden.

Die Erhebung der Daten, die als Differenz- und Vergleichsindikatoren dienen, erfolgt durch die amtliche Statistik der einzelnen Staaten, wobei sich diese in der Auswahl und Vorgangsweise seit Ende des 19. Jahrhunderts in der Regel an international koordinierten Vorgaben orientieren. In Volkszählungen und Mikrozensen wird, seit die europäischen Staaten im 18. Jahrhundert amtliche Erhebungen einleiteten, eine große Anzahl von wirtschafts- und bevölkerungsbezogenen Daten erhoben. Daneben existieren Datenerhebungen von Interessensvertretungen (z. B. Wirtschaftsverbänden, Gewerkschaften, Kammern) oder internationalen Organisationen (UNO-Organisationen, Weltbank, OECD etc.). Statistische Ämter und wissenschaftliche Institutionen verarbeiten die erhobenen Daten und bringen sie in langfristige Zeit- und Vergleichsreihen. Diese gehen nicht von der Wünschbarkeit, sondern von der Verfügbarkeit der Daten aus. Sie ergänzen Lücken durch Schätzungen, Interpolationen und sogenannte Proxis, Ersatzdaten, aus denen Schlussfolgerungen auf nicht erhobene Sachverhalte gezogen werden können. Bestehende Unterschiede in der Datengrundlage und Erhebungsweise werden durch Umrechnungsformeln miteinander vergleichbar gemacht. Auf dieser Basis zusammengestellte Handbücher (z. B. Maddison 2001) sind in der Regel durch ökonomische Grunddaten geprägt, die entweder einzelne Bereiche (Produktionsdaten nach Wirtschaftssektoren und -zweigen, Eisenbahnkilometer …) oder volkswirtschaftliche Gesamtdaten (Bruttoinlandsprodukt, Export-Import-Handelsbilanz, Staatshaushalt …) dokumentieren. Sie enthalten aber auch messbare soziale Indikatoren, wie durchschnittliche Lebenserwartung, Kindersterblichkeit, Anzahl der Krankenhausbetten, Rate und Niveau der Alphabetisierung, des Schulbesuchs u. v. a. m.

Die Frage, welche Indikatoren die wirtschaftlichen und sozialen Erfolge bzw. Defizite einer Nationalökonomie angemessen zum Ausdruck bringen, beschäftigt die historischen Sozialwissenschaftler seit dem Beginn der Statistik. Indikatoren, ihre Auswahl und ihre Aussagekraft sind in der Fachdiskussion ein Dauerbrenner. Dazu kommt, dass die Erhebungs- und Berechnungsmethoden der Statistiker selbst für Fachleute vielfach nicht nachvollziehbar sind, sodass diese Daten verwenden, über deren Zustandekommen, Aussagekraft und Verlässlichkeit sie nicht genau Bescheid wissen. Oft stellt sich heraus, dass die gewählten Indikatoren die gestellten Fragen nicht beantworten

Die Erhebung der Daten erfolgt durch die amtliche Statistik der einzelnen Staaten.

können. Umgekehrt wird mit den durch die Fragenraster statistischer Erhebungen produzierten Daten die in Wirklichkeit viel komplexere Realität nur zum Teil abgebildet. Statistische Daten stellen nicht nur Antworten bereit, sondern vermitteln mit den Ergebnissen auch die Norm- und Ordnungsvorstellungen der erhebenden Institutionen. Es ist daher notwendig, die Daten zu hinterfragen und durch andere Quellen zu ergänzen. Quantifizierbare Befunde müssen durch Beschreibungen der gesellschaftlichen Wirklichkeit ergänzt werden, die politische Verfasstheit, Wirtschaftsordnung, Rechtssysteme, gesellschaftliche Partizipation, soziale Aufstiegsmöglichkeiten u. v. a. m. umfassen. Auch dies sind Indikatoren für den Zustand einer Gesellschaft, die Unterschiede zwischen Staaten markieren und in ihrem zeitlichen Wandel untersucht werden können; durch Vergabe von Bewertungspunkten können auch solche qualitativen Aussagen in eine nach der Mehr/Weniger-Kategorie geordnete Reihe gebracht werden.

Beziehungsindikatoren

Quantitative Daten haben die Tendenz, die qualitative Seite eines Phänomens in den Hintergrund treten zu lassen.

Daten durch Reihung in eine Vergleichsordnung zu bringen, ist trotz aller möglichen Einschränkungen ihrer Aussagekraft eine unerlässliche Voraussetzung, um regionale Ungleichheit und ungleiche regionale Entwicklung festzustellen. Gleichzeitig beanspruchen quantitative Aussagen, die auf der Basis einer Reihung eine Bewertung von regionalen Entwicklungsniveaus ermöglichen, eine Autorität, die viele Fragen verdeckt. Das Mehr oder Weniger bestimmter Erscheinungen sagt nicht unbedingt etwas über deren Qualität aus. Quantitative Daten haben die Tendenz, die qualitative Seite eines Phänomens durch die schiere Existenz vermehrter Verfügbarkeit in den Hintergrund treten zu lassen. Wachstum tendiert dazu, als Ausdruck von Entwicklung angesehen zu werden, ohne den Zusammenhang mit der Lebensqualität auf der einen und der Verteilungsgerechtigkeit auf der anderen Seite zu berücksichtigen. Es besteht die Gefahr, Wachstum als Selbstzweck zu begreifen und aus einer Zunahme bestimmter Wachstumsindikatoren auf eine Verbesserung von Lebensqualität zu schließen. Wachstum kann aber keineswegs automatisch mit Entwicklung gleichgesetzt werden. So sagt etwa die Zunahme des Sozialprodukts zwar etwas über die Marktbezogenheit einer Gesellschaft aus, nicht aber, ob die stärkere Kommodifizierung zu einem Mehr an Lebensqualität führt.

Oder nehmen wir die Zahl von Krankenhausbetten als Beispiel: Wir erhalten damit keine Auskunft über den Gesundheitszustand, sondern über die Gesundheitsorganisation einer Gesellschaft, die Art und Weise, wie Kranke gepflegt werden, nicht aber, ob Menschen gesund sind und wie Kranke genesen (Illich 1978, 1987).

Differenz- und Vergleichszahlen können die Frage, wie es zu den quantitativen Unterschieden, die als Rückständigkeit oder als Peripherisierung gedeutet werden können, kam, nicht beantworten. Sie können die Differenz konstatieren; um Ursachen für Ungleichheit und ungleiche Entwicklung aufzeigen zu können, müssen Beziehungen und Prozesse in den Blick genommen werden. Dies erfordert einen Schritt über den Vergleich hinaus in die Art und Weise, wie die unterschiedlichen Einheiten im Prozess ungleicher Entwicklung miteinander verbunden sind. Die Differenzindikatoren müssen durch Beziehungsindikatoren ergänzt werden.

Beziehungsindikatoren geben Auskunft über die Stellung einer Region im Beziehungszusammenhang der internationalen Arbeitsteilung. Im sozio-ökonomischen Bereich kann die Verflechtung vor allem über den Warenverkehr (Handel), den Personenverkehr (Migration), den Kapitaltransfer (Investitionen, Kredite, Zinsen, Gewinne) und den Wissenstransfer (Know-how, Technologien, Patente, Nutzungsrechte) erfasst werden. Alle diese Phänomene sind Gegenstand statistischer Erhebung. Im Gegensatz zu den Differenzindikatoren wird hier danach gefragt, wie viel von etwas von A nach B gelangt und umgekehrt. Auf dieser Basis lassen sich Schlussfolgerungen über die Art der Beziehung und die Stellung der jeweiligen Region in der internationalen Arbeitsteilung anstellen. Auch hier reichen quantitative Aussagen nicht aus, um die Beziehung und ihre Veränderung *+ qualitativ* adäquat zu erfassen; es müssen zusätzliche Informationen über den Gegenstand, den Ablauf, die Akteure, die Macht- und Entscheidungsverhältnisse von Waren-, Personen-, Kapital- und Wissenstransfers eingeholt werden. Darüber hinaus müssen die Beziehungen historisch entwickelt werden. Auf dieser Basis kann die Frage, ob die festgestellten Unterschiede auf Rückständigkeit oder Peripherisierung basieren, auf einer differenzierten Ebene behandelt werden:

■ Rückständigkeitstheorien gehen von der Annahme aus, dass ein geringes Ausmaß der Beteiligung bzw. der Ausschluss aus der internationalen Arbeitsteilung für Defizite in der wirtschaftlichen und gesellschaftlichen Modernisierung einer Region/eines Staates ausschlaggebend sei;

■ Polarisierungs- oder Peripherisierungstheorien gehen von der Annahme aus, dass die Integration in die internationale Arbeitsteilung auf der Basis ungleicher Ausstattung und ungleicher Kräfteverhältnisse bestehende Ungleichheiten verstärke.

Die Geschichte der Weltwirtschaft zeigt polarisierende Tendenzen.

Eine Überprüfung dieser Annahmen kann an dieser Stelle nicht stattfinden, da dies historisch-empirische Studien über Verläufe ungleicher regionaler Entwicklung erfordern würde. Im Ergebnis zeigt die Geschichte der Weltwirtschaft trotz zunehmender Verflechtung jedenfalls keine Angleichung der Staaten und Regionen, sondern polarisierende Tendenzen. Die Abstände zwischen Arm und Reich wachsen nicht nur im internationalen Vergleich (UNDP, Weltbank), sondern auch innerhalb von Staaten und Regionen (vgl. Köhler/Chaves 2003). Der Ungleichheitsindex stieg seit 1991 stark an.

Abb. 3: Pro-Kopf-BIP: Disparitäten zwischen Großregionen (1000–1998)

1000	1500	1820	1870	1913	1950	1973	1998
1,1 : 1	2 : 1	3 : 1	5 : 1	9 : 1	15 : 1	13 : 1	19 : 1

Quelle: Maddison 2001: 126

Die Übersicht zeigt, dass die Unterschiede im Pro-Kopf-BIP seit 1500 kontinuierlich anwachsen; nur die Periode 1950–1973 brachte eine Abschwächung.

Dies ist dafür ausschlaggebend, dass die Rückständigkeitsthese verworfen und die Peripherisierungsthese akzeptiert und den Ausführungen in diesem Buch zugrunde gelegt wird. Regionale Ungleichheit wird als ein Phänomen angesehen, das die Welt zu jedem Zeitpunkt prägte. Zu regionaler Disparität im Sinne einer Polarisierung, die auf der Ungleichheit der Beziehung aufbaut, entwickelte sie sich in dem Maße, wie die Regionen in eine überregionale Arbeitsteilung einbezogen wurden, die den Regionen unterschiedliche Funktionen zuwies:

▪ Dies legte einzelne Regionen auf unterschiedliche Spezialisierung fest: Während Zentren bei stärkerer Marktorientierung sich auf Tätigkeiten mit höherem Verarbeitungsgrad und höherer Qualifikationsintensität spezialisieren, können sie mit dieser Tätigkeit eine höhere Wertschöpfung erzielen. Peripherien hingegen weisen einen höheren Teil nicht marktbezogener Tätigkeiten auf, und ihre marktorientierte Tätigkeit liegt im Bereich von Rohstoff-, Halbfertigwaren bzw. Verarbeitungsstufen mit hoher Arbeits- und geringer Qualifikationsintensität, sodass ihr Anteil an der Wertschöpfung geringer ist. Wenn die unter diesen unterschiedlichen Bedingungen erzeugten Waren ausgetauscht werden, ist der Tausch zwangsläufig ein ungleicher.

▪ Durch die Organisation von Produktionsabläufen in Form von Waren- oder Produktionsketten, die einzelne Arbeitsschritte so anordnen, dass Standorte mit unterschiedlicher Wertschöpfung und dementsprechend unterschiedlichen Arbeitskosten miteinander kombiniert werden, kann derjenige, der die Kontrolle über das multiregionale Produktionsarrangement ausübt, die Gesamtkosten niedrig halten. Dies geht auf Kosten der Wertschöpfung, der Löhne und Einkommen in den Regionen mit geringer Steuerungskompetenz. Diese kompensieren das niedrigere Lohnniveau durch längere Arbeitszeiten, Erwerbskombinationen, Verzicht auf soziale Absicherung, geringere Kaufkraft sowie unbezahlte subsistenzorientierte Tätigkeit, mit der der Ausfall von Löhnen, Kaufkraft und sozialer Sicherheit ersetzt werden kann. Wenn all dies nicht möglich ist, sind Verarmung, Hunger und höhere Sterblichkeit die unvermeidbare Folge.

Sowohl ungleicher Tausch als auch ungleiche Arbeitsteilung im Rahmen von Produktionsketten tragen dazu bei, Werte, die in Peripherien geschaffen wurden, in die Zentren zu transferieren. Werttransfer kommt aufgrund der Tendenz der Zentren zur Agglomeration und der Peripherien zur Ausdünnung von Funktionen auch im Finanz- und Einzelhandelssektor sowie in der Ausstattung mit Infrastruktur aller Art zum Ausdruck. In den Zentralräumen angesiedelte Banken überziehen periphere Regionen mit einem Filialnetz, das mit der Vergabe von Krediten und Sparmöglichkeiten auch die daraus resultierenden Gewinne in die Zentren abzieht. Das Gleiche gilt für den Einzelhandel, wenn er als Filialsystem von großen Handelsketten organisiert wird bzw. auch dann, wenn örtliche Einzelhändler vor-

Ungleicher Tausch und ungleiche Arbeitsteilung tragen dazu bei, Werte, die in Peripherien geschaffen wurden, in die Zentren zu transferieren.

wiegend Produkte außerregionaler Produzenten vertreiben. Wenn ein solcher polarisierender Kreislauf einmal in Gang gekommen ist, bedarf es einer grundlegenden Änderung der Rahmenbedingungen, um den kumulativen Effekt, der zum Anwachsen der Unterschiede beiträgt, zu durchbrechen.

Abb. 4: Werttransfers durch Verkettung von Zentrum-Peripherie-Beziehungen

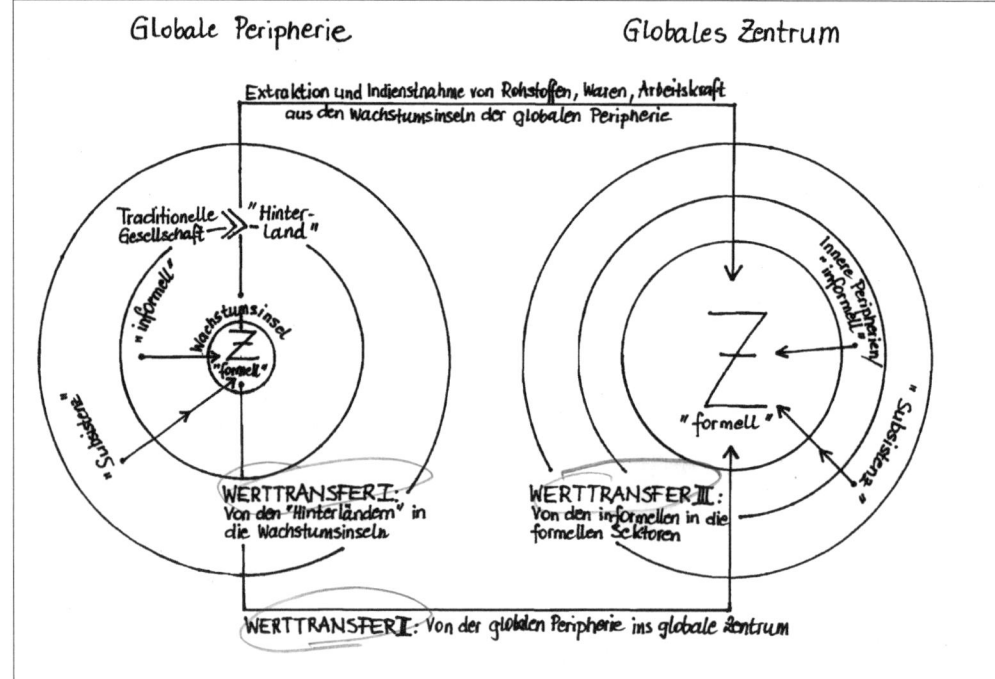

Das Modell veranschaulicht drei Beziehungsebenen, auf denen beim Bezug von Rohstoffen, beim Handel, bei der Arbeitsmigration sowie der Standortkombination in globalen Güterketten Werttransfer von peripheren in zentrale Regionen stattfindet. Es schließt sowohl globale Peripherien als auch Zentrum-Peripherie-Beziehungen innerhalb von Staaten (innere Peripherien) mit ein. Darüber hinaus wird mit der Unterscheidung in formelle, informelle und Subsistenzsektoren Hierarchie eingeführt, die Werttransfer ermöglicht und erklärt (vgl. Kapitel 5).

■ Werttransfer I: Traditionelle Gesellschaften werden durch Eingliederung in die kapitalistische Weltwirtschaft in Hinterland verwandelt (Peripherisierung). Menschen müssen sich in der Plantagenwirtschaft/ im Bergbau/in der Weltmarktfabrik verdingen, die in Wachstumsinseln konzentriert sind; sie lassen den zum Hinterland deformierten traditionellen Sektoren (Haushalten) Geldeinkommen zukommen; diese dienen ihrerseits als Versorgungs- und Auffangbecken bei Arbeitsplatzverlust, Krankheit, Alter und Krisen.

■ Werttransfer II: Waren- und Standortketten mit unterschiedlicher Zusammensetzung bezahlter und unbezahlter Arbeit in verschiedenen Teilräumen der Weltwirtschaft sind das Geheimnis der „billigen" Rohstoffe und des „Billiglohns" aus Entwicklungsländern und -regionen. Durch „Ungleichen Tausch", *Brain Drain*, Abfluss von Gewinnen und Ersparnissen, Schuldendienst etc. kommen die so erzielten Kosteneinsparungen den Zentren zugute.

■ Werttransfer III: Der Zufluss von Werten aus den globalen Peripherien gewährleistete, dass in den entwickelten Industriestaaten zwischen 1880 und 1980 eine gesellschaftliche Homogenisierung stattfand und innere Peripherien, Subsistenz- und informelle Sektoren an Bedeutung verloren. Neue Tendenzen (nicht nur) in den Zentren der Weltwirtschaft in Richtung Informalisierung und Deregulierung schufen erneut Voraussetzungen für den Werttransfer von informellen zu formellen Sektoren.

Nachholende Entwicklung

Entwicklungsunterschiede, ob als Rückstände oder als Peripherisierung (Unterentwicklung) gefasst, werfen gleichzeitig mit ihrer Feststellung die Frage nach ihrer Überwindung, also nach nachholender Entwicklung auf. Strategien nachholender Entwicklung sind maßgeblich davon geprägt, worauf die Entwicklungsdifferenz bzw. -blockade zurückgeführt und was als Entwicklungsziel definiert wird. Eine konsequente Verknüpfung zwischen Analyse und Strategie lässt sich allerdings nicht beobachten. Nachholende Entwicklung bezieht sich stets auf die Überwindung eines Entwicklungsunterschieds, wobei hier in erster Linie messbare ökonomische Merkmale bedacht werden, d. h. in erster Linie das Niveau der industriellen Produktion und das Bruttosozialprodukt pro Kopf.

Nachholende Entwicklung bezieht sich auf die Überwindung eines Entwicklungsunterschieds.

Strategien nachholender Entwicklung werden in der Regel von jenen Staaten oder Regionen eingefordert oder betrieben, die zu den weniger entwickelten oder unterentwickelten gehören. Die Strategien unterscheiden sich maßgeblich, je nachdem, ob sie als Forderung von Regionen an eine zentrale Regierung erhoben werden oder ob sie die Form staatlicher Wirtschaftspolitik in einem unabhängigen Staat annehmen; häufig wird die Loslösung einer peripheren Region aus einem peripherisierenden kolonialstaatlichen oder gesamtstaatlichen Reichsverband und die Gründung eines unabhängigen Nationalstaates als Voraussetzung für den Erfolg nachholender Entwicklung für die Region angesehen. Im gesamtstaatlichen Rahmen werden Bemühungen zum Ausgleich von Entwicklungsunterschieden allerdings auch vonseiten der Zentren verfolgt: Derartige Integrationsstrategien dienen einerseits dem gesamtstaatlichen Zusammenhalt und sind ein Zugeständnis an die BewohnerInnen peripherer Regionen, vor allem wenn es sich um koloniale- bzw. Erweiterungsgebiete mit ethnischen Minderheiten handelt, andererseits stellen die Integrationsmaßnahmen überhaupt erst die Bedingungen her, auf deren Basis diese Regionen und ihre BewohnerInnen als Quellen von Werttransfer in die Zentren herangezogen werden können. Im internationalen Rahmen kam die Vorstellung aktiver Entwicklungspolitik erst nach der Entkolonialisierung nach dem Zweiten Weltkrieg auf: Mit dem Verlust der Kolonien, die im Rahmen staatlicher Kolonialpolitik an die Reichszentren angebunden wurden, um transferierbare Werte zu liefern, wurde mit der Entwicklungspolitik ein neues Instrumentarium geschaffen, das die postkolonialen Staaten in die Lage versetzen sollte, die von den entwickelten Staaten benötigten Ressourcen und Aufgaben bereitzustellen. Diese Maßnahmen wurden als Entwicklungspolitik oder Entwicklungshilfe bezeichnet: Obwohl die Rhetorik den Eindruck erweckte, die Hilfe käme den Entwicklungsländern zugute, handelte und handelt es sich in erster Linie um Unterstützungsmaßnahmen zur Aufrechterhaltung bzw. Anpassung kolonialer Beziehungen an die neuen Verhältnisse der postkolonialen Staatlichkeit.

Hier steht im Folgenden weder die Kolonialpolitik noch die Entwicklungspolitik der westlichen Staaten gegenüber Ländern der „Dritten Welt" zur Debatte, sondern die Bemühungen, die Staaten, die sich als rückständig, peripher oder unterentwickelt begreifen, in Hinblick auf nachholende Entwicklung bzw. zur Überwindung ihres Status als Nachzügler oder als Peripherie unternehmen. Dabei darf nicht vergessen werden, dass es sich hierbei keineswegs immer um Staaten handelte, die wir heute als Entwicklungsländer bezeichnen würden. Entwicklungsunterschiede und Möglichkeiten, diese zu überwinden, wurden im 17. und 18. Jahrhundert, als sich die europäische Staatenwelt als internationales System konsolidierte, überhaupt nur in Hinblick auf Unterschiede zwischen den europäischen Staaten, seit dem 19. Jahrhundert auch zur USA diskutiert; Kolonialgebieten wurde keine Entwicklungsfähigkeit zugesprochen, sondern lediglich eine Nutzung im Rahmen der Kolonialbeziehung und im Interesse des Mutterlandes; diese Sichtweise wurde im 19. Jahrhundert auch auf jene nicht kolonisierten Reiche wie das Osmanische Reich, China oder Japan übertragen, die bisher nicht oder nur schwach in die von den westeuropäischen Staaten beherrschte Weltwirtschaft integriert und als eigene, andere Welt akzeptiert worden waren.

Beispiele im historischen Verlauf

Im Rahmen von Merkantilismus und Kameralismus wurde im 18. Jahrhundert mit Verwaltungs- und Steuerreform, Infrastruktur- und Qualifikationsmaßnahmen, Wirtschafts- und Technologieförderung, Markterschließung, Protektionismus und Exportförderung ein Spektrum staatlicher Eingriffe entwickelt, das bis heute das Repertoire staatlicher Wirtschaftspolitik ausmacht. Zunächst bedienten sich alle Staaten zum Aufbau und Schutz ihres Binnenmarktes protektionistischer Maßnahmen; erst als Großbritannien im 19. Jahrhundert die weltwirtschaftliche Führungsrolle errungen hatte, wurde Freihandel (von Großbritannien) zur Maxime erhoben, allerdings nur von wenigen kleinen Staaten wie den Niederlanden, Belgien, der Schweiz und den skandinavischen Staaten übernommen, die keinen großen aufnahmefähigen Binnenmarkt aufwiesen und/oder auf Exportorientierung als Aufstiegsstrategie setzten. Die großen Staaten Kontinentaleuropas, vor allem die zentraleuropäischen Reiche Deutschland, Österreich-Ungarn und Italien, setzten unter dem Druck ihrer Industrieunternehmen am Ende des 19. Jahrhunderts auf „organisierten Kapitalismus", das heißt auf eine staatliche Wirtschaftspolitik, die gestützt auf Entwicklungsbanken den konzertierten Aufbau einer modernen Großindustrie betrieb und dabei einen protektionistischen

Zunächst bedienten sich Staaten zum Aufbau und Schutz ihres Binnenmarktes protektionistischer Maßnahmen.

Kompromiss mit den agrarischen Großproduzenten einging, die seit der Weltwirtschaftskrise 1873 unter wachsendem Konkurrenzdruck seitens der exportorientierten Siedlerkolonien bzw. Siedlerstaaten Argentinien, Kanada, Australien und Neuseeland standen. Auch aus dem Kreis der früher exportorientierten Staaten gingen einige vor dem Hintergrund von Weltwirtschaftskrisen zu verstärkter Binnenmarktorientierung über, darunter Schweden. Dabei gelang es Deutschland, aber auch den USA, den Rückstand gegenüber Großbritannien zu verkleinern und zu einer modernen Industriemacht aufzusteigen. Da in beiden Fällen politische Reformen den Aufstieg einleiteten, im Fall von Deutschland die Nationalstaatsgründung, im Fall der USA der Sieg des demokratischen Nordens im Bürgerkrieg, erschienen Staatsgründung bzw. Konsolidierung als Voraussetzung erfolgreicher nachholender Entwicklung und beflügelten die Aspirationen der europäischen Nationalbewegungen auf Eigenstaatlichkeit. Tatsächlich repräsentierten weder Deutschland noch die USA im 19. Jahrhundert Peripherien, sondern – mit Großbritannien und anderen europäischen Großmächten – konkurrierende Zentren, für die der Befund der Rückständigkeit insofern zutreffend war, als sie auf dem gleichen Entwicklungsweg geringere wirtschaftliche Kennziffern aufwiesen, die durch Entwicklungsmaßnahmen des „organisierten Kapitalismus" aufgeholt werden konnten. Auch Russland forcierte ähnliche Bemühungen, allerdings mit schwachem Erfolg und großen gesellschaftlichen Widersprüchen, sodass die Revolution unvermeidlich war (vgl. Senghaas 1982; Menzel 1988).

Die Ära nachholender Entwicklung setzte nach dem Ersten Weltkrieg ein.

Die eigentliche Ära nachholender Entwicklung im engeren Sinn setzte anschließend an den Zusammenbruch der Reiche nach dem Ersten Weltkrieg ein. Die Voraussetzung bildete die Gründung unabhängiger Nationalstaaten in den ehemaligen inneren Peripherien der zentraleuropäischen Reiche, die nun mithilfe von Nationalisierung (das heißt die Ersetzung von Eigentümern aus dem ehemaligen Reichszentrum durch nationale Eigentümer bzw., wenn die nationale Kapitalkraft fehlte, durch Eigentümer aus dem verbündeten Ausland, was insbesondere englische und französische Investoren begünstigte), Agrarreform, Industrieförderung und Protektionismus ein möglichst komplettes Spektrum von Wirtschaftszweigen auf dem eigenen Staatsgebiet anstrebten. Auch die Türkei fand sich nach dem Ende des Osmanischen Reiches in der Rolle eines Entwicklungslandes. Nachholende Industrialisierung und Modernisierung der Agrarstrukturen gelangen aufgrund der einseitigen Spezialisierung auf bestimmte Zulieferfunktionen, aufgrund von Mangel an Kapital, Know-how und Qualifikation nur in eingeschränktem Maße, und man ersetzte die bisherige Abhängigkeit von einem Reichszentrum durch jene vom Auslandskapital. Der Verlust der Exportmärkte im Gefolge der Weltwirtschaftskrise, der die westlichen Industriemächte mit dem Rückzug auf Binnenmärkte und koloniale Hinterländer begegneten, bereitete den Versuchen nachholender Entwicklung in Ostmittel- und Südosteuropa ein frühzeitiges Ende; es trieb die meisten Staaten – eine Ausnahme bildete die Tschechoslowakei – in eine verstärkte Kooperation mit dem nationalsozialistischen Deutschland, von der sich die nationalen Eliten Absatzmärkte, Kapital und Unterstützung bei der Realisierung territorialer Ansprüche gegenüber Nachbarstaaten erhofften (Teichova 1988). Im Gegenzug mussten sie ihre Märkte für deutsche Exporte öffnen, sich in die Arbeitsteilung der deutschen Großraumwirtschaft einfügen, die Osteuropa als Ersatz für ein Kolonialreich ansah, und sich schließlich am deutschen Eroberungskrieg beteiligen, sodass diese Spielart nachholender Entwicklung, falls sie diese Bezeichnung überhaupt verdient, im Desaster endete.

Etwas anders stellte sich die Situation in Lateinamerika dar, wo die Entkolonialisierung bereits im frühen 19. Jahrhundert unabhängige Nationalstaaten hervorgebracht hatte. Die auch hier stattfindenden Bemühungen um nachholende Industrialisierung scheiterten allerdings am agrarischen Großgrundbesitz und den führenden europäischen Industriemächten sowie der USA, die an der Aufrechterhaltung der Rohstofflieferungen sowie am Absatzmarkt für Industriewaren interessiert waren. Der Rückzug der Industriestaaten auf ihre nationalen Wirtschaftsräume und kolonialen Erweiterungsgebiete im Zuge der Weltwirtschaftskrise 1929/31 eröffnete für die großen lateinamerikanischen Staaten einen Freiraum, der insbesondere in Mexiko und in Brasilien zur Inangriffnahme importsubstituierender Industrialisierung führte. Die Binnenmarktentwicklung war dem Zeitgeist folgend von nationalistischer Rhetorik begleitet und so lange erfolgreich, als sie unbehelligt von den industrialisierten Staaten vor sich gehen konnte, die in den Weltkrieg verwickelt waren. Nach Kriegsende schrumpfte der Freiraum zugunsten einer von den USA beherrschten Weltordnung, in der dem Protektionismus, der für nachholende Industriali-

Binnenmarktentwicklung war in den 1930er-Jahren von nationalistischer Rhetorik begleitet.

sierung unabdingbar war, der Kampf angesagt wurde. Verschiedene lateinamerikanische Regierungen setzten jedoch weiterhin auf die Karte der Importsubstitution und damit den Weltmarktinteressen und den Agraroligarchien Maßnahmen autozentrierter Entwicklung entgegen, die mit dependenztheoretischen Argumenten begründet wurden. Nachholende Entwicklung im nationalstaatlichen Maßstab, die mit Industrialisierung und Agrarreform gleichgesetzt wurde und durch staatliche Entwicklungsprogramme vorangetrieben werden sollte, wurde als Ausweg aus der historischen Festschreibung auf eine abhängige Zulieferrolle begriffen. Reformorientierte Politiker und Entwicklungstheoretiker aus dem Dependencia-Umfeld agierten in den 1960er- und 1970er-Jahren in enger Kooperation, so zum Beispiel André Gunder Frank, der zu dieser Zeit in Chile lebte und die Regierung Allende beriet, oder Fernando Henrique Cardoso, der später brasilianischer Präsident wurde (vgl. seinen Beitrag in Senghaas 1974).

Die Wirtschaftspolitik des realen Sozialismus muss als Versuch nachholender Entwicklung angesehen werden.

Auch die Wirtschaftspolitik des realen Sozialismus, die in der Zwischenkriegszeit auf die Sowjetunion beschränkt war und nach dem Zweiten Weltkrieg auf die osteuropäischen RGW-Staaten ausgedehnt wurde, muss als Versuch nachholender Entwicklung angesehen werden, der viele Ähnlichkeiten mit autozentrierten Entwicklungsstrategien in Lateinamerika oder in der Türkei aufwies und auf diese inspirierend wirkte. In philosophischer und politischer Hinsicht wurde Sozialismus von den Theoretikern des 19. Jahrhunderts als ein Gesellschaftsmodell entwickelt, das eine Alternative zur kapitalistischen Gesellschaftsordnung darstellen sollte und vor allem für jene Staaten konzipiert war, die eine voll entwickelte kapitalistische Wirtschafts- und Gesellschaftsstruktur aufwiesen. Der Rest der Welt würde den Übergang zum Sozialismus erst dann vollziehen können, wenn er von der kapitalistisch-industriegesellschaftlichen Transformation erfasst wäre. Diese Annahme machte Kapitalismus und Imperialismus für Sozialisten solange zum Wegbegleiter, bis die Zeit auch in den weniger entwickelten Weltregionen für den Übergang zum Sozialismus reif wäre. Erste Zweifel an dieser Sichtweise kamen auf, als zum Beispiel Marx erkannte, dass der Imperialismus in Britisch-Indien keineswegs als Wegbereiter einer nachholenden kapitalistischen Industrialisierung auftrat, sondern in eine koloniale Deformation führte, die keine emanzipierenden Zukunftsperspektiven aufwies (Shanin 1985). Gleichzeitig wurde Marx durch die Debatten der russischen Sozialrevolutionäre darauf aufmerksam, dass auch traditionelle ländliche Gesellschaften Anknüpfungspunkte und Voraussetzungen für einen Übergang zum Sozialismus aufwiesen, die kapitalistische Industrialisierung also keine notwendige Vorbedingung für den Übergang zum Sozialismus sein musste. Als sich die sozialistische Transformation – von wenigen Ausnahmen wie der ČSR abgesehen – überhaupt nur in Agrarstaaten mit geringer Industrialisierung vollzog, nahmen die Debatten eine andere Richtung. Sozialismus wurde in den praktischen Umsetzungsversuchen des 20. Jahrhundert in erster Linie als ein Instrument angesehen, Industrialisierung voranzutreiben, die als Inbegriff nachholender Entwicklung galt. Staatliche Planung, Steuerung und Zwangswirtschaft erwiesen sich hierbei als nützliche Instrumente, die in den verschiedenen nationalen Kontexten (Sowjetunion, osteuropäische Staaten, Jugoslawien, China, Nordkorea u. a.) unterschiedliche Formen annahmen. Im Vergleich mit Versuchen nachholender Industrialisierung, die ohne Planwirtschaft betrieben wurden, wiesen sozialistische Staaten – wie statistische Daten untermauern – beachtliche Modernisierungserfolge auf. In ihren Entwicklungszielen orientierten sie sich maßgeblich an den von den kapitalistischen Staaten gesetzten Wachstumsmodellen, setzten durch andere Formen der politischen Umsetzung (Planwirtschaft, Primat der Kommunistischen Partei), der gesellschaftlichen Mobilisierung (Recht auf Arbeit, erwerbsorientierte Gesellschaft mit Arbeitszwang) und Verteilungspolitik (Größenbeschränkungen bei Eigentum und Einkommen, Subventionierung von Preisen, Zugang zu Sozialleistungen) allerdings eigenständige Akzente in Richtung einer an der Industriearbeit und dem Industriearbeiter ausgerichteten Gesellschaft.

Andere Formen nachholender Entwicklung nach dem Ende des Zweiten Weltkriegs betrafen:

- Japan und das „Gänseflugmodell": Diese Bezeichnung spielt auf die Keilformation von Fluggänsen an, das den überlappenden Entwicklungsphasen von Import, Importsubstitution durch einheimische Produktion und Exportorientierung entspricht (Manzenreiter 2007: 100)
- Die südostasiatischen Tigerstaaten (Hongkong, Singapur, Südkorea, Taiwan): Die hohen Wachstumsraten können insbesondere mit der geostrategischen Rolle dieser Staaten als Bastionen gegen den Kommunismus erklärt werden. Der Erfolg beruht auf hohen Subventionen

Japan und das „Gänseflugmodell"

durch die USA sowie Regierungen, die den wirtschaftlichen Aufbau mit starker staatlicher Hand vorantrieben (Entwicklungsdiktaturen).

■ Die erdölproduzierenden Staaten am Arabischen und Persischen Golf: Das rasante Aufholen der Golfstaaten beruht nicht auf nachholender Industrialisierung, sondern der weltweit wachsenden Nachfrage nach einem strategischen Rohstoff und einer erfolgreichen Preispolitik im Rohstoffkartell, die den Scheichtümern ungeahnte Ressourcen zur Verfügung stellen.

In den 1970er-Jahren verschob sich die industrielle Aktivität in *Newly Industrializing Countries* (NICs).

Das 20. Jahrhundert brachte weltweit einen Industrialisierungsschub, in dessen Zuge in zahlreichen Agrarstaaten unter unterschiedlichen politischen Vorzeichen nachholende Industrialisierung stattfand. Industrieproduktion erlebte damit einen weltweiten Verbreiterungsprozess, der in der Übergangsphase von der Agrargesellschaft in die Industrialisierung die höchsten Wachstumsraten mit sich brachte; deren Nachhaltigkeit sowie ihr Beitrag zu einer ausgewogenen, selbsttragenden Wirtschaftsstruktur steht auf einem anderen Blatt. Mit der Industrialisierung nahmen die gesellschaftlichen Beziehungen jedoch zunehmend marktmäßige Formen an, die auch dann, wenn sie keinen positiven Entwicklungsbeitrag leisteten, das Wachstum des Sozialprodukts beschleunigten. In den 1970er-Jahren verschob sich als Antwort auf die Weltwirtschaftskrise mit der Neuen Internationalen Arbeitsteilung die industrielle Aktivität vor allem im Bereich arbeitsintensiver, standardisierter Produktionsschritte in *Newly Industrializing Countries* (NICs), während die alten Industrieländer unter dem Slogan der „postindustriellen" Gesellschaft ihre Schwerpunkte auf Forschung, Entwicklung und wissensbasierte Produktionszweige legten. Dies vergrößerte und erweiterte die Teilhabe von Entwicklungsländern an der industriellen Produktion. Mit dem Industrialisierungsfortschritt veränderte sich aber auch das Kriterium, an dem der Erfolg nachholender Entwicklung gemessen wird. Es verschob sich von der nachholenden Industrialisierung auf das Nachholen im Bereich wissensbasierter Produktionszweige. Entwicklungsunterschiede reproduzieren sich erneut und Erfolge nachholender Industrialisierung erweisen sich angesichts der hohen ökologischen und sozialen Folgekosten, die heute die Bewertung beeinflussen, als Pyrrhussieg.

Ziele und Erfolge nachholender Entwicklung

Dies wirft generell die Frage auf, woran der Erfolg nachholender Entwicklung überhaupt festzumachen sei, und erfordert die Bezugnahme auf die Entwicklungsdiskurse, die den Bemühungen um nachholende Entwicklung die Ziele vorgeben.

Nachholende Entwicklung im Kontext von Rückständigkeits-, Komplementaritäts- und Peripherisierungsdiskurs

■ Rückständigkeitsdiskurs
  Vorreiter zum Modell küren – Modell nachahmen –
  Modernisierungsmaßnahmen setzen
■ Komplementaritätsdiskurs
  Unterschiede akzeptieren – Nischen finden – durch
  internationale Arbeitsteilung kombinieren
■ Peripherisierungsdiskurs
  Abhängigkeit außer Kraft setzen und
  Funktionszuschreibung überwinden
  - aus der Perspektive einzelner Staaten
  - aus der Perspektive des Gesamtsystems

Rückständigkeitsdiskurs

Menzel und Senghaas unterscheiden zwischen binnenmarktorientierten und exportorientierten Entwicklungswegen.

Erfolgreiches Nachholen im Sinne des Rückständigkeitsparadigmas findet dann statt, wenn es einem Staat gelingt, das Modell der Vorreiter an die eigenen Bedingungen anzupassen und auf dieser Basis eine volkswirtschaftliche Struktur aufzubauen, die derjenigen des Vorreiters gleicht. Als Indikatoren dienten das Wachstum von Wirtschaftsleistung und die Verringerung des Abstands zu anderen Staaten. Staatliche Entwicklungsmaßnahmen spielten bei der nachholenden Entwicklung eine zentrale Rolle, wobei diese im Laufe der Geschichte unterschiedliche Formen annahmen. Ulrich Menzel (1988) und Dieter Senghaas (1982) entwickelten anhand der europäischen Staaten ein Typisierungsmuster, das die Wahl der Entwicklungsstrategie und die Akteure der Modernisierung mit der Größe des Landes und dem Zeitpunkt, zu dem nachholende Entwicklung in Angriff genommen wurde, in Bezug setzte. Grundsätzlich unterscheiden sie zwischen binnenmarkt-

orientierten und exportorientierten Entwicklungswegen auf der einen
Seite, auf Weltmarktintegration (Assoziation) oder Abkoppelung vom
Weltmarkt (Dissoziation) ausgerichteten Entwicklungswegen auf der
anderen Seite. Sie zeigen auf, dass im 19. Jahrhundert die großen Reiche
mit binnenorientierter Ökonomie dissoziative Strategien einschlugen,
um nachholende Entwicklung gegenüber dem britischen Vorreiter
in Gang zu bringen. Kleinere Staaten hingegen setzten auf Exportorientierung und offene Wirtschaften. Der Wiederaufbau nach dem
Ersten Weltkrieg und die Weltwirtschaftskrise 1929/31 stärkten ganz
allgemein die Tendenz zum nationalstaatlichen Wirtschaftsraum unter
Einbindung vorhandener Hinterländer und Kolonien. Dies bewirkte
bei vielen Staaten, die bis dato Exportorientierung und Assoziation auf
ihre Fahnen geschrieben hatten, ein Umschwenken auf protektionistische, binnenmarktorientierte Strategien und eine Diversifizierung der
Wirtschaftsstruktur. Das zaristische Russland vor 1917 sowie Japan vor
und nach dem Zweiten Weltkrieg konzentrierten ihre Entwicklungs-
bemühungen ebenfalls auf den Binnenmarkt, wobei hier der Staat
die privaten Akteure massiv unterstützte und dabei selbst Aufgaben
der Steuerung, Planung, Kreditvergabe bis hin zur Übernahme von
Unternehmensanteilen übernahm (Staatskapitalismus). Diese Tendenz wurde in der Sowjetunion unter staatssozialistischen Vorzeichen
fortgesetzt und nach dem Zweiten Weltkrieg auch in China, in den
europäischen RGW-Staaten sowie den sozialistischen Entwicklungsländern übernommen (Planungsziele, Verstaatlichung, Außenhandels-
monopol, Kapitalverkehrskontrollen ...). Wie sich herausstellte, waren
der Staatssozialismus ebenso wie die nachholenden Entwicklungsanstrengungen, die unter marktwirtschaftlichen Prämissen unternommen
worden waren, Ausdruck einer Entwicklungsperiode, die sich mit dem
Wiederaufbauzyklus nach dem Zweiten Weltkrieg deckte, die in den
1980er-Jahren jedoch eine Wende zu einer exportorientiert-assoziativen
Politik vollzog, die in den staatssozialistischen Ländern mit einem politischen Systemwechsel verbunden war.

Komplementaritätsdiskurs

Darunter werden jene wirtschaftspolitischen Sichtweisen verstanden,
die die unterschiedliche Faktorausstattung nicht als Nachteil, sondern
als Voraussetzung für die Kombination von Standorten in einer inter-

nationalen Arbeitsteilung ansehen und daher auch keine Veranlassung für nachholende Entwicklung im Sinne der Angleichung von Agrar-, Rohstoff- oder Billiglohnländern an entwickelte Industrieländer sehen. In den Augen ihrer Kritiker wird hier überhaupt kein Entwicklungsziel formuliert, sondern der Status quo im Interesse der Zugriffsmöglichkeit der Zentren auf die Zulieferfunktionen von Peripherien gerechtfertigt. Es gibt jedoch auch Bemühungen, die ungleiche Arbeitsteilung nicht als Ausdruck von Abhängigkeit, Werttransfer und wachsender Wohlstandsschere zu begreifen, sondern als eine Tatsache zu akzeptieren, die Chancen – wenn nicht zur Angleichung so doch zum Aufholen – eröffnet. Was unter polarisierungstheoretischen Prämissen als Entwicklungsdisparität mit blockierenden Folgewirkungen verstanden wird, wird von anderen als symbiotische Ergänzung mit beide Seiten befruchtenden Auswirkungen angesehen. Dies kann sich auf die Ergänzung von Industrie- und Agrarregionen innerhalb eines Staates beziehen, die Ergänzung von Agrar- und Rohstofflieferanten und Industrieproduzenten im internationalen Austausch, die Ergänzung von Standorten für hoch qualifizierte Tätigkeiten und verlängerte Werkbänke oder auf die Übernahme unterschiedlicher Aufgaben im Rahmen einer überregional angeordneten Produktionskette. Theoretische Argumente, warum diese Spezialisierung trotz der unterschiedlichen Wertschöpfung für alle Beteiligten sinnvoll ist und den Ausgangspunkt für eine Weiterentwicklung in Richtung eines Nachholens auf der Stufenleiter des Fortschritts bedeuten kann, liefern weltanschaulich so unterschiedliche Ansätze wie David Ricardos Theorem der komparativen Kostenvorteile, Carl Schmitts Vision einer europäischen Großraumwirtschaft oder neuere Ansätze des *Upgrading* im Rahmen von neueren Produktionsnetzwerkanalysen.

Der Nationalökonom David Ricardo (1772–1823) rechnete vor, dass Portugal höhere Erträge realisiere, wenn es sich auf Weinerzeugung spezialisiere, auch wenn diese gegenüber importiertem englischen Tuch einen niedrigeren Preis erzielte. Wenn Portugal stattdessen selbst Tuch erzeuge, so argumentierte er, könnten die Produzenten dies niemals so kostengünstig wie die englischen bewerkstelligen. Daher sei es günstiger, sich weiterhin auf Weinexport zu spezialisieren und Tuch aus England zu importieren. Mit diesem Argument gegen Importsubstitution schrieb der Theoretiker des Freihandels die komplementären Rollen der beiden Länder in einer ungleichen Ar-

Im Komplementaritätsdiskurs wird die unterschiedliche Faktorausstattung nicht als Nachteil, sondern als Voraussetzung für die Kombination von Standorten verstanden.

beitsteilung fest, indem er die Ungleichheit als vorteilhaft für Portugal darstellte; tatsächlich ging es ihm aber nicht darum, Portugal nachholende Entwicklung zu ermöglichen, sondern die britische Kontrolle des Atlantikhandels sowie den 1703 zwischen England und Portugal abgeschlossenen Handelsvertrag zu rechtfertigen. Dieser untersagte Portugal die Einhebung von Zöllen auf englisches Tuch und zementierte damit die Ungleichheit der Partner (Wallerstein 1998: 213 f.).

Wie sein liberaler Vorgänger legte der im Dienste des nationalsozialistischen Deutschland stehende Volkswirtschaftler Carl Schmitt in seiner 1938 veröffentlichten Schrift „Völkerrechtliche Großraumordnung mit Interventionsverbot für raumfremde Mächte" dar, warum die Eingliederung der ost- und südosteuropäischen Agrarstaaten in eine von Deutschland angeführte Großraumwirtschaft nicht nur im deutschen, sondern auch im Interesse der agrarischen Zulieferer läge.

Die Vertreter des Produktionsnetzwerkansatzes, der in den 1990er-Jahren zur Analyse globaler Warenketten entwickelt wurde (Gereffi/Korzebiewicz 1994), stehen nicht im Verdacht, ein nationalstaatliches Interesse zu transportieren. Sie gehören sogar zu den Kritikern des zunehmenden Aufsplittens von Standorten entlang der Wertschöpfungskette, die für die unqualifizierten Tätigkeiten am unteren Ende der Kette nur sehr geringe Anteile am Gewinn vorsieht, während die Kapitalakkumulation dort stattfindet, wo Forschung und Entwicklung, Logistik und Marketing konzentriert sind. Gleichzeitig sehen sie die Produktionskette als Stufen oder Stadien: Wer als Letzter in den Prozess einsteigt, beginnt auf der untersten Sprosse und arbeitet sich sukzessive auf höhere Kompetenz- und Wertschöpfungsebenen hinauf, kann also auf diesem Wege nachholende Entwicklung erreichen. Diese Konzeption von *Upgrading* impliziert, dass die Funktionen auf den unteren Ebenen von neuen Anwärtern übernommen werden. Erfolgreiche nachholende Entwicklung erfordert so gesehen immer jemanden, der die von den Aufsteigern auf der Sprossenleiter der Entwicklung erklommenen Stufen von unten her besetzt.

Peripherisierungsdiskurs

Der Peripherisierungsdiskurs weiß um den Zusammenhang von Entwicklung und Unterentwicklung. Aus dieser Analyse ergeben sich unterschiedliche Konsequenzen für Möglichkeiten nachholender Entwicklung, je nachdem ob diese aus der Perspektive eines einzelnen Staates oder aus der Perspektive des Gesamtsystems betrachtet wird.

Aus der Perspektive einzelner Staaten weist der Peripherisierungsdiskurs in die gleiche Richtung wie der Rückständigkeitsdiskurs: Es geht darum, die Vorreiter nachzuahmen und einzuholen, um selbst die Position eines Zentrums einzunehmen. Die gesetzten Maßnahmen können dabei auf regionale bzw. nationale Spezifika Rücksicht nehmen, wobei Binnenmarkt- und Exportorientierung, assoziative und dissoziative Elemente je nach Rahmenbedingungen eingesetzt, gewechselt oder auch miteinander kombiniert werden können. Es handelt sich dabei um eine pragmatische Herangehensweise, die mit der Verbesserung der eigenen volkswirtschaftlichen Position keinen Anspruch erhebt, auf den Wirkungszusammenhang des Gesamtsystems Einfluss zu nehmen. Peripherisierung zu überwinden, kann daher auch bedeuten, dass Merkmale und Bedingungen des Im-Zentrum-Seins, nämlich die Zugriffsmöglichkeit auf innere und äußere Peripherien, einen Bestandteil der Strategie nachholender Entwicklung darstellen.

Eine systemische Perspektive auf nachholende Entwicklung kann systemaffirmativen oder systemkritischen Charakter haben. Systemaffirmativ ist sie dann, wenn die polarisierenden Effekte von Zentrenbildung und Peripherisierung nicht als Nachteil, sondern als Voraussetzung einer Effektivierung des Gesamtsystems gesehen werden. Diese Sichtweise ist mit dem Komplementaritätsdiskurs kompatibel: Anders als dieser argumentiert sie jedoch nicht mit der stimulierenden Wirkung für periphere Staaten und Regionen, sondern mit der positiven Auswirkung von funktionsräumlicher Ergänzung und Standortkombinationen im Sinne der Kostensenkung im Gesamtsystem.

Gegen die Funktionsmechanismen des Gesamtsystems gedacht, bedeutet nachholende Entwicklung die Neudefinition der Zielsetzungen sowie der Kriterien für Effektivität und Erfolg von Entwicklung. Dies erfordert normative und ordnungspolitische Bestimmungen, wie etwa den Abbau von regionalen Unterschieden, die gleichmäßige Entwicklung von Regionen, soziale Gerechtigkeit u. v. a. m.

Wenn Zentrenbildung die Zugriffsmöglichkeit auf Regionen voraussetzt, die durch die unterschiedlichen Wettbewerbsvorteile Peripherisierung erleben, kann das Wachstum der Zentren nicht als Messlatte dienen. Es ist für Regionen in ihrer Funktion als Peripherien nicht erreichbar – es sei denn, es gelingt ihnen ein Aufstieg zum Zentrum. Dies ist aus der Perspektive einer einzelnen Region bzw. eines Staates denkbar und möglich, setzt aber gleichzeitig voraus, dass andere Regionen die Rolle der Peripherie übernehmen. Entwicklungspolitische Strategien, die auf Auflösung der Komplementarität von Zentrum und Peripherie abzielen, setzen nicht auf das Ein- und Nachholen, sondern auf die Herstellung von Bedingungen, in denen Wertbildung und Wertschöpfung in den Peripherien ohne Abfluss in die Zentren möglich wird: Sie orientieren sich daher auf Änderungen in den Spielregeln der Weltwirtschaftsordnung, die ihnen eine endogene oder autozentrierte Entwicklung ermöglicht, die in ihren internationalen Beziehungen auf Gleichgewicht und Gleichberechtigung in der Zusammenarbeit setzt.

Man mag einwenden, dass eine solche Perspektive zwar in entwicklungspolitischen und globalisierungspolitischen Kreisen theoretisch häufig angedacht wurde, eine Umsetzung in praktische Politik jedoch nicht erlebt hat. Hier hat sie aus folgenden Gründen ihre Berechtigung:

Erstens gehören Studierende zu jenen, die das Althergebrachte hinterfragen und in Phasen der Krise und Verunsicherung neue Ansätze entwickeln und verbreiten können.

Zweitens ist es nützlich, alternative Formen der Weltordnung konzeptionell zu entwickeln, bevor sie in politische Praxis umgesetzt werden. Findet dies nicht statt, besteht die Gefahr, dass aus der krisenhaften Zuspitzung von Konflikten Entwicklungen eintreten, die in ihren Konsequenzen nicht gewollt sind.

Last but not least unterscheiden sich systemkritische Alternativen nicht maßgeblich von vielen anderen eingeschlagenen Entwicklungswegen, die sich – aus kritischer Distanz betrachtet – viel häufiger durch Scheitern denn durch Erfolg ausgezeichnet haben.

Literatur

Da der Befund der Rückständigkeit die Modernisierungstheorien in allen ihren weltanschaulichen Spielarten prägt, seien hier stellvertretend Gerschenkron (1972) und Rostow (1960) für die bürgerlich-liberale sowie Marx für die marxistische Spielart angeführt, die sowohl sozialdemokratische als auch die Entwicklungskonzepte des realen Sozialismus des 20. Jahrhunderts prägte.

Marx kann auch im Sinn von Peripherisierungstheorien interpretiert werden, wie Shanin 1985 demonstriert. Einen Überblick über ältere Theorien der Abhängigkeit vermittelt Senghaas 1977, über neuere Dependenztheorien und Theorien des peripheren Kapitalismus die von Senghaas 1972, 1974 herausgegebenen Sammelbände mit Aufsätzen wichtiger Exponenten in deutschsprachiger Übersetzung Aufschluss. Strategien nachholender Entwicklung stehen in einem engen Verhältnis zur Ursachenanalyse von regionaler Ungleichheit: Einführung, Typisierung und Vergleichsstudien vermitteln Menzel 1988 und Senghaas 1982; für Osteuropa in der Zwischenkriegszeit vgl. Teichova 1988; zur Einschätzung von Sozialismus als Instrument nachholender Entwicklung vgl. Senghaas 1982 und Hofbauer/Komlosy 2006.

Entwicklungskritische Ansätze entstanden als Reaktion auf das Scheitern von Entwicklungspolitik und die sozialen und ökologischen Kosten nachholender Entwicklung: Geschichtsphilosophischen Ausdruck erhielten sie durch Esteva 1993, Illich 1978, 1987 sowie postkoloniale Kritik am westlichen Fortschrittsbegriff (siehe Kapitel 6).

Entwicklungsindikatoren im internationalen Vergleich vermitteln die regelmäßig erscheinenden Weltentwicklungsberichte von Weltbank und Vereinten Nationen (United Nations Development Program UNDP, UNICEF, ILO) sowie vergleichende Statistiken, z. B. Maddison 2001, 2007.

Die Gleichzeitigkeit des Ungleichzeitigen

Globalgeschichtliche Forschung kann sich ihrem Gegenstand entweder von thematischen Feldern der Interaktion oder von den daran beteiligten Räumen her nähern. Die Themen der Globalgeschichte können weit gefasst sein, aber auch einen sehr spezifischen Ausschnitt zum Ausgangspunkt für eine Untersuchung machen. Sie berühren dabei verschiedene Raumebenen von einer lokalen, regionalen, nationalstaatlichen bis hin zu einer weltregionalen oder den ganzen Globus einbeziehenden Ausdehnung. Räumliche und thematische Perspektive gehen dabei ganz spezifische Verbindungen ein.

In diesem Abschnitt wird ein thematischer Zugriff gewählt: Güterproduktion (Kapitel 4), Arbeitsverhältnisse (Kapitel 5) und kulturelle Orientierung (Kapitel 6) stehen als drei exemplarische Beispiele für die Bereiche Wirtschaft – Soziales – Kultur. Sie stellen Phänomene dar, die in ihren globalen Interdependenzen erfasst werden müssen. Alle drei spiegeln die Gleichzeitigkeit des Ungleichzeitigen wider. Dies bedeutet, dass ein Ereignis oder ein Prozess, der sich im Rahmen einer ungleichen Raumstruktur entfaltet, unterschiedliche Ausprägungen und Merkmale in den einzelnen Teilräumen aufweist. Aus einer modernisierungstheoretischen Perspektive, die sich an universellen Stadien oder Stufen der Entwicklung orientiert, mögen diese Unterschiede als Ausdruck unterschiedlicher Entwicklungs- oder Zivilisationsniveaus Fortschritt oder Rückständigkeit symbolisieren. Fassen wir weltweite Prozesse jedoch als Verbindung unterschiedlicher Produktions- und Arbeitsverhältnisse im Rahmen einer ungleichen überregionalen Arbeitsteilung auf, spiegelt die Differenz nicht Rückständigkeit, sondern Disparität wider. Die gleichzeitige Existenz unterschiedlicher Organisationsweisen von Wirtschaft und Gesellschaft in unterschiedlichen Teilräumen eines Interaktionszusammenhanges erweist sich aus dieser Perspektive als Konstitutionsbedingung für Werttransfer und Akkumulation. Diese erfordern den globalen Zusammenhang, um an spezifischen Orten realisiert zu werden.

4. Güterproduktion aus globalhistorischer Perspektive

Ein Blick auf die Herstellung von Gütern des täglichen Bedarfs kann die Notwendigkeit eines globalhistorischen Zugriffs illustrieren. Dabei sind keineswegs alle Produkte, die im häuslich-subsistenzwirtschaftlichen Kontext oder für lokale Märkte hergestellt werden, in ein globales Umfeld eingebunden. Es gibt Zeiten und Räume, in denen die Versorgung rein im lokalen, kleinräumigen Maßstab, womöglich ohne Vermittlung eines Marktes, organisiert wurde. Solche Organisationsformen der Produktion gibt es auch heute noch. Seit die kleinräumigen jedoch in großräumige Beziehungen eingebettet sind und Selbstversorgungstätigkeiten mit marktvermittelten koexistieren, haben die lokale Ebene und die unmittelbare Versorgungstätigkeit ihren Stellenwert geändert. Auch sie müssen nun auf die Rolle hin untersucht werden, die sie in einer Arbeitsteilung übernehmen. Örtliche Selbstversorgungswirtschaft kann eine Quelle von Werten sein, die über den Markt in seiner lokalen oder überregionalen Form angeeignet werden: lokale SubsistenzproduzentInnen können aber auch aus Einkommen alimentiert werden, die diese selbst oder die mit ihnen im Haushalt Zusammenlebenden als LohnarbeiterInnen oder ArbeitsmigrantInnen verdienen. Daher müssen wir die verschiedenen Formen, in denen Güter hergestellt werden, in ihrem Zusammenwirken betrachten.

Produzenten können in unterschiedlichen Räumen über verschiedene Mechanismen miteinander verbunden sein. Die Verbindung kann durch den Handel zwischen Gebieten erfolgen, die auf unterschiedliche Produkte spezialisiert sind. Oder sie kann durch die Aufteilung einzelner Produktionsschritte auf mehrere Standorte charakterisiert sein. Während im ersten Fall der Handel lokale Produzenten mit ihren Spezialprodukten in überregionale Kontakte treten lässt, verbindet im zweiten eine überregionale Arbeitsteilung mehrere Standorte mit ihren je spezifischen Produktionsweisen und Formen der Arbeitsorganisation zu Waren- oder Standortketten. Der Begriff der Waren- oder Güterkette setzt bei den unverarbeiteten Rohstoffen und Nahrungsmitteln an, die im Zuge ihrer Weiterverarbeitung mehrere Verarbeitungsstandorte durchlaufen; der Begriff der Produktions- oder Standortkette zielt stärker auf die arbeitsteilige Produktion innerhalb des Verarbeitungsprozesses selbst ab, unabhängig davon,

globale, multifokale Perspektive

Der Begriff der Waren- oder Güterkette setzt bei den unverarbeiteten Rohstoffen und Nahrungsmitteln an.

Der Begriff der Produktions- oder Standortkette zielt stärker auf die arbeitsteilige Produktion ab.

ob die Kombination der Standorte innerhalb eines Unternehmens stattfindet oder über Zwischenhandel vermittelt wird. In der Praxis werden die Begriffe aber oft einfach als Synonyme verwendet. Sie beziehen sich nicht nur auf die Erzeugung materieller Güter, sondern schließen Organisations- und Verwaltungstätigkeit, Forschung und Produktentwicklung, Vertrieb und Logistik mit ein, erfassen also sowohl den („sekundären") Verarbeitungs- als auch den („tertiären") Dienstleistungssektor.

Handelsaustausch zwischen spezialisierten Produktionszentren spiegelt Multipolarität in der Weltwirtschaft wider; Produktionsketten implizieren eine Form der überregionalen Arbeitsteilung, die von einem organisierenden Zentrum her dominiert wird. Handelsaustausch und Produktionsketten schließen einander nicht aus, sie können koexistieren und sich überlappen. Im historischen Verlauf kann dennoch ein, wenn auch fließender Übergang von der einen in die andere Interaktionsform beobachtet werden. Wie lässt sich dieser Übergang charakterisieren und periodisieren? Ein in der europäischen Wirtschaftsgeschichte weit verbreitetes Modell von Wachstum und Entwicklung nimmt an, dass dieser Übergang eine zeitliche Abfolge von Entwicklungsstadien mit jeweils vorherrschenden Produktionsweisen und Arbeitsverhältnissen durchlief. Das Ergebnis ist ein Periodisierungsschema industriell-gewerblicher Entwicklung, das – ausgehend von „vorindustriellen" Verhältnissen – die Abfolge eines „proto-industriellen" (1700–1820), eines – in mehrere Phasen unterteilten – „industriellen" (1820–1980) und schließlich eines „post-industriellen" Zeitalters (1980 ff.) annimmt. Im Zuge dieser Entwicklungsstadien habe sich die dominierende Arbeitsform von der handwerklich-häuslichen über die halbproletarische des Verlagswesens, die proletarische des Fabrikwesens zur deregulierten der postindustriell-wissensbasierten Produktionsweise entwickelt.

Handelsaustausch zwischen Produktionszentren spiegelt Multipolarität in der Weltwirtschaft wider.

„Proto-industrielles" (1700–1820), „industrielles" (1820–1980) und „post-industrielles" Zeitalter

Abb. 5: Entwicklungsperioden der industriell-gewerblichen Produktion in westlichen Industriegesellschaften

Periode „europäisch"	Vorherrschende Arbeitsverhältnisse
Vor 1700 „vor-industriell"	„Untertänigkeitsverhältnis" Untertänige bäuerliche Arbeit; zünftische und nicht zünftische Lohnarbeit; häusliche Selbstversorgung
1700–1820 „proto-industriell"	„Halbproletarische Lebensweise" mit Standbeinen in der Landwirtschaft, im Verlagswesen und der häuslichen Selbstversorgung
1820–1914 „industriell"	„Proletarische Lebensweise" Gesetzlich und vertraglich regulierte und (ab Mitte 19. Jh. zunehmend) sozial abgesicherte Lohnarbeit
1914–1973/80 „industriell"	„Proletarische Lebensweise" Gesicherte Lohnarbeit in der industriellen Massenproduktion mit zunehmender Beteiligung der Lohnarbeiter am Konsum
1980– „post-industriell"	„Neue Flexibilität" Deregulierung der Erwerbsarbeit, Abbau öffentlich garantierter sozialpolitischer Leistungen, Privatisierung der sozialen Vorsorge

Dieses Ablaufmuster wurde anhand der westeuropäischen Industriestaaten entwickelt und aus deren Perspektive empirisch getestet, untermauert und regionalen Differenzierungen unterzogen. Darüber hinaus wurde es unzulässigerweise zu einem allgemeingültigen Ablaufschema erklärt, das nicht nur die Phasen der westeuropäischen Industrialisierung beschreibt, sondern als Modell und Maßstab für die Industrialisierung schlechthin gilt; mit anderen Worten: Gültigkeit für andere Weltregionen beansprucht. Wir sind es gewöhnt, nachholende Industrialisierung in allen Teilen der Welt danach zu beurteilen, inwieweit eine solche dem westeuropäischen Muster folgt und in welcher Weise sie davon abweicht. Dieses Abweichen wird in der Regel als Defizit gefasst, die erfolgreiche Annäherung oder Nachahmung als Entwicklungsziel und -erfolg.

Die Periodenfolge ergibt eine Entwicklungslinie, die sich die längste Zeit teleologisch auf Industrialisierung als höchste Stufe der wirtschaftlichen Entwicklung hin orientierte. Seit dem Umbruch in der Weltwirtschaft der 1970er-Jahre, der die Neue Internationale Arbeitsteilung und die digitale Revolution zur Folge hatte, setzte

Seit dem Umbruch in der Weltwirtschaft der 1970er-Jahre setzte ein „post-industrieller" Paradigmenwechsel ein.

ein „post-industrieller" Paradigmenwechsel ein. Das Abfolgemodell suggeriert auch, dass die überregionalen Interaktionen im Zuge des Durchlaufens der verschiedenen Entwicklungsstufen sukzessive an Reichweite zugenommen haben, um – je nach Lesart – im 19. oder 20. Jahrhundert das Stadium der Globalisierung zu erreichen.

Betrachten wir den Entwicklungsverlauf aus außereuropäischer Perspektive, stellt sich die Unbrauchbarkeit des westeuropäischen Periodisierungsmodells heraus. Hier erfolgt dies in erster Linie aus asiatischem Blickwinkel. Als Anschauungsbeispiel wird die Textilindustrie herangezogen, weil Textilien von alters her in den Fernhandel gelangten und in der Textilproduktion als Erstes überregionale Standortketten praktiziert wurden. Der vom (west-)europäischen Beispiel abgeleitete Industrialisierungsbegriff ist im asiatischen Kontext irreführend. Er macht die „Industrielle Revolution" und die damit verbundene Einführung und Durchsetzung von Fabrikindustrie und industrieller Lohnarbeit zur Grundlage der Bewertung früherer („vor") und späterer („post") sowie außereuropäischer Formen der gewerblichen Produktion („traditionell", „rückständig", „nachholend"). Industrialisierung in ihrer westeuropäisch-fabrikindustriellen Bedeutung wird zum universellen Bezugspunkt von Entwicklungszielen. Die Abfolge der Entwicklungsphasen in asiatischen Gewerberegionen stimmt weder, was Blüte und Niedergang, noch, was die Reichweite der weltwirtschaftlichen Verflechtung anlangt, mit dem europäischen Modell überein. Vielmehr lässt sich in Bezug auf die gewerblich-industrielle Entwicklung das folgende Ablaufschema erkennen:

Der vom europäischen Beispiel abgeleitete Industrialisierungsbegriff ist im asiatischen Kontext irreführend.

Abb. 6: Das eurozentrische Ablaufmodell aus außereuropäischer Perspektive

Periode „eurozentrisch"	Der Stand der industriellen Entwicklung
Vor 1700 „vor-industriell"	Hochblüte des Exportgewerbes in asiatischen Regionen; europäische Händler kaufen ein, geben in Auftrag, betreiben weltweiten Re-Export und ...
1700–1820 „proto-industriell"	... ab 1700 Importsubstitution durch europäische Produzenten (schrittweise, sektoral – Baumwolle als Leitsektor!); europäische Baumwollwaren bleiben der asiatischen Konkurrenz aber qualitativ und quantitativ unterlegen.

1820–1914 „industriell“	Mechanisierung (Industrielle Revolution), Protektionismus und Markteroberung eröffnen den europäischen Produzenten die Möglichkeit, asiatische Produkte von den Weltmärkten zu verdrängen. Asiatische Produzenten, obwohl sie die handwerkliche Produktionsweise beibehalten, werden • als Industrieproduzenten vom Markt verdrängt (Deindustrialisierung) • in die Schranken lokaler Märkte verwiesen • als Nischen und Zulieferer in die von den europäischen Fabrikanten kontrollierte Produktionsketten integriert. • Die fabrikindustrielle Produktionsweise wird unterdessen zur Norm, ...
1914–1980 „industriell“	... an der sich asiatische und alle anderen Staaten orientieren und die sie im Zuge nachholender Industrialisierung übernehmen.
1980– „post-industriell“	Seit Weltwirtschaftskrise und Neuer Internationaler Arbeitsteilung liegen die Industrieländer in Asien und Lateinamerika.

Textilien wurden überregional nachgefragt und gehandelt.

Asien wies zahlreiche Regionen mit jahrhundertealter textilgewerblicher Spezialisierung auf. Chinesische Seide, indische Baumwolldrucke, persische Teppiche, ägyptische Leinenstoffe oder levantinischer Damast wurden überregional nachgefragt und über weite Strecken gehandelt. Arabische, jüdische und persische Händler hatten innerhalb von Asien und darüber hinaus längst Fernhandelsbeziehungen zu Land und zur See etabliert, bevor sich europäische Händler im 16. Jahrhundert in diesen Handel einschalteten und ihn später monopolisierten. Asiatische Textilregionen erlebten ihre industrielle Hochblüte in vor-mechanischer Zeit (vor 1820). Die Einführung des Fabriksystems in Westeuropa, das in Hinkunft zum Synonym für „Industrialisierung“ wurde, war für sie mit enormem Konkurrenzdruck verbunden. Aus der Perspektive asiatischer Hersteller kann Industrialisierung aber nicht mit der Zentralisierung und Mechanisierung der Produktion in Fabriken gleichgesetzt werden. Während Westeuropa im 19. Jahrhundert in das Fabrikzeitalter eintrat, wurden asiatische Textilregionen aus ihrer Rolle als Weltmarktproduzenten verdrängt. In manchen Fällen hatte dies eine De-Industrialisierung zur Folge, etwa in Bengalen und anderen indischen Regionen, aber auch im Osmanischen Reich. In anderen Fällen hingegen entwickelten die lokalen

Produzenten Strategien der Anpassung an die geänderten globalen Rahmenbedingungen: Manche Regionen spezialisierten sich etwa auf die Erzeugung von Rohbaumwolle, andere auf Rohseide. Im Vergleich zur ehedem führenden Rolle auf den Weltmärkten zogen sich die asiatischen Produzenten jedoch auf lokale und regionale Märkte zurück, wo sie vor allem die Nachfrage nach einfachen Alltagsstoffen deckten. Sie verwendeten dafür Handwebtechniken, bezogen allerdings als Vorprodukt Fabrikgarn aus europäischer Produktion. Gleichzeitig stellten sie Absatzmärkte für europäische Fabrikstoffe dar. In den meisten nicht-westlichen Staaten wurde die Textilproduktion erst im 20. Jahrhundert mechanisiert. Der Textilsektor nahm in den nachholenden Industrialisierungsstrategien der abhängigen - und Kolonialgebiete eine führende Rolle ein. In einer ersten Phase zielte die nachholende Industrialisierung auf die Substitution von Importen. Seit den 1970er-Jahren wurden nationale Industrialisierungsprogramme von den neuen Strategien multinationaler Textil- und Bekleidungskonzerne durchkreuzt, arbeitsintensive Verarbeitungsschritte an Billiglohnstandorte rund um den Globus zu verlagern.

Hier wird die Verallgemeinerung des westeuropäischen Ablaufmodells aus globalgeschichtlicher Perspektive infrage gestellt. Dies bedeutet, dass die herkömmlichen, am westeuropäischen Beispiel gewonnenen Epochenbezeichnungen für die Entwicklungsperioden nicht übernommen werden können.

Die Verallgemeinerung des westeuropäischen Ablaufmodells muss aus globalgeschichtlicher Perspektive infrage gestellt werden.

Die nachfolgende Übersicht bemüht sich am Beispiel der Textilindustrie um eine Charakterisierung der Epochen, die den unterschiedlichen Entwicklungen in verschiedenen Weltregionen gerecht wird und gleichzeitig die zwischenregionalen Verflechtungen aus einer multifokalen Perspektive angeht. Das anhand von Westeuropa entwickelte Epochenschema wurde beibehalten, die Charakterisierung hingegen zielt auf die globale Vielfalt der Produkte, Produktionsweisen und Arbeitsverhältnisse, deren Neben-, Mit- und Gegeneinander ab.

Die am westeuropäischen Industrialisierungsbegriff der Fabrikindustrie und am Normarbeitsverhältnis der industriellen Lohnarbeit orientierten Begriffe werden als allgemeine Termini durch Ausdrücke ersetzt, die auch außereuropäischen Verhältnissen sowie den Verbindungen, die die unterschiedlichen Produktionsweisen im globalen Maßstab eingehen, gerecht werden. (Da die Erweiterung der Perspektive vor allem in Hinblick auf asiatische Regionen vorgenommen wurde, bedarf es der weiteren Modifizierung, wenn auch Afrika und die Amerikas in stärkerem Maße berücksichtigt werden.)

„Vor-industriell" wird unter multifokalen Bedingungen durch „handwerklich" ersetzt. Handwerk konnte zünftisch, höfisch oder staatlich organisiert sein, oder sich einer institutionellen Kontrolle überhaupt entziehen. „Handwerklich" impliziert eine Unternehmensorganisation, die auf qualifizierter Arbeitskraft und innerbetrieblicher Hierarchie und Arbeitsteilung beruht (selbstständig – unselbstständig, Eigentümer – abhängig Beschäftigter, Meister – Lehrling), allerdings sämtliche Stufen des Fertigungsprozesses im eigenen Betrieb durchführte. Die Maschinen und Arbeitsgeräte wurden ganz oder überwiegend durch menschliche Kraft bewegt. Handwerksbetriebe gab es in sämtlichen europäischen und asiatischen Gewerberegionen; sie produzierten in erster Linie für lokale Märkte; herausragende lokale und regionale Spezialitäten legten den Grundstein für Exportgewerbe und überregionalen Austausch.

„Proto-industriell" will eine Steigerung in der Komplexität der handwerklichen Produktion zum Ausdruck bringen, die durch stärkere Arbeitsteilung innerhalb des Unternehmens sowie durch die Aktivierung größerer und weiter reichender Zulieferketten gekennzeichnet ist. Die Begriffsschöpfung stammt aus den 1970er-Jahren und wollte damals den langsamen Charakter des Übergangs von der handwerklichen zur industriellen Produktionsweise gegenüber der Vorstellung eines abrupten, „revolutionären" Umbruchs hervorheben (Kriedte/Medick/Schlumbohm 1977). Sie kann aber all jenen Regionen nicht gerecht werden, die vor der Einführung des Fabrikwesens in Westeuropa (um 1820) ebenfalls eine dynamische Entwicklung vom Handwerk zu stärker arbeitsteilig organisierten Produktionsformen erlebten, ohne dabei die Produktion allerdings zum gleichen Zeitpunkt wie in Westeuropa in Fabriken zu zentralisieren und zu mechanisieren. Aber auch in (West-)Europa war vor 1820 keineswegs klar, dass die Entwicklung der gewerblichen Warenproduktion auf ein Fabriksystem hinauslaufen würde. Die Erhöhung des Produktionsvolumens auf der Basis einer in räumlicher und organisatorischer Hinsicht erweiterten Arbeitsteilung, die die Textilgewerbe sowohl in Europa als auch in Asien im 18. Jahrhundert durchlief, kann daher besser mit dem gemeinsamen Begriff „industriös" gefasst werden (De Vries 2008), der

Marginalien:

„Vor-industriell" wird unter multifokalen Bedingungen durch „handwerklich" ersetzt.

„Industriös" steht für Produktivitätssteigerung ohne Kraftmaschinen.

sich vom lateinischen industria (Fleiß, Arbeitsamkeit) ableitet. Während die „industriöse" Produktionsweise in Asien bis ins 19., teilweise auch ins 20. Jahrhundert dominant blieb, wurde in (West-)Europa die Zentralisierung und Mechanisierung der Produktion in Fabriken vorherrschend, die nunmehr als „industriell" bezeichnet wird. „Industriös" steht für die zahlreichen Produktions- und Produktivitätssteigerungen, die in textilen Exportgewerberegionen weltweit durch organisatorische Innovation, Leistungssteigerung und effiziente Anordnung des Produktionsablaufs erzielt wurden. Der Begriff würdigt diese Verbesserungen, die den Arbeitseinsatz intensivierten und den Output steigerten, ohne Kraftmaschinen einzusetzen.

Im 19. Jahrhundert standen „industriöse" und „industrielle" Produktionsverhältnisse miteinander in Konkurrenz. Die „industriösen" Produzenten wurden überall durch die Konkurrenz von Fabrikprodukten in die Schranken lokaler Märkte, in Marktnischen und in Zulieferrollen für die Fabrikindustrie abgedrängt. Damit gingen „industriöse" und „industrielle" Verhältnisse eine Kombination ein, die für die Weltwirtschaft des 19. Jahrhunderts charakteristisch war. Sie lebte im 20. Jahrhundert fort, wurde aber durch den Vormarsch fabrikindustrieller Fertigung in immer größeren Teilen der Welt vom „industriellen" Paradigma an den Rand gedrängt.

Um 1980 sah es so aus, als ob sich der westliche Industrialisierungsbegriff tatsächlich weltweit durchsetzen würde. Seither müssen die Newly Industrializing Countries, von denen manche auf alte gewerbliche Traditionen zurückblicken können, zur Kenntnis nehmen, dass Industrialisierung als Ziel nachholender Entwicklung ausgedient hatte. Ausgerechnet zu jenem Zeitpunkt, als für sie das „Industrielle" bestimmend wurde, wechselte der Leitstern auf „postindustriell". Dies steht in diametralem Gegensatz zur Erfahrung der außereuropäischen Industrieländer. Es ist daher irreführend, die internationale Arbeitsteilung der Gegenwart als „post-industriell" zu charakterisieren, vielmehr zeichnet sie sich durch die Kombination „wissensbasierter" und „industrieller" Produktionszweige aus. Diese sind miteinander durch Arbeitsteilung verbunden und stehen aufgrund der Unterschiede der erzielbaren Wertschöpfung in einem Konkurrenzverhältnis.

Die Kombination „wissensbasierter" und „industrieller" Produktionszweige

Die Perioden und ihre Bezeichnungen verlieren auf diese Art und Weise ihre eurozentrische Etikette: Sie verwandeln sich von einem zwingenden Ablaufmodell für zu durchlaufende Industrialisierungsstadien zu welthistorischen Epochen, die sich durch ein je konkretes räumliches Arrangement unterschiedlicher Produktionsweisen und zwischenregionaler Interaktionsformen auszeichnen, das Unterschiede, Verflechtung, Konkurrenz und Kräfteverhältnisse in der (textilen) Produktion widerspiegelt. Textil- und Bekleidungsindustrie stellen heute im globalen Maßstab weiterhin einen zentralen Sektor dar, der die Neuordnung der Arbeitsverhältnisse widerspiegelt; nachholende Industrialisierung erfasste jedoch ein wesentlich breiteres Branchenspektrum, sodass die folgende Darstellung in der neueren Zeit nicht auf Textil und Bekleidung beschränkt bleibt.

Abb. 7: Gleichzeitigkeit und Verschränkung unterschiedlicher Arbeitsverhältnisse aus multifokaler Perspektive

Periode *„eurozentrisch"*	Räumliche Schwerpunkte und Verbindungslinien zwischen regionalen Produktionszentren	Periode *„multifokal"*
Vor 1700 *„vor-industriell"*	Multizentrische Koexistenz europäischer und asiatischer Exportgewerberegionen; Verbindung durch Handelsbeziehungen; keine internationale Arbeitsteilung im Sinne von Standortketten	*„handwerklich"* zünftisch bzw. höfisch kontrolliert
1700–1820 *„proto-industriell"*	Ausbreitung des Manufaktur- und Verlagssystems – Verbindung von Standorten mit unterschiedlichen Arbeitsverhältnissen in Produktionsketten (innerhalb und zwischen Weltregionen)	*„industriös"* Verlagswesen mit starker Expansions-/ Innovationsdynamik
1820–1914 *„industriell"*	Mit dem Fabriksystem in NW-Europa verschwinden die industriösen Verhältnisse nicht. Vielmehr beginnt ein teilweise kooperatives, teilweise konfliktträchtiges Nebeneinander zwischen fabrikindustrieller (Nordwest- und Zentraleuropa; Nordamerika) und gewerblich-industriöser (West-, Süd- und Ostasien) Produktionsweise.	*„industriös"* versus & mit *„(fabrik) industriell"*

1914– 1973/80 „industriell"	Die Kombination der Arbeitsverhältnisse spiegelt ein Zentrum-Verhältnis wider und erlaubt Werttransfer von der Peripherie ins Zentrum (P -> Z). Das Nebeneinander wird zur Hierarchie, die nachholende Entwicklung zur entwicklungspolitischen Strategie der Peripherie.	„(fabrik) industriell" als Ziel nachholender Industrialisierung
1973/80– „post-industriell"	Mit der Neuen Internationalen Arbeitsteilung werden unterschiedliche Arbeitsverhältnisse weltweit neu kombiniert. Die Überwindung der industriellen Massenproduktion in den Zentren entwertet die nachholenden Industrialisierungserfolge der Peripherie. Das Ziel nachholender Entwicklung verlagert sich damit auf wissensbasierte Zweige.	„wissensbasiert" versus & mit „industriell"

Abb. 8 plädiert dafür, die Abfolge von Perioden der wirtschaftlichen Entwicklung, wie sie sich in den westlichen Zentren darstellte, als ein regionales westeuropäisches Phänomen zu betrachten. Die Perioden zeichnen sich durch eine Produktionsweise aus, die jeweils durch eine vorherrschende Form der Arbeitsorganisation bestimmt wird (linke Hälfte). Dieses Ablauf- und Entwicklungsmuster wird hier nicht generell zurückgewiesen, sondern nur in Bezug auf seinen universalisierenden Anspruch. Die Arbeitsverhältnisse, die auf der linken Seite der Abbildung als lineare Abfolge (als nacheinander und damit ungleichzeitig auftretende Phänomene) mit immer weiter reichendem Wirkungsradius erscheinen, werden auf der rechten Seite in ein Modell der Gleichzeitigkeit einbezogen. Dieses trägt der Beobachtung Rechnung, dass die unterschiedlichen Arbeitsverhältnisse – wenn man sie aus der Perspektive sämtlicher in die überregionale Arbeitsteilung einbezogenen Orte betrachtet – zu ein- und demselben Zeitpunkt auftraten. Subsistenzarbeit, handwerkliche Tätigkeit, Heimarbeit, häusliche und industrielle Lohnarbeit, Gelegenheitsarbeit, prekäre und flexibilisierte Selbstständigkeit koexistierten und koexistieren in jeder historischen Periode der kapitalistischen Weltwirtschaft und zeichnen sich durch spezifische raum-zeitliche Kombinationen aus. In anderen Worten: Sie treten nicht immer und überall gleichzeitig auf, sondern sind in verschiedenen Weltregionen, je nach technischem

Koexistenz von Arbeitsformen in jeder historischen Periode

Abb. 8: Entwicklungsstadien oder Gleichzeitigkeit des Ungleichzeitigen?

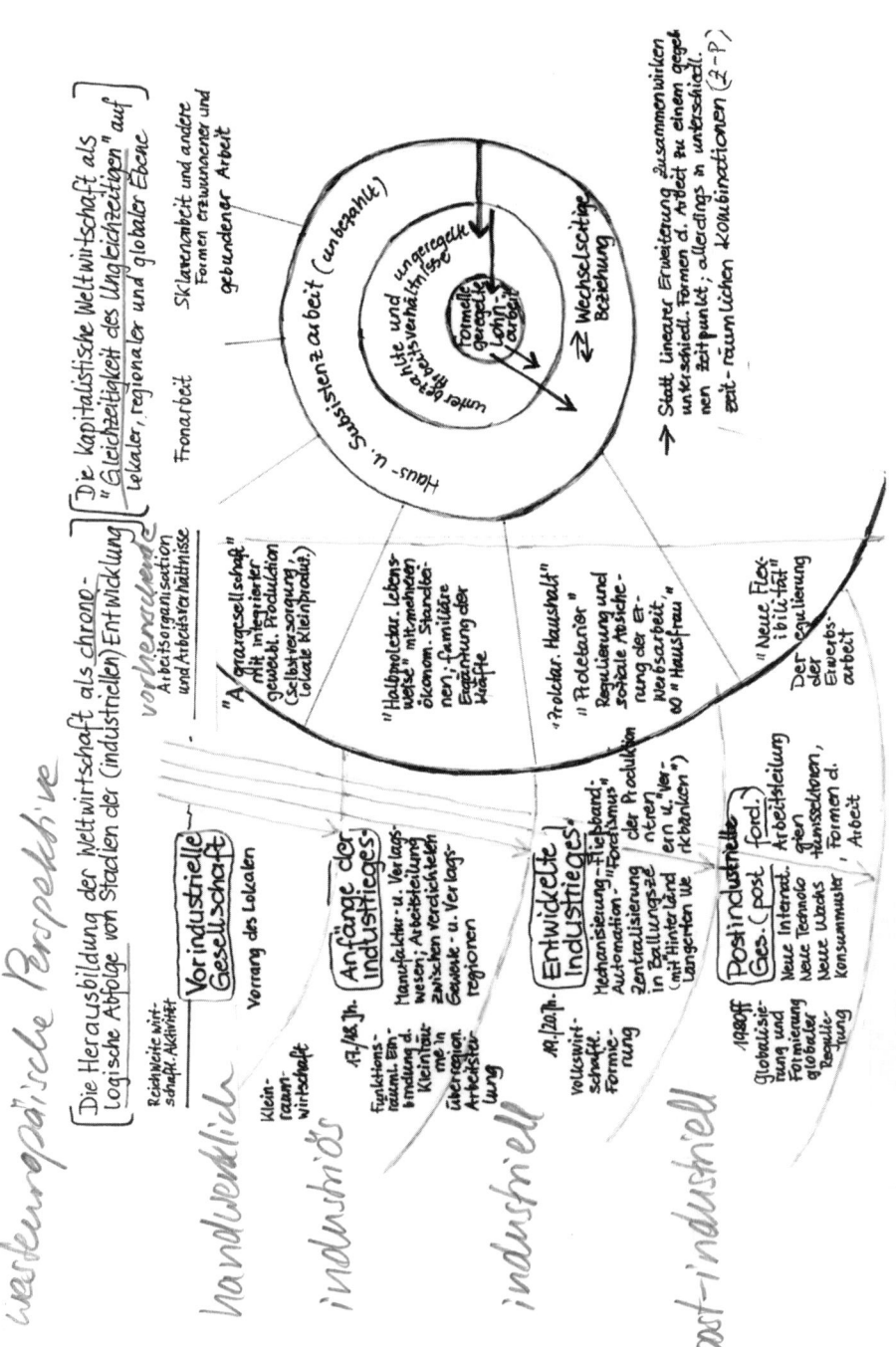

und organisatorischem Entwicklungsstand sowie der Rolle, die die Region in der überregionalen Arbeitsteilung einnimmt, unterschiedlich präsent. Verschiedene Formen verkaufsorientierter Zwangsarbeit, wie Leibeigenschaft, historische oder moderne Sklaverei, die in westlichen Gesellschaften seit dem 17./18. Jahrhundert kaum eine Rolle spielten, runden das Spektrum der gleichzeitig koexistierenden, arbeitsteilig miteinander verbundenen Arbeitsformen ab. Das, was auf der linken Seite als „Ungleichzeitigkeit" erscheint, wird auf der rechten Seite als „Gleichzeitigkeit" aufgefasst.

Die Überführung der linearen in eine konzentrische Form der Darstellung ersetzt das auf Abfolgestadien aufbauende Fortschrittsparadigma durch ein die unterschiedlichen Funktionen kombinierendes Verbindungs- und Ergänzungsparadigma. Dieses geht von der Kombination von Arbeits- und Produktionsweisen aus, die sich durch ein unterschiedliches Maß an Bezahlung und Regulierung auszeichnen: Im Kern steht ein formeller, gesetzlich und sozial abgesicherter Kern, in dem geregelte Lohnarbeit vorherrscht. Er ist von einem Kreis informeller Arbeitsformen umgeben, die sich durch niedrige Löhne, Unstetigkeit und Fluktuation, geringe gesetzliche Regulierung und fehlende soziale Absicherung auszeichnen. Ein dritter Kreis besteht aus Arbeitsverhältnissen, die auf unbezahlten Tätigkeiten wie Subsistenz- und Hausarbeit beruhen. Die drei Ebenen (Kreise) stehen untereinander in enger Beziehung, auf deren Basis gegenseitige Subventionierung und Werttransfer erfolgen (vgl. Kapitel 5, Arbeitsverhältnisse).

Was auf der rechten Seite der Abbildung als idealtypisches Modell der Verknüpfung ungleicher und ungleichzeitiger Produktions- und Arbeitsverhältnisse dargestellt wird, trifft für jede Phase in der Entwicklung der kapitalistischen Weltwirtschaft zu. Diese Phasen können aus der Perspektive einer bestimmten Weltregion und der für diese entscheidenden Zäsuren gegliedert werden, wie im vorliegenden Fall (links) durch die westeuropäische bzw. westliche Perspektive, solange diese Perspektive nicht als allgemeingültig angenommen wird. In der Folge muss gefragt werden, wie – in welchen Kombinationen – Kräfteverhältnisse und zu wessen Vor- und Nachteil sich die in einer bestimmten Region vorherrschenden Produktionsverhältnisse mit jenen in anderen, arbeitsteilig verbundenen Regionen zusammenfügen. So lässt sich der Funktionsmechanismus ungleicher internationaler Arbeitsteilung von jeder Region her erschließen. Auf dieselbe Art und Weise kann die Kombination ungleicher Arbeitsverhältnisse innerhalb von Regionen, also auch innerhalb von (West-)Europa erschlossen werden. Dadurch wird Europa selbst als allgemeingültiges Entwicklungsmodell hinterfragt. Einem durch industrielle Lohnarbeit oder neuerdings durch post-industrielle Flexibilität gekennzeichnetem „Normal"-Arbeitsverhältnis wird so der Boden unter den Füßen entzogen.

Eine multifokale, sowohl das örtliche als auch das überregionale Arrangement von Produktionsweisen in Betracht ziehende Analyse der Weltwirtschaft ist ein Desiderat, das Fallstudien aus unterschiedlichen Epochen, Regionen sowie Wirtschaftssektoren voraussetzt. Der vorliegende theoretische und methodische Rahmen will dazu aufmuntern, solche Fallstudien vorzunehmen und diese in ihrem Zusammenwirken zu untersuchen. Das multifokale Periodisierungsmodell dient dabei als Einordnungsschema, das die westlich-eurozentrische Deutungshoheit zugunsten einer integrierten, verbundenen Form der Darstellung infrage stellt, wie sie im Begriff der Verbindungs- oder Interaktionsgeschichte – *Connected* oder *Entangled Histories* – zum Ausdruck gebracht wird.

Eine multifokale Analyse der Weltwirtschaft ist ein Desiderat.

Warenketten und Standortkombinationen am Beispiel der globalen Textilindustrie

Warenketten und Standortkombinationen bieten die Möglichkeit, Funktionsmechanismen und Verbindungen weltwirtschaftlicher Arbeitsteilung zu erfassen. Sie ermöglichen eine methodische Annäherung an das Konzept des Werttransfers (vgl. Kap. 3). Gleichzeitig bedürfen wir konkreten empirischen Anschauungsmaterials, das im vorliegenden Fall die globale Textil- und Bekleidungsindustrie liefert.

Abb. 9: Produktionsschritte bei der Erzeugung von Textilien und Bekleidung

Material	Arbeitsvorgang
Rohmaterial	Rohstofffernte und -aufbereitung Synthetische Erzeugung
Garn	Spinnen roher Fasern Abwickeln der Rohseide vom Kokon

Stoff	
· Gewebe	Weben (Fläche durch Fadenbindung)
· Strick- und Wirk-ware	Wirken (Fläche durch Maschenbildung)
· Filzstoff	Filzen (Fläche durch Wasser und Druck)
· Spitze	Spitzenklöppeln, -weben, -wirken
Stoff mit spezifischen Eigenschaften	Färben, Drucken Stoffveredelung Ausrüstung
Fertige Textilien und Kleidungsstücke · Möbel- und Dekor-stoffe · Technische Textilien · Kleidungsstücke (Unter- und Ober-bekleidung)	Stoffverarbeitung Entwurf Zuschneiden Formen Nähen der Einzelteile Assembling (Zusammennähen) Ausfertigung Anbringen diverser Applikationen und Effekte

Die Textil- und Bekleidungsindustrie weist einen kleinteilig struktu-
rierten Produktionsablauf auf, der schon früh Anlass zur Arbeitsteilung
gab. Im handwerklichen Rahmen spielte sich diese großteils innerhalb
des Unternehmens ab, es wurden aber auch bestimmte Vorleistungen
zugekauft, zum Beispiel Garn aus bäuerlicher Produktion. Die Arbeitsteilung kam auch in der Spezialisierung von Textilgewerben zum
Ausdruck, die jeweils nur eine Spezialaufgabe im Produktionsprozess
übernahmen, zum Beispiel Färben, Drucken, Walken oder Scheren.
Indem die selbstständigen Handwerker die Endprodukte ihrer Tätigkeit
als Vorprodukte für die nächste Verarbeitungsstufe voneinander erwar-
ben, wurden sie zum Teil einer Warenkette, die durch Handel vermittelt
war. Diese Form der Arbeitsteilung spielte sich in räumlicher Nachbarschaft ab. Auf den überregionalen Markt gelangt das Produkt meist
erst, nachdem es die letzte Stufe der Verarbeitung durchlaufen hatte.
    Die zwischen lokalen Handwerkern bestehende Warenkette un-
terscheidet sich von Formen der Arbeitsteilung, die überregionale
Standorte entlang des Fertigungsprozesses kombiniert und dabei
die einzelnen Fertigungsschritte in unterschiedlichen Regionen unter Ausnützung der dort jeweils vorherrschenden Arbeitsverhältnisse und gesetzlichen Bedingungen zusammenfügt. Dabei kann die
Standortkombination kleinräumigen oder großräumigen Charakter

haben. Entscheidend ist, von wem die Kombination ausgeht und kontrolliert wird.

17./18.Jh.

Verlagswesen

Im Verlagswesen wurde die Produktionskette von Händlern oder Verlegern organisiert, die, um die Produkte in der gewünschten Menge und Qualität zu erhalten, Kontrolle über den Produktionsprozess übernahmen. Das konnte bedeuten, dass sie bestimmte Fertigungsbereiche selbst in zentralen Werkstätten (Manufakturen) betrieben; darüber hinaus zogen sie weitere Produzenten heran, die im Auftrag der Verleger in ihren eigenen Betrieben oder in Heimarbeit Vorleistungen und Teilfertigungen erbrachten. Daran änderte sich mit der Mechanisierung nichts Wesentliches.

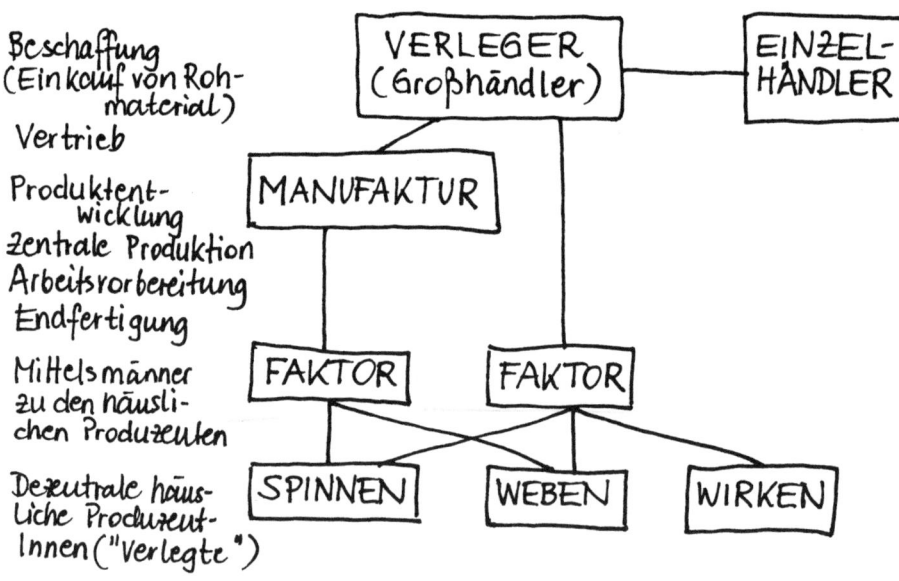

VERLAGSWESEN

Beschaffung (Einkauf von Rohmaterial)

Vertrieb

Produktentwicklung

Zentrale Produktion
Arbeitsvorbereitung
Endfertigung

Mittelsmänner zu den häuslichen Produzenten

Dezentrale häusliche Produzent-Innen ("Verlegte")

VERLEGER (Großhändler) — EINZELHÄNDLER

MANUFAKTUR

FAKTOR   FAKTOR

SPINNEN   WEBEN   WIRKEN

Das Verlagswesen, das seit dem 17./18. Jahrhundert die textile Massenproduktion für überregionale Märkte prägte, funktionierte in asiatischen wie in europäischen Textilzentren nach demselben Muster. Ein Händler oder ein größerer Produzent (Verleger) kaufte in großem Stil Rohmaterial ein, ließ dieses von selbstständigen Produzenten im näheren, bald auch im weiteren Umkreis verarbeiten und anschließend bei weiteren Spezialisten oder in einer zentralen Einrichtung endfertigen (Matis 1991). Die Auftragnehmer gaben die Aufträge ihrerseits an Subunternehmen weiter. Da in den Städten Zünfte oder zunftähnliche Produzentenvereinigungen gegen die Vergabe von Aufträgen an nicht-zünftische Produzenten auftraten, erstreckte sich das Verlagssystem, das in Indien als Dadni-System, in der chinesischen Seidenindustrie als Zangfang-System bekannt ist, zunehmend aufs Land. Das Beispiel St. Gallen zeigt, dass ein Verlagssystem aber auch von einer städtischen Zunft ausgehen konnte; in der Regel jedoch standen Zünfte der Konkurrenz des Verlagssystems negativ gegenüber; unilokale Meister und multilokale Verleger bekämpften einander und wetteiferten um Einflussnahme auf die gesetzlichen Rahmenbedingungen für textile Produktion. Das indische Thread-&-Money-System zeigt, wie ein kleinräumiges Verlagssystem, wenn es unter die Kontrolle eines Global Players, in diesem Fall der britischen East India Company (EIC) kam, den Druck auf die Weber bis zur Schuldknechtschaft steigerte (Chaudhuri 1990).

Der Erfolg des Verlagssystems beruhte auf der Kosteneinsparung und Risikoüberwälzung, die sich aus der Aufteilung der einzelnen Arbeitsschritte an ArbeiterInnen mit unterschiedlichen Spezialisierungen und Einkommen ergab; es machte sich unterschiedliche Reproduktionskosten zwischen Stadt und Land, zwischen zentral gelegenen und schwer erreichbaren Regionen zunutze. Es beruhte auf Verbesserungen der Technik und des organisatorischen Ablaufs, auf Schulungs- und Disziplinierungsmaßnahmen für die Arbeitskräfte; die mechanische Produktion mit Kraftmaschinen blieb jedoch auf wenige Schritte wie das Glätten oder Walken von Wollstoffen beschränkt; der Großteil der Arbeit wurde auf Spinnrädern und Handwebstühlen in den Häusern der Auftragnehmer verrichtet.

Das Verlagswesen funktionierte in asiatischen wie in europäischen Textilzentren nach demselben Muster.

Das Verlagssystem machte sich unterschiedliche Reproduktionskosten zwischen Stadt und Land zunutze.

Fabriksverlag  Europa

> Mit der Entstehung von zentralisierten Produktionsstätten mit mechanischem Antrieb ging die Initiative zur Organisation einer überregionalen Standortkette vom Händler auf den Fabrikanten über. Dieser vergab bestimmte Vorarbeiten, Teilschritte oder Endfertigungen an Produzenten, die als Handwerker in ihren eigenen Betrieben oder als zuliefernde Heimarbeiter tätig waren. Eine wichtige Triebkraft für den Einsatz von Handarbeit stellte der ungleichmäßige Rhythmus der Mechanisierung dar: Diese erfasste einen bestimmten Fertigungsschritt, zum Beispiel das Spinnen (erste Hälfte 19. Jahrhundert), während Weben nach wie vor per Hand erfolgte. Daraus ergab sich eine Mechanisierungslücke, die durch Auftragsvergabe an Handweber geschlossen wurde.

Mit Einführung des Fabriksystems prägten die große Industrie und die industrielle Lohnarbeit das Idealbild von Entwicklung.

Zwischen 1780 und 1800 wurden in Großbritannien, dem Musterland der sogenannten Industriellen Revolution, kraftbetriebene Maschinen für das Spinnen, Weben und den Textildruck entwickelt. Dies ermöglichte die Zentralisierung der textilen Produktion in Fabriken. Da sie als Erstes in der Baumwollspinnerei praktiziert wurde, wird diese als *leading sector* der Industriellen Revolution bezeichnet. In der Weberei ließ die Umsetzung im Produktionsbetrieb noch einige Jahrzehnte auf sich warten. In West- und Zentraleuropa übernahm man rasch das Fabriksystem nach britischem Vorbild. Im Abstand von 20 bis 40 Jahren wurde zunächst die Spinnerei (1800–1820) und in der Folge die Weberei (1850–1870) mechanisiert, Arbeit in der Fabrik wurde zum vorherrschenden Arbeitsverhältnis. Mit dem industriellen Großbetrieb, der sämtliche Stufen der Verarbeitung unter einem Dach zusammenfasste, stand das Fabriksystem im Gegensatz zur dezentralen Form der Unternehmensorganisation im Verlagswesen. Die große Industrie und die industrielle Lohnarbeit prägten fortan das Idealbild der wirtschaftlichen Entwicklung. Tatsächlich blieb die Fabrik in dieser Form eine Ausnahme.

Solange – in der ersten Hälfte des 19. Jahrhunderts – Garn in Fabriken hergestellt wurde, während Weben im Handbetrieb erfolgte, verlief die Produktionskette von der Spinnfabrik über die Handweberei zur weiteren Verarbeitung (Drucken, Ausrüsten), die wieder in der Fabrik erfolgte. In europäischen Heimweberei-Regionen blieb die „industriöse" Produktionsweise bestimmend. In der zweiten Hälfte des 19. Jahrhunderts wurde auch das Weben in Fabriken zentralisiert. Eine Verlagerung des Webens an HandweberInnen in darauf spezialisierten ländlichen Regionen war obsolet. Vielmehr entstanden in vielen ehemaligen Heimweberregionen mechanische Webereien, oft als Töchter- oder Filialbetriebe von Fabrikanten aus den Zentralräumen. Diese Regionen fungierten auch als Fabrikstandorte im Sinne verlängerter Werkbänke. Darüber hinaus erforderte die Ausdifferenzierung der textilen Produktpalette neue Formen der Handarbeit, die aus technischen oder aus betriebswirtschaftlichen Gründen an HeimarbeiterInnen vergeben wurde. Bei der Stoffherstellung handelte es sich um Spezialgewebe und Sondergrößen, um das Anbringen von Borten, Fransen, Stickereien, die von den Webwarenfabrikanten an umliegende Weber- und HeimarbeiterInnen vergeben wurden. Im Bereich der Bekleidung, die am Ende des 19. Jahrhunderts vor allem in den städtischen Zentren zum Massenartikel wurde, ging es um Zuschneiden, Nähen und alle möglichen modischen Applikationen, die im Auftrag von Produzenten oder Handelshäusern in einem urbanen Verlagssystem mit Meistern, ZwischenmeisterInnen und Stücklohnarbeiterinnen hergestellt wurden, für das im englischen Sprachraum der Begriff des *sweat shop* aufkam. Im ländlichen Raum war die Anfertigung von Kleidungsstücken bis weit ins 20. Jahrhundert eine Angelegenheit häuslicher oder gewerblicher SchneiderInnen.

Mit der Wirkwaren-, der Börtel-, der Stickerei-, der Zwirnknopf- und der Spitzenerzeugung erlebten Ende des 19. Jahrhunderts neue Formen der Textilproduktion Aufwind, die ihrerseits fabrikmäßige, handwerkliche und heimindustrielle Fertigungsschritte aufwiesen. Die Produktionsketten hatten durch die regionale Ausbreitung des Fabriksystems in den Industriestaaten eine räumliche Kontraktion erlebt: HeimarbeiterInnen befanden sich in einem kleinen Umkreis um Fabrikanten und Verleger; Handwerk und Heimarbeit banden jedoch weiterhin einen viel größeren Teil von Arbeitenden in den textilen Produktionsprozess ein als das Leitmodell, die Fabrik. Ungeregelte und unterbezahlte Arbeitsverhältnisse konnten so vorherrschen und trotzdem als Ausnahme, als Relikt aus früheren Zeiten angesehen werden. Folglich wurden sie auch nicht in die neuen Konzepte sozialpolitischer Absicherung eingebunden, die das Fabriksystem in den entwickelten Industrieländern hervorbrachte. Die soziale Vorsorge und Reproduktionsarbeit trugen Haushalte und Familien.

Die Produktionsketten erlebten durch die regionale Ausbreitung des Fabriksystems in den Industriestaaten eine räumliche Kontraktion.

Industriöser Einsatz von Fabrikgarn in der asiatischen Handweberei

> Fabrikprodukte aus europäischen Fabriken fügten sich auch in transnationale Produktionsketten ein. So floss europäisches Fabrikgarn, das ab 1820 heimische Handgespinste ersetzte, als Vorleistung in die asiatische Textilerzeugung ein, die im 19. Jahrhundert keine Entwicklung des Fabriksystems erlebte.

Fabrikprodukte aus europäischen Fabriken fügten sich auch in transnationale Produktionsketten ein.

Während die Handspinnerei in asiatischen Textilregionen seit Beginn des 19. Jahrhunderts rückläufig war, arrangierten sich die HandweberInnen mit der neuen Produktionskette, die westeuropäische Fabrikspinnerei mit asiatischer Handweberei verband. Als ab 1850/70 auch auf dem Gewebesektor europäische Konkurrenz auf asiatischen Märkten auftauchte, bedeutete dies weder eine Übernahme der neuen Technologie noch den Niedergang der Handweberei. Aus einer asiatischen Akteursperspektive könnte man den Bezug von Fabrikgarn auch als Auslagerung des Spinnens an kostengünstigere Fabrikstandorte bezeichnen.

Erste Anfänge der Mechanisierung setzten in Asien Ende des 19. Jahrhunderts ein und waren auf Nordindien und Japan beschränkt. Nun konnte westeuropäisches Garn in der indischen Handweberei durch indisches oder japanisches Fabrikgarn ersetzt werden.

In Mumbai existieren mehr als 15.000 sweat shops.

In Indien bietet die Textilindustrie auch heute eine breite Palette von Produktionsweisen, die miteinander in Verbindung stehen. Das Garn wird in modernen Fabriken erzeugt. In der Stofferzeugung koexistieren großbetriebliche Webwarenfabriken mit traditionellen Handwebereien. Während diese nach dem Zweiten Weltkrieg besondere staatliche Förderung erlebt hatten, machten sie seit den 1960er-Jahren zunehmend dem sogenannten Power-Loom-Sektor Platz, einer dezentralen Form der mechanischen Weberei, in der ein Weber in einem *shed* eine kleine Zahl von Webstühlen betreibt. Einkauf und Absatz erfolgen über ein von Kooperativen oder einem *master weaver* organisiertes Verlagssystem. Im Bekleidungssektor koexistieren Großbetriebe, die an indische oder internationale Auftraggeber zuliefern, mit Kleinbetrieben, die ihrerseits HeimarbeiterInnen für sich arbeiten lassen und vor allem den Binnenmarkt versorgen. Der Betrieb besteht in der Regel aus einem einzigen Raum; allein in Mumbai existieren mehr als 15.000 solcher *sweat shops*. Große Bekleidungsfabriken erzeugen nicht nur fertige Kleidungsstücke, sondern bieten auch Halbfertigpakete aus zugeschnittenen Stoffteilen an, die

die KundInnen entweder selbst, von Schneidern oder Heimarbeiterinnen zusammennähen lassen (Roy 1993).

Produzentendominierte Standortkette

> Mit fortschreitender Mechanisierung erfasste die Auslagerung von Fer-
> tigungsschritten auch fabrikindustrielle Fertigungen. Diese wurden an
> andere Fabrikstandorte innerhalb oder außerhalb des Unternehmens
> verlagert, die aufgrund niedrigerer Arbeits- und Produktionskosten sowie
> geringerer Steuern, Umweltauflagen oder Sozialabgaben kostengünstiger
> produzieren konnten. Unter der Kontrolle multiregionaler bzw. multinatio-
> naler Konzerne entstand eine Standortkette auf der Basis industrieller
> Produktion. Dies eröffnete Zulieferern in Billiglohnländern und -regionen
> die Möglichkeit, industrielle Produktion auf den unteren Stufen der Wert-
> schöpfungskette auszuführen; sie verbanden damit die Hoffnung auf eine
> Verbesserung ihrer Position durch Übernahme höherwertiger Funktionen.

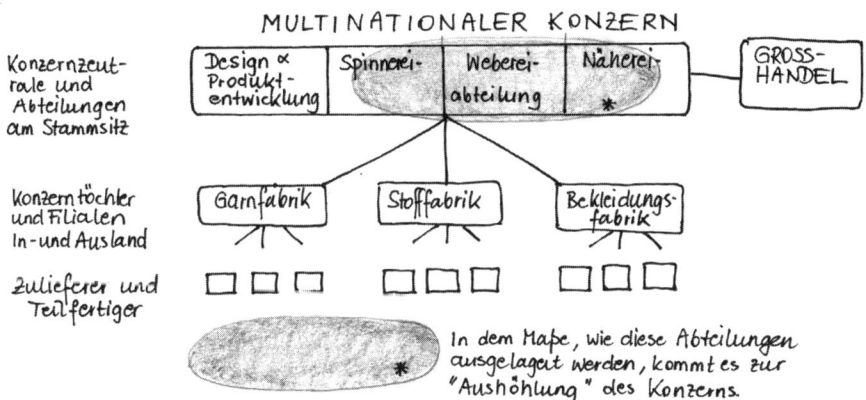

Die textile Massenpro-
duktion verschob sich im
Laufe des 20. Jahrhun-
derts in Newly Industrializing Countries (NIC's).

Trotz verschiedener Schwierigkeiten mit der nachholenden Industrialisierung verschoben sich die Schwerpunkte der textilen Massenproduktion im Laufe des 20. Jahrhunderts in die Newly Industrializing Countries (NIC's). Manche davon konnten an frühere textile
Kompetenz anknüpfen, die durch die europäische Fabrikindustrie
zerstört bzw. von den Weltmärkten verdrängt wurde, andere waren
bis dato vor allem Agrar- und Rohstoffproduzenten und erhofften
sich durch den Aufbau einer Textilindustrie eine nationalökonomische
Entwicklungsperspektive mit dem Ziel der Binnenmarktentwicklung
auf der Basis einheimischer industrieller Kapazitäten. Das Paradigma
der nachholenden nationalökonomischen Entwicklung stieß mit der
Weltwirtschaftskrise der 1970er-Jahre allerdings an seine Grenzen.

Die Antwort der westlichen Textilunternehmen war die Verlagerung der industriellen Massenproduktion, allen voran Textil und
Bekleidung, Elektronik, Stahl und Autoassembling, aus den alten In-
dustrieländern an Standorte in NIC's in Osteuropa und der Dritten
Welt. In einer ersten Phase wurde die Neuordnung der Standorte im
Weltmaßstab maßgeblich von den multinationalen Konzernen getra-
gen, die standardisierte und arbeitsintensive Industrien zunehmend
an Billiglohnstandorte auslagerten, während Unternehmensleitung,
Logistik, F&E in den alten Zentren verblieben (Fröbel/Heinrichs/
Kreye 1977).

Die Chancen der verlän-
gerten Werkbänke auf
erfolgreiche nachholende
Industrialisierung sind
massiv eingeschränkt.

Die Chancen der verlängerten Werkbänke auf erfolgreiche nachholende Industrialisierung waren durch die weltwirtschaftlichen Rah-
menbedingungen massiv eingeschränkt. Die unter dem Druck von
GATT und WTO zwischen 1974 und 2005 wirksamen internationa-
len Textilabkommen (1974–1995 Multifaserabkommen, 1994–2004
Welttextilabkommen) bewirkten, dass die nicht-westlichen Unterneh-
men auf die Rolle der passiven Lohnveredelung beschränkt wurden.
Diese Zusatzverträge zum General Agreement on Tariffs and Trade
(GATT) gewährleisteten, dass die verstärkte Einbeziehung peripherer
Produktionsstandorte in die Textil- und Bekleidungsproduktion den
Interessen der alten Industrieländer und der multinationalen Kon-
zerne nicht entgegenlief (Komlosy 2010a: 83 f.). Sie beschränkten den
Marktzugang von Billiglohnimporten durch ein kompliziertes Sys-
tem von Quoten; ein Mechanismus der Zolleskalation legte fest, dass
Einfuhrzölle mit dem Verarbeitungsgrad zunahmen und begünstigte
Zulieferer auf niedrigen Stufen der Wertschöpfungskette. Das System

der Ursprungsregeln setzte dieses System der Zolldiskriminierung dann außer Kraft, wenn es sich bei den Einfuhren um Re-Importe von Ausgangsmaterialien handelte, die von einem inländischen Unternehmen lediglich zum Zweck der passiven Lohnveredelung an einen ausländischen Standort ausgelagert worden waren. Die in den Ursprungsregeln für Textilien nach einem komplizierten Schlüssel festgelegten Verarbeitungsschritte durften nicht mehr als zwei Etappen der Verarbeitungskette ausmachen und behinderten somit die NIC's, höhere Positionen in der Wertschöpfungskette zu erreichen. Die den Entwicklungsländern eingeräumten Quoten und Zollbegünstigungen eröffneten Wachstumsmöglichkeiten für Zulieferbetriebe und Komponentenfertigung, standen jedoch im Gegensatz zu nationalen Entwicklungsstrategien, die auf Höherqualifizierung bis zum Finalbereich und auf positive Anstoßeffekte des Textil- und Bekleidungssektors auf andere Branchen und Sektoren abzielten. Sie begünstigen Produktionsketten, die von westlichen Konzernen kontrolliert wurden, gegenüber selbstständigen Anbietern aus Entwicklungsländern.

Käuferdominierte Standortkette

Eine neuere Entwicklung stellt seit den 1990er-Jahren die Ablöse der produzentendominierten durch käuferdominierte Standortketten dar. Dabei ist mit „Käufer" nicht der Konsument gemeint, sondern jenes Unternehmen, das Vertrieb und Absatz der Produkte besorgt, also eine Handelskette oder ein Markeninhaber. Dieses gibt die Handelsware bei selbstständigen Produzenten in Auftrag. Die „Käufer" agieren im Prinzip so ähnlich wie die Verleger des 18. Jahrhunderts. Sie sind nicht selbst als Produzenten tätig, sondern vergeben die einzelnen Fertigungsschritte an Unternehmen an unterschiedlichen Standorten. Auf diese Weise können sie die Vorteile der einzelnen Standorte miteinander kombinieren. Dies treibt die Produzenten in einen Standortwettbewerb, in welchem sie einander durch kostengünstige Angebote unterbieten: sie tun dies, indem sie an Löhnen, Sozialausgaben und Umweltschutz einsparen und so ein *race to the bottom* in Gang setzen. Das von Regierungen der *Newly Industrializing Countries* geäußerte Ziel einer Verbesserung der Wirtschafts- und Sozialstrukturen kann auf diesem Wege nicht erreicht werden.

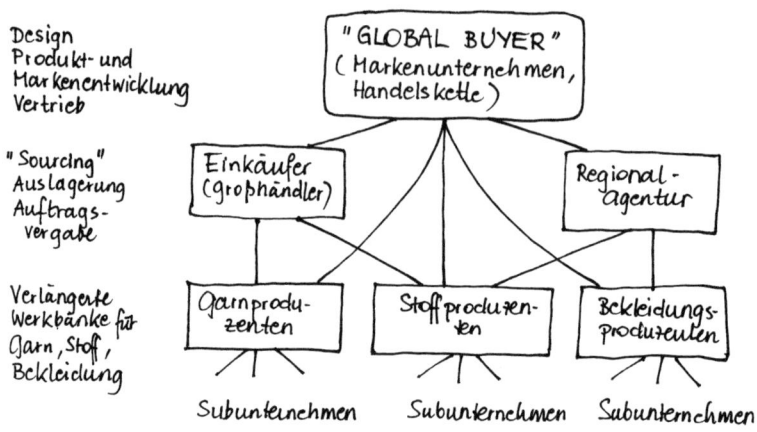

KÄUFER-DOMINIERTE STANDORTKETTE

Design
Produkt- und
Markenentwicklung
Vertrieb

"GLOBAL BUYER"
(Markenunternehmen,
Handelskette)

"Sourcing"
Auslagerung
Auftrags-
vergabe

Einkäufer
(großhändler)

Regional-
agentur

Verlängerte
Werkbänke für
Garn, Stoff,
Bekleidung

Garnprodu-
zenten

Stoffproduzen-
ten

Bekleidungs-
Produzenten

Subunternehmen   Subunternehmen   Subunternehmen

In den 1990er-Jahren ging das Kommando über die Güterkette auf Handelshäuser und führende Markeninhaber über, auch „hohle Konzerne" genannt, die selbst keine Produktionsstätten betreiben, sondern einzelne Produktionsschritte an den jeweils günstigsten Standorten besorgen lassen und die globale Güterkette als reine Organisatoren kontrollieren. Dies brachte Verleger neuen Typs hervor. In dieser Phase gewann industriell hergestellte Bekleidung, die seit den 1960er-Jahren den Siegeszug zu einem globalen Massenkonsumartikel antrat, neben der Textilindustrie eigenständige Bedeutung. Während Garnherstellung und textile Flächenbildung (Weben, Wirken) ein enormes Rationalisierungspotenzial boten, das diese Sparten bei entsprechender Spezialisierung auch in den alten Industrieländern fortbestehen ließ, blieb die Herstellung von Kleidungsstücken auch unter industriellen Bedingungen ein extrem arbeitsintensives Feld. Hier konzentrierte sich das Gros der Produktionsverlagerungen. Während Spinnereien und Webereien auch in Entwicklungsländern zentralisierte Fabrikbetriebe mit einer immer geringer werdenden Zahl von ArbeiterInnen darstellen, benötigen das Zuschneiden, das Nähen und Endfertigen von Kleidungsstücken viele fleißige Hände. Das Zuschneiden erfolgt zentral, die Näh- und Ausfertigungsarbeiten werden an kleinere

Zulieferer ausgelagert. Diese setzen ihrerseits Heimarbeiterinnen ein. Während mit der Industrialisierung im Textilbereich geregelte Lohnarbeitsverhältnisse eine Ausweitung erlebt hatten, eröffnete die Bekleidungsindustrie ein neues Feld von ungeregelten, ungesicherten, informellen Arbeitsverhältnissen. Die Produktionskette ist nicht von technologischen Erfordernissen, sondern von der Möglichkeit des Zugriffs auf Arbeitskräfte bestimmt, die bereit sind, *just in time,* unregelmäßig, zu Niedriglöhnen und ohne soziale Rechte zu arbeiten. Dies verstärkt die Konkurrenz zwischen urbanen und ländlichen Standorten, Männern und Frauen sowie alteingesessenen und neu zugewanderten Arbeitskräften.

Die Herstellung von Bekleidung wurde so immer mehr zur Domäne von Billiglohnländern. Neben den internationalen Rahmenabkommen schlossen die großen Wirtschaftsmächte bzw. Regionalblöcke wie die USA oder die EG/EU bilaterale Abkommen, die Billiglohnanbietern in ihrem regionalen Einzugsbereich über die Quoten hinausgehenden Zugang zu ihren Märkten einräumten – sofern sie sich an die Rolle der passiven Lohnveredelung hielten. Die USA betrieben ab 1992 ein solches *production sharing* (807/9802 Programm) mit Mexiko, Zentralamerika und der Karibik. Die Europäische Union schloss sogenannte Outward-Processing-Trade(OPT)-Abkommen mit osteuropäischen und nordafrikanischen Staaten (Gereffi/Memedovic 2003: 10). Bereits in den 1970er-Jahren wurden Lohnveredelungsaufträge an osteuropäische Staatsbetriebe vergeben. Seit dem Systemwechsel 1989/91, mit dem die vertikal integrierten Staatsbetriebe, die die gesamte Produktionskette kontrollierten, zerschlagen und privatisiert wurden, bedeutete dies, dass Kapazitäten im Spinn- und Webbereich stillgelegt wurden, während der Bekleidungsbereich anwuchs. Die westlichen Auftraggeber können sich aus der breiten Palette vorhandener Qualifikationen jene Bereiche aussuchen, die in die globalisierten Produktionsketten eingebaut werden (Musiolek/Barendt 2005).

Das Auslaufen des Welttextilabkommens und die Liberalisierung des Welttextilhandels sowie der EU-Beitritt der osteuropäischen Staaten spiegelt eine neue Situation: Da Bekleidung in weltweiten Produktionsnetzwerken erzeugt wird, ist ein Schutz für produzierende Bekleidungsbetriebe in den alten Industrieländern obsolet geworden. Das in den Abkommen festgelegte Quotensystem hat sich längst als

> Die Herstellung von Bekleidung wurde immer mehr zur Domäne von Billiglohnländern.

> Die Liberalisierung räumt außereuropäischen Akteuren eine zentrale Rolle als globale Produktionsstandorte ein.

Fessel im globalen Sourcing erwiesen. Die Liberalisierung, die seit Langem von den Entwicklungsländern gefordert wurde, verschärft allerdings die Konkurrenz zwischen den weltweiten Anbietern. Die großen „Käufer", sprich die internationalen Bekleidungsketten, erleben in den letzten Jahren einen rasanten Konzentrationsprozess. Die Liberalisierung räumt außereuropäischen Akteuren eine zentrale Rolle als globale Produktionsstandorte ein, die einigen wenigen das Upgrading als Drehscheiben globaler Produktionsnetzwerke erlaubt. Die verschärfte Konkurrenz treibt aber auch die Differenzierung im Kampf um die guten Plätze in der Wertschöpfungskette voran; um „vorne" zu sein, müssen Konkurrenten verdrängt und andere als noch billigere Zulieferer erschlossen werden.

Fashion Districts

> Das letzte Glied der Kette schließt sich oft in Gewerbevierteln großer Städte, wo in großer Nähe zu den EndverbraucherInnen in *sweat shops* Mode „nach dem letzten Schrei" hergestellt wird.

Kleinunternehmer nützen den raschen Wechsel der Mode, um im Schatten der großen Marken kleine Serien herstellen zu lassen. Sie arbeiten auf Vorrat oder auf Nachfrage von Einkäufern, die für größere und kleinere Handelshäuser unterwegs sind. Als Vorlage dient Designerware, mancherorts werden sogar die begehrten Labels bereitgestellt. Als Arbeitskräfte stehen MigrantInnen zu Verfügung, die, wenn sie über keine Aufenthaltstitel verfügen, zu besonders günstigen Bedingungen arbeiten.

Solche *fashion districts* gibt es in Paris, London und New York. Hier wird nicht nur genäht, sondern auch Ware entgegengenommen, die aus den *fashion districts* in Istanbul oder Aleppo kommt. Die Modeviertel im östlichen Mittelmeerraum fungieren auch als Drehscheibe zum osteuropäischen Markt. Während die neuen Reichen (Novi Risch) in Paris, Wien oder St. Moritz einkaufen, beziehen weniger kaufkräftige KundInnen ihre Designerware aus Zwischenmärkten. In der Kommunikation zwischen Einkäufern, Schwitzbuden und En-gros-Boutiquen ist Russisch zur kommerziellen Lingua franca avanciert, während der US-Dollar die Leitwährung darstellt.

Literatur

Das Konzept der Güter- oder Warenkette (Commodity Chains) wurde in
verschiedenen konzeptionellen Zusammenhängen entwickelt, die stärker der
Weltsystem-Theorie (Review Fernand Braudel Center 2000) oder globalen
Netzwerktheorien (Global Commodity Chains, Global Production Networks,
Globale Wertschöpfungsketten – Gereffi/Korzebiewicz 1994, Gereffi/Me-
medovic 2003) nahestehen. Einen Überblick über die verschiedenen Ansätze,
neuere Entwicklungen sowie branchenspezifische Fallstudien vermitteln Fi-
scher/Reiner/Staritz 2010 mit einem Beitrag von Komlosy 2010a über Güterketten in der Textilindustrie, der Teilen dieses Kapitels zugrunde liegt. Rivoli
2006 erschließt globale Produktionsnetzwerke am Beispiel eines T-Shirts.

Pioniere der Protoindustrie-Forschung waren Kriedte /Medick /Schlum-
bohm 1977. Der Begriff und das Konzept der industriösen Produktion wurden von De Vries 2008 geprägt. Als regionale Fallstudien zum Verlags- und
Manufakturwesen seien Matis 1991 für Niederösterreich, Chaudhuri 1990 zu
Süd- und Ostasien sowie vergleichend Komlosy 2010b angeführt.

Bei der Industriellen Revolution stellt sich aus globalhistorischer Perspektive vor allem die Frage, warum das Fabriksystem an der Wende vom 18. zum
19. Jahrhundert ausgerechnet in Westeuropa entstand. Die Antwort darauf
wird unter unterschiedlichen Prämissen abgehandelt. Es gibt Autoren, die
den europäischen Vorsprung – oder Sonderweg – aus den besonderen inneren
Bedingungen und Errungenschaften ableiten, die in anderen Industrieregionen nicht gegeben waren (O'Brian 1982, Vries 2003). Andere betonen demgegenüber die Aneignung von Werten durch Kolonialismus und ungleiche
internationale Arbeitsteilung als Voraussetzung für Europas Aufstieg (Wendt
2009). Eine dritte Gruppe setzt sich stärker mit den Errungenschaften und
dem hohen Niveau der Produktion in außereuropäischen Gewerberegionen
auseinander und wie diese die nachholenden Entwicklungsanstrengungen
stimulierten, die in Westeuropa zur Industriellen Revolution führten (Frank
1998; Pomeranz 2000; Sugihara 2005). Wenn die Pionierrolle des europäischen
Fabriksystems im Vordergrund steht, wird die Industrielle Revolution im außereuropäischen Kontext unter dem Aspekt der nachholenden Entwicklung
des europäischen Modells abgehandelt. Durch einen Perspektivenwechsel zu
außereuropäischen Gewerberegionen treten diese nicht nur als Nachahmer,
sondern – zumindest phasenweise – als Exponenten eigenständiger Wege,
als Trendsetter und Vorbilder in Erscheinung.

Fröbel/Heinrichs/Kreye 1977 legten ein Standardwerk zur Produktionsverlagerung multinationaler Konzerne in den 1970er-Jahren vor und führten dafür den Begriff der Neuen Internationalen Arbeitsteilung ein. Musiolek/Barendt 2005 setzen sich kritisch mit den nach 1990 stattfindenden Produktionsverlagerungen in osteuropäische Länder auseinander. Die Ablöse des industriellen Zeitalters durch ein post-industrielles Zeitalter postuliert und beschreibt Castells 2001.

Van Voss/Hiemstra/van Nederveen Meerkerk 2010 bieten sowohl theoretische Modelle als auch Länderstudien an, um am Beispiel der Textilerzeugung globale Güterproduktion im langfristigen historischen Wandel zu erfassen.

5. Arbeitsverhältnisse aus globalhistorischer Perspektive

Arbeitsverhältnisse stellen einen Schlüssel zur Erforschung globaler Ungleichheit dar.

Arbeitsformen und Arbeitsverhältnisse bestimmen das gesellschaftliche Leben. Sie sind ausschlaggebend für die Rolle und den Status des Einzelnen sowie sozialer Gruppen in der Gesellschaft. Sie spiegeln Machtbeziehungen, Eigentumsverhältnisse und soziale Hierarchien wider. Im weltwirtschaftlichen Kontext stellen Arbeitsverhältnisse einen Schlüssel zur Erforschung globaler Ungleichheit dar.

Beginnen wir mit der Feststellung, dass Ausbeutung und Aneignung von Werten nicht nur im Rahmen des von Karl Marx gedeuteten Lohnarbeit-Kapital-Verhältnisses stattfindet (Marx: Das Kapital, Bd. 1, 1867). Vielmehr legen die mannigfaltigen Erscheinungsformen von Arbeit in verschiedenen Teilräumen der kapitalistischen Weltwirtschaft nahe, im Sinne eines weiten Kapitalismus-Begriffs auch alle anderen Formen der Arbeit in unsere Überlegungen mit einzubeziehen, sofern diese dem Zugriff des Kapitals unterliegen (Wallerstein 1984; Van der Linden 2008; Werlhof/Bennholdt-Thomsen/Mies 1983, 1997). Dieser Zugriff kann durch den Markt erfolgen, auf dem Menschen ohne eigene Produktionsmittel ihre Arbeitskraft „frei" verkaufen müssen. Er kann durch Zwang erfolgen, wenn Menschen durch Einsatz von Gewalt und anderen außerökonomischen Druckmitteln dazu gebracht werden, gegen ihren freien Willen, entgeltlich oder unentgeltlich, Leistungen zu erbringen oder Waren für einen Unternehmer zu erzeugen, die dieser auf dem Markt verkauft. Der Zugriff kann aber auch durch die Beschäftigung einer bezahlten Arbeitskraft erfolgen, die aufgrund der unbezahlten Versorgungsleistung ihrer Familienangehörigen geringere Lebenshaltungskosten hat, daher mit weniger Lohn auskommt und dem Unternehmer so Kosten erspart.

Wir müssen also ein breites Spektrum von Arbeitsverhältnissen in Betracht ziehen, das von selbstständigen Unternehmern und mithelfenden Familienangehörigen über Untertanen und Sklaven, Dienstboten und Lohnarbeitern bis zu unbezahlt im Haushalt und der Selbstversorgung Arbeitenden reicht. Grundsätzlich kann dabei zwischen der Arbeit für den Lebensunterhalt im Haushalt (Subsistenzarbeit) und der Arbeit für den Markt (Verkauf von Produkten und von Arbeitskraft) unterschieden werden. Darüber hinaus gibt es auch öffentliche Institutionen (Grundherrschaft im Mittelalter, Dorfgemeinschaft, Genossenschaften oder Vereine), die mit Arbeitsleistung oder Arbeitsprodukten versorgt werden. Da der Marktpreis (Lohn) maßgeblich davon abhängt, in welchem Ausmaß der Lebensunterhalt der Produzenten durch deren eigene Subsistenzarbeit oder durch die Subsistenzarbeit naher Angehöriger gesichert ist, lässt sich die (unbezahlt geleistete) Subsistenzarbeit nicht aus der Betrachtung ausklammern. Im Gegenteil: Sie stellt geradezu den Ausgangspunkt dar, von dem aus bezahlte Arbeitsverhältnisse in den Blick genommen werden können, denn niemand lebt vom Geldeinkommen allein, und keine Arbeitskraft kann allein aus der Lohnarbeit erhalten werden.

Keine Arbeitskraft kann allein aus der Lohnarbeit erhalten werden.

In der Praxis sind Menschen nicht einem einzigen Arbeitsverhältnis zuzuordnen, sondern sie verbinden verschiedene Arbeitsverhältnisse miteinander. Wenn der Lohn nicht ausreicht, ist es gängig, zwei oder mehr Lohnarbeitsverhältnisse gleichzeitig einzugehen. Aber die einzelnen Typen mischen sich auch untereinander. Selbstständige sind zum Beispiel auch als Lohnarbeiter tätig; Fronbauern erzeugen in unbezahlter Arbeit Produkte, die ihre Grundherren auf dem Markt verkaufen; Sklaven werden gegen Geld verliehen – ihren Lohn erhält der Herr. Sklaven wurde gestattet, Küchengärten anzulegen und die Erzeugnisse nicht nur für den Eigenbedarf zu verwenden, sondern auch auf dem Markt zu verkaufen; mitunter traten Sklaven sogar als selbstständige Unternehmer in Erscheinung, die Freie als Lohnarbeiter beschäftigten. Solche Kombinationen von Erwerbsformen traten nicht nur zum selben Zeitpunkt auf, sondern variierten im Lauf eines Arbeitslebens: Phasen selbstständiger und unselbstständiger, bezahlter und unbezahlter, gesicherter und ungesicherter Beschäftigung

Kombination von Arbeitsverhältnissen

Ende des 20. Jahrhunderts kehrten Prekariat und Informalität in die Zentren zurück.

wechseln mit dem Lebenszyklus, den familiären Pflichten sowie den Angeboten des Arbeitsmarktes (Komlosy 2010b: 261–265).

Welche dieser Tätigkeiten als Arbeit angesehen werden, hängt vom vorherrschenden Arbeitsbegriff ab, der normativ von Religion, Moral, Wertvorstellungen, Status und Gesetzeslagen bestimmt wird. Entsprechen Tätigkeiten dem Arbeitsbegriff nicht, werden sie auch nicht als Arbeit anerkannt. Am stärksten betrifft dies die unbezahlte Subsistenzarbeit im Haushalt, die hauptsächlich von Frauen geleistet wird, sowie die mannigfaltigen Tätigkeiten, die Schlechtverdienende oder Erwerbslose unternehmen, um sich recht und schlecht – etwa durch allerlei Gelegenheitsarbeiten als Selbstständige oder Unselbstständige, durch Nachbarschaftshilfe oder durch Almosensammeln – durchzubringen. Dieses Sich-Durchbringen, das auch als Prekariat, als informeller Sektor oder als Ökonomie des Notbehelfs (*makeshifts*) in die wissenschaftliche Kategorisierung von Arbeit eingegangen ist, ist in den Peripherien der Weltwirtschaft Normalität; in den Zentren kennzeichnet es die Frühphase des wilden und ungeregelten Industrie-Kapitalismus in der ersten Hälfte des 19. Jahrhunderts. Mit der staatlichen Regulierung der Arbeitsverhältnisse am Ende des 19. Jahrhunderts verlor es an Bedeutung; im Zuge der Deregulierung am Ende des 20. Jahrhunderts gewannen Prekariat und Informalität auch in den Zentren an Bedeutung.

Unterschiedliche Arbeitsverhältnisse kombinieren sich nicht nur über Haushalte, sondern auch innerhalb und zwischen Regionen, sodass Werttransfer nicht nur auf sozialer, sondern auch auf regionaler Ungleichheit beruht. Die überregionale Anordnung von Arbeitsverhältnissen in Waren- oder Standortketten ist charakteristisch für die kapitalistische Produktionsweise; diese kombiniert kleinräumig, regional und global verschiedene Arbeitsverhältnisse und gewährleistet, dass die Kapitalakkumulation in den Unternehmenszentralen stattfindet (vgl. Kapitel 4).

Die neue Informalität

Der Begriff des informellen Sektors wurde in den 1970er-Jahren geprägt, als Entwicklungstheoretiker eingestehen mussten, dass die weltweite Durchsetzung geregelter Erwerbsverhältnisse nach dem Muster der entwickelten Industrieländer, die die Modelle der Modernisierungstheoretiker in Aussicht gestellt hatten, nicht vorankam (Komlosy/Parnreiter/Stacher/Zimmermann 1997: 9–20; Portes/Castells/Benton 1989). Stattdessen breiteten sich in den Peripherien der Weltwirtschaft ungesicherte, prekäre Arbeitsformen aus, in denen ungeregelte und unterbezahlte Arbeitsverhältnisse vorherrschten. Diese wurden von der Internationalen Arbeitsorganisation (ILO) als „informell" bezeichnet und als Ausdruck von Rückständigkeit und mangelnder Modernisierung betrachtet. Entwicklungsmaßnahmen sollten diese Sektoren an die modernen Wachstumspole heranführen. Besonders forciert wurden solche Maßnahmen von Dependenztheoretikern, die die Spaltung peripherer Gesellschaften in Wachstumspole und Hinterländer als Folge der kolonialen Ausbeutung und Deformierung wahrnahmen. Diese Kluft könne nur geschlossen werden, so die entwicklungspolitische Schlussfolgerung, wenn alte Abhängigkeiten aufgebrochen und eine eigenständige Entwicklung in Gang gesetzt würde. Das Ziel bestehe darin, informelle Arbeitsverhältnisse zu überwinden, indem man sie an die formellen Sektoren heranführe.

Einen ganz anderen Zugang vertraten neoliberale Ansätze. Sie stellten die herkömmlichen Entwicklungstheorien auf den Kopf und propagierten Informalisierung als einen Weg der Entwicklung. Nicht die informellen Sektoren sollten formalisiert, sondern staatliche Strukturen und Regelungen, die als bürokratisch, korrupt und schwerfällig galten, abgebaut werden. Auch alternative basisdemokratische Ansätze betrachteten den informellen Sektor unter dem Aspekt von Selbstorganisation und Überlebenssicherung. AnthropologInnen beschäftigten sich mit den Beziehungsstrukturen in der informellen Ökonomie und entdeckten sie als Quelle für Widerständigkeit und Eigeninitiative. Die meisten Interpretationsvarianten klammern aus, dass der informelle Sektor nicht isoliert gesehen werden kann. Er ist weder als Defizit noch als Allheilmittel begreifbar, sondern nur in seiner Verschränkung und Kombination mit anderen Arbeitsverhältnissen.

Die meisten Interpretationsvarianten klammern aus, dass der informelle Sektor nicht isoliert gesehen werden kann.

Abb. 13: Bezahlung und Regulierung von Arbeit im formellen, im informellen und im Subsistenzsektor im weltregionalen Vergleich

		„Erste Welt"	„Dritte Welt"	„Zweite Welt" der Nachwendezeit	
	Art der Bezahlung				Art der Regulierung
formell	„angemessen bezahlt" d. h. Bezahlung, die ein angemessenes Leben und gesellschaftliche Partizipation erlaubt	Gesetzlich und tarifvertraglich regulierte, sozial abgesicherte Erwerbsarbeit als Regelfall (1880–1980); seit den 1980er-Jahren zunehmend flexible, deregulierte Arbeitsformen	Bezahlte Erwerbsarbeit nur in Kernbereichen für eine Minderheit; geringe Verbindlichkeit von Arbeits- und Sozialgesetzen, geringe Bedeutung von Gewerkschaften	Regulierungen und soziale Sicherheiten des Sozialismus im Abbau; Sinken der Löhne unter das Existenzminimum, sodass zusätzliche, meist deregulierte Arbeiten aufgenommen werden müssen	„geregelt" und „gesichert" d. h. Arbeitsformen, die durch Arbeits- und Sozialgesetze sowie Vereinbarungen unter den Sozialpartnern reguliert sind
informell	„unterbezahlt" d. h. Bezahlung ist geringer als in geregelten und abgesicherten Arbeitsverhältnissen; Kosteneinsparungen gegenüber geregelten Beschäftigungsformen	Heimarbeit; Arbeit in Subunternehmen und Zulieferbetrieben, insbesondere in der Bauwirtschaft, Landwirtschaft, Gastronomie, Reinigung und in *sweat shops;* haushaltsnahe Dienstleistungen; prekäre Arbeitsverhältnisse mit eingeschränkter sozialer Sicherheit (Arbeit auf Zeit, Saisonarbeit, Leiharbeit, geringfügige Beschäftigung, Neue Selbstständige)	Hauspersonal; Wander- und Gelegenheitsarbeit (häufig als ArbeitsmigrantInnen in der „Ersten Welt"); prekäre Selbstständigkeit in der Slum-Ökonomie (Verkauf selbst zubereiteter Speisen, Handel, Kleinproduktion, Transport etc.); *sweat shops;*; Arbeit in Subunternehmen und Zulieferbetrieben großer Konzerne	Nach dem Zusammenbruch der Regelsysteme des Sozialismus wurden ungeregelte und flexible Arbeitsverhältnisse zur Regel; daneben Überlebensökonomie durch prekäre Selbstständigkeit in Handel (Kioskkapitalismus), Kleinproduktion und Dienstleistungen sowie durch Arbeitsmigration in die „Erste Welt"	„ungeregelt" und „ungesichert" in Bezug auf Arbeitsschutz, Arbeitsbedingungen, Bezahlung, soziale Absicherung, Wettbewerbsregeln, volkswirtschaftliche Einbindung; Fehlen von gesetzlichen Regelungen oder Abbau (Deregulierung) früherer Regelungen und sozialer Sicherheiten
Subsistenz	„unbezahlt" und „unbezahlbar" d. h. Arbeit für den unmittelbaren Bedarf und für das unmittelbare Überleben, ohne Markt und Geldäquivalent	Hausarbeiten (Haushalt, Erziehung, Pflege, Reparaturen) Nachbarschaftshilfe	Subsistenzarbeiten in der Selbstversorgungslandwirtschaft und in der Versorgungsökonomie des Haushalts	Hausarbeiten; expandierende Subsistenzsektoren als Ersatz für Marktkonsum und als Auffangbecken für fehlende Arbeitsplätze und niedrige Erwerbseinkommen	„ungeregelt" d. h. die Arbeiten entziehen sich gesetzlichen Regulierungen der Erwerbsarbeit

„überbezahlt"	„Überbezahlung" ist eine Konsequenz der Einkommensdifferenzierung; sie geht über den durch Qualifikationsunterschiede begründeten Rahmen hinaus und tritt sowohl im formellen als auch im informellen Sektor bei UnternehmerInnen, Spitzenkräften, KünstlerInnen, diversen Lobbys auf. Sie ist nicht zwingend mit Ungeregeltheit und Ungesichertheit gekoppelt.	„(un)geregelt"
„legal"	Formalität und Informalität von Arbeitsverhältnissen wird durch Intensität und Zielsetzung gesetzlicher Regulierungen beeinflusst. Umgehung, Missbrauch und Bruch von Gesetzen existieren in beiden Bereichen. Eine zwangsläufige Nähe zwischen Illegalität und Informalität ergibt sich lediglich in Geschäftsbereichen, die gesetzlich verboten sind (Fälschung, Schmuggel, Herstellung und Handel mit verbotenen Gütern) sowie als Folge von Beschäftigungsbeschränkungen für Frauen, Kinder und AusländerInnen.	„illegal"

- Die Kategorisierung in „drei Welten" stellt eine Vereinfachung dar, die zeitlicher und räumlicher Konkretisierung bedarf. Sämtliche Arbeitsverhältnisse sind in allen „Welten" vertreten, allerdings je nach Region und Betrachtungszeitraum in unterschiedlichen Erscheinungsformen und Zusammensetzungen. Die konkrete Kombination von Regulierungs- und Bezahlungsformen in und zwischen verschiedenen Weltregionen ist nicht zuletzt durch historische Zyklen und Konjunkturen geprägt. Die Begriffe „Erste", „Zweite" und „Dritte Welt" haben im letzten Viertel des 20. Jahrhunderts durch die Vervielfältigung und Ausdifferenzierung von Zentrum-Peripherie-Verhältnissen vielfach ihre geographische Zuordnung verloren und sind durchlässiger geworden. Die räumliche Zuordnung von Zentren zur „Ersten" und Peripherien zur „Dritten Welt" (sowie der Identifizierung des realen Sozialismus als „Zweite Welt") ist einer Abhängigkeitshierarchie gewichen, in der Zentrum-Peripherie-Verhältnisse in sämtlichen Weltregionen und auf allen räumlichen Ebenen (von klein- bis großräumig) existieren. Aufgrund des allgemeinen Abbaus von Ausgleichs- und Umverteilungsmechanismen wird die Zugehörigkeit zum Zentrum oder zur Peripherie immer entscheidender für die Verteilung von Uberlebens-, Einkommens- und Entwicklungsmöglichkeiten, unabhängig davon in welcher Weltregion sich diese befinden.

- Als „Zweite Welt" wurden in der Zeit der Blockkonfrontation die planwirtschaftlichen Länder des realen Sozialismus bezeichnet. Obwohl viele mit dem Ende des Sozialismus einen Aufstieg zur „Ersten Welt" erhofften, ist im Gegenteil – mit wenigen Ausnahmen – eine Annäherung an Verhältnisse der „Dritten Welt" erfolgt. Das Erbe und der plötzliche Wegfall der staatssozialistischen Regulierungen und Sicherheiten in den Nachfolgestaaten der Sowjetunion und ihrer osteuropäischen Verbündeten begründen jedoch eine spezifische Ausprägung des Informellen: Der informelle Sektor entsteht hier aus dem Rückbau formaler Strukturen, die Informalisierung wird zum Vorreiter der Transformation und setzt, ausgehend von der (ehemaligen) „Zweiten" auch die „Erste Welt" dem Deregulierungsdruck aus.

- Obwohl sie für den und die Einzelne oft unüberwindbare Barrieren darstellen können, sind die Übergänge zwischen formellen, informellen und Subsistenzbereichen durchlässig. Haushalte sind durch ihre Angehörigen in der Regel in mehreren Bereichen verankert, um durch die Kombination Versorgung, Einkommen und soziale Sicherheit zu erhalten. Selbst einzelne Personen können in mehreren Bereichen zugleich tätig sein. Für Unternehmer erlaubt die Kombination formeller und informeller Arbeitsverhältnisse sowie ihre Ergänzung aus Subsistenzarbeit Flexibilität und Kosteneinsparung. Erst durch ihr Zusammenwirken werden Ungleichheit und Ungleichzeitigkeit der Wertschöpfung, der Werttransfer aus den Peripherien und die Kapitalakkumulation in die Zentren der Wertschöpfungskette möglich – und erklärbar.

Quelle: Komlosy 2007: 219–221

Hinter dem Begriff des informellen Sektors versammelt sich eine bunte Mischung sozialer Phänomene.

Der informelle Sektor wird als Analysekategorie von vielen Seiten abgelehnt. Hier wird er gerade wegen seiner flexiblen und vielseitigen Anwendbarkeit als Begriff und Konzept aufgegriffen. Er zeigt durch die – ständig wechselnde – Abgrenzung und Kombination mit formellen Arbeitsverhältnissen und mit unbezahlter Subsistenzarbeit, dass die Ausgestaltung und Regulierung von Arbeit nichts Fixes und Dauerhaftes sind, sondern ständig an neue Bedingungen angepasst werden. Hinter dem Begriff des informellen Sektors versammelt sich eine bunte Mischung sozialer Phänomene. In Entwicklungsländern tritt uns informelle Tätigkeit in Form von Wander- und Gelegenheitsarbeit, Straßenhandel, verschiedenen Dienstleistungen, z. B. im Transportwesen, in verschiedenen (oft nicht bestellten) Darbietungen und Leistungen, z. B. Straßenakrobatik, Garküchen oder dem Putzen von Windschutzscheiben, aber auch in der industriellen Produktion, die über Subunternehmer verteilt wird, entgegen. In den Industrieländern sind darunter neben den traditionellen Bereichen der Schwarz- und Schattenarbeit im Zuge der Deregulierungen der letzten zwei Jahrzehnte zahlreiche neue Bereiche prekärer Beschäftigungsverhältnisse entstanden, etwa durch die Auslagerung von Konzernproduktionen an Zulieferer, Formen neuer Selbstständigkeit, geringfügige Beschäftigungen, Leih- oder neue Heimarbeit. Ein breites Anschauungsfeld für informelle Tätigkeiten bietet Osteuropa. Sie sind hier besonders weit verbreitet, weil die Auflösung der alten staatlichen Regulierungen ein Vakuum hinterlassen hat, das weitgehend regellos ist.

Es herrscht großteils Konsens, dass heute informelle Sektoren gegenüber formellen im Vormarsch sind. Je nach Weltregion gehen die

Schätzungen von zehn Prozent in den westlichen Ländern bis hin zu 70 bis 80 Prozent in ländlichen Peripherien und Krisengebieten, in denen offizielle Strukturen der Wirtschaft zusammengebrochen sind. Da sich informelle Sektoren der Erfassung entziehen, sind solche Zahlen letztendlich schwer überprüfbar. Zudem hängen sie davon ab, welche Arbeitsverhältnisse dabei überhaupt in den Blick genommen werden. Viel interessanter als die quantitative Zuordnung zum Informellen zu einem gegebenen Zeitpunkt ist der Prozess der Informalisierung. Wir können seit dem weltwirtschaftlichen Strukturbruch der 1970/80er-Jahre, der das wohlfahrtsstaatliche Modell in der „Ersten" und „Zweiten Welt" und das Entwicklungsmodell in der „Dritten Welt" durch neue Formen globaler Wertschöpfungsketten ersetzte, heute drei große Tendenzen der Informalisierung betrachten.

Zum Ersten entsteht Informalisierung durch Auslagerung bestimmter Tätigkeiten aus geregelten und gesicherten in ungeregelte und ungesicherte Bereiche, wie dies beim Outsourcing und Subcontracting an Zulieferbetriebe oder Leiharbeitsfirmen der Fall ist. Die Auslagerung bietet den Vorteil, dass Gepflogenheiten und verbriefte Rechte, die im Kernbereich und bei der Kernbelegschaft eines Unternehmens üblich sind, nicht angetastet zu werden brauchen. Zuliefernde und Leiharbeitsfirmen kommen nur zum Zug, wenn sie kostengünstigere Lösungen bieten können. Dabei entsteht zwischen diesen Unternehmen ein ruinöser Wettbewerb um die lukrativsten Aufträge. Am erfolgreichsten ist diese Strategie (aus der Perspektive des Kernunternehmens), wenn die Auslagerung in Staaten erfolgt, deren Arbeits- und Sozialgesetze geringere Schutzbestimmungen enthalten. Im Bereich der industriellen Massenfertigung gibt es heute kaum ein größeres Unternehmen, das sich nicht am Verlagerungswettbewerb der passiven Lohnveredelung beteiligt, die als Direktinvestition, als Joint Venture, als Auftragsfertigung oder als Zukauf von Leistungen und Produkten lokaler Anbieter erfolgen kann. Auch kleinere Unternehmen setzen auf diese Globalisierungsstrategien, um im Wettbewerb bestehen zu können. Die Arbeitsverhältnisse, die in Ländern mit niedrigen Lohn- und Sozialniveaus angetroffen werden, werden zur neuen Messlatte für Wettbewerbsfähigkeit.

Informalisierung als Überlebensstrategie, die zweite große Tendenz der Informalisierung, besteht in der Unternehmensgründung durch Menschen, die keinen Zugang zu geregelter und gesicherter

Informalisierung durch Auslagerung bestimmter Tätigkeiten aus geregelten und gesicherten in ungeregelte und ungesicherte Bereiche

Informalisierung als Überlebensstrategie

Lohnarbeit des formellen Sektors fanden. In der Regel handelt es sich um Klein- und Kleinstunternehmen im Handel und im Dienstleistungsbereich, aber auch in der Kleinproduktion. Sehr häufig bedienen solche Unternehmen lokale und regionale Märkte, es kann aber auch vorkommen, dass sie als letztes Glied als Zulieferer an überregionalen Wertschöpfungsketten beteiligt sind. Das Bild der informellen Selbstständigen ist bunt und reicht von (für den touristischen Betrachter) malerischen Straßenszenen mit einem breiten Angebot an selbst verfertigten Produkten bis hin zu schwer durchschaubaren Klientelbeziehungen, die Tätigkeiten und Einkommensverteilung der grauen Ökonomie informeller Macht-, Kontroll- und Abhängigkeitsverhältnisse unterwerfen.

Informalisierung durch Flexibilisierung und Deregulierung

Die größten Veränderungen bewirkt Informalisierung drittens als Flexibilisierungsstrategie, die Druck auf bestehende gesetzliche, sozialpartnerschaftliche und betriebliche Regulierungsformen ausübt. Die Vorbildwirkung geht von jenen Staaten aus, die dem Kapital diesbezüglich die größte Flexibilität ermöglichen. Solange formelle Verhältnisse die Regel darstellen, fallen informelle Regelungen unter Ausnahmen und (sanktionierte und nicht-sanktionierte) Rechtsbrüche. Sobald der rechtliche Rahmen geändert und ehemals informelle Verhältnisse zur Regel werden, haben sie ihren informellen Charakter abgelegt. Ein breites Feld von Arbeitsmarktregulierungen, von Arbeitsgesetzen über Qualifikationserfordernisse bis zur Zulassung von AusländerInnen, ist im Zuge des postfordistisch-neoliberalen Paradigmenwechsels in Bewegung geraten. In anderen Worten: Wir beobachten Informalisierungstendenzen auf dem Weg zur Regelform, zur neuen Norm. Ein Beispiel sind die Arbeitsverhältnisse, die Gewerkschaften bis vor Kurzem als „atypische" definiert haben: Sobald neue Selbstständigkeit, die Prekarität von Leiharbeit, Geringfügigkeit und Befristung gesellschaftliche Normalität geworden sind, verkehrt sich das Verhältnis von „Typisch" und „Atypisch" in sein Gegenteil.

Ein Anschauungsfeld für den Gestaltwandel von Arbeitsverhältnissen im Zusammenspiel von Formalisierung und Informalisierung bieten die privaten Pflegedienste in den west- und zentraleuropäischen Staaten. Dieses wird im Folgenden exemplarisch am aktuellen österreichischen Beispiel diskutiert.

Altenpflege zwischen Formalisierung und Informalisierung am österreichischen Beispiel

Die zunehmende Erwerbstätigkeit österreichischer Frauen, auch wenn es sich in vielen Fällen um Teilzeit- und ungesicherte Beschäftigungsverhältnisse handelt, die eher dem informellen Sektor zuzuordnen sind, nimmt den Frauen Zeit, sich wie bisher unbezahlt um Kinder, kranke und alte Familienangehörige zu kümmern. Diese sind zunehmend auf öffentliche oder private Pflege- und Sorgedienste angewiesen.

Die Sorge- und Pflegearbeit erleben damit Professionalisierung und Kommodifizierung. Öffentliche, vom Staat oder über Sozialversicherungsbeiträge finanzierte Einrichtungen sind durch die steigenden Ansprüche überfordert. Während in der Kinderbetreuung und im Gesundheitsbereich die öffentlichen Leistungen erweitert werden, bleibt die Zukunft der Altenpflege ungewiss und ungeregelt. Altenpflege wurde nicht in das System der Sozialversicherung einbezogen, sondern wird von öffentlichen und privaten Trägerorganisationen als private Dienstleistung angeboten. Die Finanzierung erfolgt in der Regel aus dem Einkommen (Rente) aus einem gesicherten, geregelten Beschäftigungsverhältnis. Das seit 1993 einkommensunabhängig nach Pflegebedarfsstufen staatlich ausbezahlte Pflegegeld versetzt auch einkommensschwächere Schichten in die Lage, in beschränktem Ausmaß bezahlte private Pflege in Anspruch zu nehmen.

> Sorge- und Pflegearbeit erleben Professionalisierung und Kommodifizierung.

Da das öffentliche Pflegeangebot nicht ausreicht und private Pflegeinstitutionen für mittlere Einkommensschichten nicht erschwinglich sind, entstand ein häuslicher, privater Pflegesektor, in dem vor allem weibliche Arbeitskräfte aus Polen und der Slowakei tätig waren und sind. Aufgrund des Lohngefälles stehen sie zu niedrigen Lohnkosten zur Verfügung. So konnten Familien mit mittlerem Einkommen überhaupt die Inanspruchnahme privater Pflegedienste ins Auge fassen. Viele PflegerInnen arbeiten ohne Aufenthaltstitel und/oder Arbeitsgenehmigungen. Als das Ausmaß der illegalen Beschäftigung im Pflegebereich öffentlich zur Kenntnis genommen wurde, wurde im Jahr 2006 der „Pflegenotstand" ausgerufen.

Um den „Pflegenotstand" zu beseitigen, wurden nicht die Arbeitsbedingungen der häuslichen PflegerInnen, die ohne gesetzlichen Schutz und Sozialversicherung tätig waren, geändert. Stattdessen

> Informalität wird zum Normalarbeitsverhältnis im Pflegebereich.

veränderte man die gesetzlichen Bestimmungen und legalisierte die Schwarzarbeit kurzerhand. Mit der Legalisierung verwandelten sich irreguläre unselbstständige in reguläre selbstständige Pflegerinnen. So entfallen mit den Gewerkschaften vereinbarte Tariflöhne und Sozialbeiträge, und die Pflegerinnen können als Selbstständige einen Aufenthaltstitel erhalten. Für ihre soziale Absicherung sind sie selbst verantwortlich. Sie wechseln damit aus der Illegalität in das Prekariat oder die Informalität der neuen Selbstständigkeit, die damit zum Normalarbeitsverhältnis im Pflegebereich wird.

Wie ist es möglich, dass die polnischen und slowakischen Pflegerinnen in Österreich so kostengünstig arbeiten können? Die Voraussetzung stellte der Systemwechsel in Osteuropa 1989/90 dar: Mit der gesicherten staatlichen Beschäftigung fielen Arbeitsplätze weg, Einkommen und Sozialleistungen sanken, sodass eine große Zahl von Menschen ihr Glück in der Arbeitsmigration suchte. Im Fall der sogenannten 24-Stunden-rund-um-die-Uhr-Pflege etwa wechseln einander zwei Kräfte alle 14 Tage ab und erhalten für die Pflege einer Person neben Kost, Quartier und Reisegeld 50 Euro am Tag (2011); die Vermittlungskosten teilen sich AuftraggeberIn und AuftragnehmerIn; für die verpflichtend vorgeschriebene Sozialversicherung müssen die Pflegerinnen selbst aufkommen. Die Pflegerinnen nehmen die Arbeit an, weil die niedrigen Löhne in Österreich höher sind als die Bezahlung in ihren Heimatländern. So können sie ihre Familien finanziell unterstützen und darüber hinaus vielleicht etwas ansparen. Gleichzeitig leben die Pflegerinnen von der Substanz ihrer Heimatländer. Sie sind ein klarer Fall von Braindrain, weil sie die Sozialisation und Ausbildung, die sie in Österreich einsetzen, zu Hause erhalten haben. Als junge, motivierte Menschen fehlen sie auf dem heimischen Arbeitsmarkt. Zudem gehen sie ihren Familien ab, denen die Obsorge der Mütter fehlt. Haushaltsarbeit und Erziehung der Kinder werden auf ältere Verwandte abgeschoben, die mit ihrer Subsistenzarbeit gewährleisten, dass das informelle Beschäftigungsverhältnis in der Pflege fremder Menschen überhaupt eingegangen werden kann. Wo keine Älteren zur Verfügung stehen oder Arbeitszeiten oder Distanz zur Heimatregion den Arbeitsmigrantinnen keine regelmäßigen Aufenthalte erlaubt, kommt es zu sozialer Zerrüttung. Für die Pflege der dortigen Alten steht überhaupt niemand zur Verfügung.

Das Arbeitsverhältnis der Pflegerinnen entspricht allen Kriterien informeller Beschäftigung. Sie stellen ein Bindeglied zwischen dem aus formeller Arbeit ihrer Auftraggeber bezogenen Einkommen und der unbezahlten Sorgearbeit ihrer daheimgebliebenen Angehörigen dar, zu denen sie sich in der Zeit ihres Heimataufenthalts selbst hinzugesellen. In dieser Zeit bemühen sich die in der Pflegemigration tätigen Mütter, Kinder und Tanten, an ihren daheimgebliebenen Kindern, Eltern und sonstigen Anverwandten all das wiedergutzumachen, was sie durch ihre temporäre Abwesenheit versäumt haben. Durch die Inanspruchnahme von Pflegerinnen aus Ländern mit niedrigerem Lohnniveau wird die Last der unbezahlten Arbeit in die Haushalte der daheimgebliebenen Familien ausgelagert. Die Geldtransfers und mitgebrachten Ersparnisse können diese Leistungen in keiner Weise aufwiegen. Es handelt sich um einen klaren Fall von Werttransfer im Privaten. Mit Stichtag 31. 12. 2010 waren bei der Wirtschaftskammer Österreich, bei der selbstständige Pflegende zur Mitgliedschaft verpflichtet sind, rund 27.000 aktive PflegerInnen registriert, dazu kamen 6.000 ruhend gestellte Gewerbescheine (Mitgliederstatistik WKÖ). Nach Staatsangehörigkeit wird dabei nicht unterschieden.

Volkswirtschaftlich wirksam wird der Werttransfer im fehlenden Arbeitskräfteangebot im Gesundheits- und Pflegesektor der Entsendeländer. Diesem werden aufgrund der Sogwirkung der höheren Löhne qualifizierte und gesellschaftlich notwendige Arbeitskräfte entzogen. Auf der Auftraggeberseite profitieren Angehörige der Mittelschicht, die sich sonst keine so aufwendige private Pflege leisten könnten. Die öffentliche Hand spart Ausgaben ein. Der informelle Pflegesektor setzt bestehende Pflegeeinrichtungen, die mit lohnabhängigen, voll sozialversicherungspflichtigen Beschäftigten arbeiten, unter Konkurrenzdruck. Dies setzt eine Kettenreaktion in Gang (zu den globalen Standortketten im Pflegesektor vgl. Yeates 2009). Um Arbeitskosten zu sparen, werden die öffentlichen Dienste an private Träger ausgelagert. So erfasst die Informalisierung auch bisher geregelte Arbeitsverhältnisse. Der Pflegeberuf verliert weiter an Attraktivität, sodass die Nachfrage nach ArbeitsmigrantInnen weiter zunimmt.

Die Kombination von Arbeitsverhältnissen mit unterschiedlicher Entlohnung und Regulierung ist nicht nur in der Pflege anzutreffen. Sie gilt für sämtliche Berufe, wo niedrig entlohnte ArbeitsmigrantInnen aus Peripherien in den Zentren – auf der Basis geregelter und

Das Arbeitsverhältnis der Pflegerinnen entspricht allen Kriterien informeller Beschäftigung.

Kombination von Arbeitsverhältnissen mit unterschiedlicher Entlohnung und Regulierung – nicht nur in der Pflege

gesicherter Arbeitsverhältnisse – angeblich „unfinanzierbare" Leistungen erbringen: Bauwirtschaft, Gastronomie, Tourismus, Reinigungsdienste, Gesundheitswesen, Ernteeinsatz. Entgegen der landläufigen Ansicht, es seien die ArbeitsmigrantInnen, die von der Lohndifferenz profitierten, ist die Bilanz für die Entsendeländer bei Einbeziehung sämtlicher Arbeitsverhältnisse negativ. Der Werttransfer erfolgt von der Peripherie ins Zentrum. Daran ändert sich auch dann nichts, wenn Arbeitsmarkt- und Versorgungslücken in Polen oder der Slowakei durch ukrainische oder moldawische ArbeitsmigrantInnen kompensiert werden.

Formalisierung und Informalisierung in historischer Perspektive

Deregulierung und
Informalisierung sind
auch in Europa auf dem
Vormarsch.

Die Entdeckung und Thematisierung des informellen Sektors in den 1970er-Jahren legen nahe, dass es sich hierbei um ein neues Phänomen handelte. Neu ist lediglich, dass sich seit der neoliberalen Wende und dem Zusammenbruch des realen Sozialismus in Osteuropa Deregulierung und Informalisierung auch in Europa auf dem Vormarsch befinden.

Tatsächlich sind unterschiedliche Rechtsverhältnisse, Entlohnungs- und Regulierungsdifferenzen, die im Begriff des informellen Sektors zum Ausdruck gebracht werden, uralte Fragen, die von Zeitgenossen mit ganz unterschiedlichen Begriffen angegangen wurden. Als Ausgangspunkt für den Blick auf den Gesamtzusammenhang wurde meist der regulierte Sektor herangezogen, während alles andere als Relikte, Abweichungen oder Defizite aufgefasst wurde. Freilich gilt diese Beobachtung vor allem für jene Beobachter, die selbst in den Zentren der Weltwirtschaft angesiedelt waren und die Debatte durch ihre eurozentrische Perspektive maßgeblich prägten. Wer sich aus peripherer Perspektive daran beteiligte, war stets gezwungen, die Situation in der eigenen Region im Verhältnis zu den vom Westen vorgegebenen Norm- und Modellvorstellungen zu definieren.

Abb. 14: „Formell" und „Informell" aus der Perspektive westlicher Zentren

„proto-industriell" „proto-formell"	Aus der Perspektive der Norm des männlichen Lohnarbeiters wird alles vor der Formalisierung (verkörpert durch Arbeitsgesetze in europäischen Staaten, zweite Hälfte 19. Jh.) zur Vorgeschichte, die teleologisch auf Formalisierung hinzielt. Dies verstellt den Blick darauf, dass durch das Verlagswesen Zunftordnungen dereguliert, die Arbeitsverhältnisse informalisiert wurden und damit „ursprüngliche Akkumulation" möglich wurde. Die dadurch ausgelöste Pauperisierung war so stark, dass eine gesetzliche Regulierung der Fabrikarbeit auch im Interesse der Unternehmer lag.
„fabrik- industriell" (ab 1850) „Formalisierung"	In dieser Phase kann man die Arbeitsverhältnisse auch durch das Begriffspaar <formell – informell> fassen. <formell> geregelte und abgesicherte Lohnarbeit in den Zentren wird zum Normalarbeitsverhältnis, von dem alle nicht (so) geregelten Arbeitsverhältnisse abweichen: <informell>
„fabrik- industriell" als Ziel nachholender Industrialisierung (bis 1990) „nachholende Formalisierung"	Übertragen wir den Wunsch nach nachholender Entwicklung auf Arbeitsverhältnisse, lautet die Devise: Formalisierung, soziale Absicherung, gesetzliche Regulierung. Alle anderen Arbeitsverhältnisse werden nunmehr danach beurteilt, ob sie dem Ziel nachholender Formalisierung gerecht werden.
„post-industriell" (ab 1990) „Informalisierung als neue Norma- lität"	In der globalisierten Weltwirtschaft (Neue Internationale Arbeitsteilung) wird das Leitziel der Formalisierung (und Industrialisierung) durch Flexibilisierung ersetzt. Rückkehr der Informalität in die Zentren (Stamm-Leih-Zeit-ArbeiterInnen; Subunternehmer, Zulieferer, neue Selbstständige); Prekarisierung und Verunsicherung; Kapitalisierung der sozialen Vorsorge. Das Informelle wird zur neuen Normalität.

Auch wenn das Begriffspaar „formell – informell" in der Geschichte unbekannt war, kann die Herausbildung dieses Unterschieds mit der Ausweitung und Durchsetzung „freier" Lohnarbeit angesetzt werden. Dies begann mit der Zurückdrängung herrschaftlicher Verfügungsgewalt über die Untertanen im Zuge der Reformen des aufgeklärten Absolutismus in der zweiten Hälfte des 18. Jahrhunderts. Die Regulierung und soziale Absicherung – nach jeweiligen zeitgenössischen Standards – sollte sich erst mit den massenhaften Proletarisierungen und dem Zusammenbruch familiärer und dörflicher Sozialsysteme im Laufe des 19. Jahrhunderts entwickeln. Mit der ersten Welle von staatlichen Arbeits- und Sozialgesetzen, die in den westeuropäischen Staaten in den 1880er-Jahren einsetzte, war das Modell für das, was heute als „formeller" Sektor gilt, geschaffen. Alles, was davon abwich, konnte als rückständig – „informell" – kategorisiert werden. Alle Entwicklungsanstrengungen richteten sich auf dessen Ausmerzung, Überwindung und Anpassung an die allgemeine Norm.

Die Einführung und Ausweitung der „freien" Lohnarbeit als Prozess der Informalisierung

Das Begriffspaar „formell – informell" lässt sich aber auch in einem ganz anderen Sinn für die Beschreibung des Übergangs von traditionellen Systemen der Regulierung auf moderne kapitalistische Formen der gewerblichen Produktion heranziehen. Das zünftische System, die Herrschaftsökonomie mit ihrem Zugriff auf Untertanen, aber auch die auf Stadtrechten beruhenden städtischen Gewerbe, die eine Vorrangökonomie des Lokalen ermöglichten, können aufgrund ihrer hochgradigen Regulierung durch Gesetze und Interessensorganisationen als formelle Sektoren angesehen werden, die die frühneuzeitliche Ökonomie stärker prägten als andere existierende Arbeitsformen. Demgegenüber stellte die Einführung und Ausweitung der „freien" Lohnarbeit, die in West- und Zentraleuropa zwischen 1750 und 1850 stattfand, eine Einschränkung zünftischer, herrschaftlicher und kommunal-lokalwirtschaftlicher Regulierungsformen dar, war mithin ein Prozess der Informalisierung (Komlosy u. a. 1997: 68).

Ganz konkret ermöglichte diese Informalisierung die Etablierung des Verlagssystems in der gewerblichen Warenproduktion, die es Unternehmern erlaubte, Zunft- und lokale Vorrangregeln zu umgehen und arbeitsintensive Fertigungsschritte als Heimarbeit in die Haushalte ländlicher Familien auszulagern. Die Parallelen mit den Verlagerungs- und Informalisierungsstrategien heutiger Bekleidungskonzerne springen ins Auge. Solange die Heimarbeiterfamilien ein landwirtschaftliches Standbein hatten und sich selbst mit Nahrungsmitteln versorgten, verfügten sie über eine soziale Absicherung. Als das Fabriksystem die Wanderung in Städte und Industriedörfer mit sich brachte, entstand ein ungesicherter, wilder, nach der englischen Fabrikstadt „Manchester" genannter Kapitalismus. Der Verschleiß der Arbeitskräfte war so groß, dass auch von Unternehmerseite Interesse

an arbeitsrechtlichen und sozialpolitischen Regulierungen entstand,
die seit den 1880er-Jahren einen formalisierten Sektor entstehen lie
ßen. Die Umwandlung der lokalen Vorrangökonomie in eine moderne, in überregionale Märkte eingebundene Wachstumsökonomie
in der zweiten Hälfte des 18. Jahrhunderts kam aber überhaupt nur
in Gang, weil vorindustrielle, vorkapitalistische Regelwerke durch
Deregulierung und Informalisierung ausgehebelt wurden. Der Formalisierungsprozess setzte erst um 1880 ein und währte rund ein
Jahrhundert. Auslösender Faktor für die damals einsetzende staatliche
Arbeits- und Sozialgesetzgebung war die Weltwirtschaftskrise von 1873.
Sowohl Kapitalseite als auch die sich in diesem Prozess formierende
Arbeiterbewegung erkannten die Notwendigkeit sozialer Absicherung.

Ein zweiter Regulierungsschub erfolgte in den 1920er-Jahren, als
die Russische Revolution und verschiedene sozialrevolutionäre Bewegungen die europäischen Industriestaaten unter sozialpolitischen
Zugzwang setzten. Ihren Höhepunkt erreichte die sozial- und arbeitsrechtliche Formalisierung im Wiederaufbauzyklus nach dem Zweiten
Weltkrieg. Die damalige Verbreiterung von Massenbeschäftigung und
Massenkaufkraft stärkte die Annahme von einer Verallgemeinerung
der Formalisierungstendenzen. In dieser Phase griff die Formalisierung verstärkt auf Lateinamerika, Asien und Afrika über. Auch die
Erfolge der nachholenden Entwicklung unter dem Banner des realen Sozialismus hatten die rasche Proletarisierung der ländlichen
Bevölkerung und deren sozialpolitische Absicherung in staatlichen
Einrichtungen vorangetrieben. Das Entstehen wachstumsorientierter Kernbereiche in Ländern der „Dritten Welt" nährte auch in den
dortigen Eliten die Vorstellung, die weltweite Umsetzung des wohlfahrtsstaatlichen Industrialismus – in seiner kapitalistischen oder in
seiner sozialistischen Variante – sei nur eine Frage des Willens und
der Zeit. Verdrängt wurde, dass in den Entwicklungsländern die
Formalisierung der Arbeitsverhältnisse auf kleine Wachstumsinseln
beschränkt blieb, die – angesichts der voranschreitenden Zerstörung
traditioneller Lebensverhältnisse durch Agrobusiness und Grüne
Revolution – das Anwachsen informeller Sektoren nach sich zog.
Auch in den Zentren der Weltwirtschaft war die Eingliederung in
formelle Beschäftigungsverhältnisse selbst in Zeiten der Vollbeschäftigung niemals komplett. Unbezahlte Arbeit beschränkte sich jedoch
zunehmend auf jene Tätigkeiten, die im Haushalt als Versorgungs-

Ihren Höhepunkt
erreichte die sozial- und
arbeitsrechtliche Formalisierung im Wiederaufbauzyklus nach dem
Zweiten Weltkrieg.

und Beziehungsarbeit geleistet, von der Öffentlichkeit aber immer weniger als gesellschaftlich notwendige Arbeiten anerkannt wurden.

Abb. 15: Zäsuren und Wendepunkte der staatlichen Regulierung von Arbeitsverhältnissen in Europa

1770er-Jahre	Zurückdrängung herrschaftlicher, zünftischer und kommunaler Regulierungen
1800–1850	Manchester-Kapitalismus
1850er-Jahre	Anfänge der Arbeitsgesetzgebung
1880er-Jahre	Erste Welle der staatlichen Sozialgesetze; Auslöser: Weltwirtschaftskrise 1873
1920er-Jahre	Zweite Welle der staatlichen Sozialgesetze; Auslöser: Russische Revolution
1960/70er-Jahre	Dritte Welle der staatlichen Sozialgesetze; Auslöser: Ausrichtung des Wirtschaftswachstums auf Massenkaufkraft
1980er-Jahre	Deregulierung, Abbau staatlicher Sozialpolitik zugunsten privater Vorsorge

Die Formalisierung von Arbeitsverhältnissen gehört heute der Vergangenheit an.

Die Formalisierung von Arbeitsverhältnissen zwischen den 1880er- und 1980er-Jahren gehört heute der Vergangenheit an. In den letzten 20 Jahren ist eine Rückkehr der Informalität in den Zentren zu beobachten, die sich unter dem Motto von Flexibilisierung und Deregulierung in Form von ungesicherten Arbeitsverhältnissen, Teilzeitjobs, Leih- und Kontraktarbeit ausbreitet. In seinen Bemühungen um Kosteneinsparungen setzt das Kapital dabei auf die Dynamik des informellen Sektors. Die Staaten passen ihre Wirtschafts- und Sozialpolitik den geänderten Verhältnissen an und transformieren sich vom Wohlfahrts- zum Wettbewerbsstaat (Hirsch 2002). In Umkehrung der – stufentheoretischen – Vorhersage von Karl Marx, „das entwickeltere Land zeigt dem minder entwickelten nur das Bild der eigenen Zukunft" (Marx 1867: 12), geht der Anpassungsdruck heute von jenen Staaten aus, die die größte Bereitschaft zu Deregulierung und Flexibilisierung im Dienste optimaler Kapitalverwertungsverhältnisse aufweisen.

Literatur

Die Beschäftigung mit Arbeit und Ausbeutung in kapitalistischen Indus-triegesellschaften kommt um eine Auseinandersetzung mit dem Klassiker Karl Marx, insbesondere „Das Kapital, 1. Band" (1867), nicht herum. Marx' Konzept der Lohnarbeit als Quelle des Mehrwerts muss aus globalhistorischer Sicht jedoch erweitert werden; es wird der Vielfalt globaler Arbeitsverhältnisse nicht gerecht. Die wichtigsten Impulse zur Erweiterung des Arbeitsbegriffs vermitteln die Weltsystem-Analyse (Wallerstein 1984), die globale Arbeits-geschichte (Van der Linden 2008; Van der Linden/Roth 2009) sowie die feministische (Subsistenz-)Forschung (Bennholdt-Thomsen/Mies/Werlhof 1983, 1997), vgl. zusammenführend Komlosy 2010b.

Veränderungen in der Arbeitswelt unter dem Aspekt von Formalisierung und Informalisierung wahrzunehmen, entspringt entwicklungspolitischen Debatten – vgl. die Überblicksdarstellungen von Portes/Castells/Benton 1989 sowie Komlosy/Parnreiter/Stacher/Zimmermann 1997. Sie erlauben aber auch eine Neuinterpretation historischer Formen von Regulierung und Deregulierung (vgl. die Fallbeispiele in Komlosy u. a. 1997 und Komlosy 2010b) sowie der Frage nach Regulierungs- und Deregulierungszyklen in der kapitalistischen Weltwirtschaft (Hirsch 2002). Einen knappen Einstieg in die Debatte, auf dem dieses Kapitel teilweise aufbaut, vermittelt Komlosy 2007.

6. Kulturelle Orientierung aus globalhistorischer Perspektive

Die Erfahrung von Dominanz, Abhängigkeit und immer wieder neu definierter Ungleichheit im lokalen, regionalen und globalen Maßstab erfordert von den Betroffenen aller beteiligten Regionen, ihre Rolle und ihr Selbstverständnis als Teilräume einer gleichwohl verbundenen wie asymmetrischen Welt zu definieren und vor dem Hintergrund veränderter Beziehungen und Kräfteverhältnisse immer wieder zu überprüfen. Selbsteinschätzung der Rolle und Position in der Welt, Einordung und Inbeziehungsetzung zu den anderen Ak-teuren werden als Akt der kulturellen Orientierung oder Identitäts-findung verstanden: Dabei entsteht ein Gruppenverständnis, das der eigenen Gruppe bestimmte Eigenschaften zuschreibt und diese damit von anderen Gruppen abgrenzt.

Gruppenbildung, Inklusion und Exklusion hängen von den Machtverhältnissen ab.

Gruppenbildung, Inklusion und Exklusion sind allerdings keine neutralen Verfahren, sondern hängen von den Machtverhältnissen ab, unter denen diese Prozesse stattfinden. Sie verlaufen anders, wenn sie aus dem Zentrum der Macht heraus erfolgen, als in Gruppen, die zu diesem Zentrum in einem Abhängigkeitsverhältnis stehen. Hier werden Zentrum und Peripherie als räumliche Kategorien gefasst, die mit der Rolle einer Region im Geflecht globaler Interaktionen zusammenhängen. In einem ersten Abschnitt wird nach Selbstvergewisserungen des Zentrums gefragt, während im zweiten Abschnitt Wege aufgezeigt werden, wie Peripherien sich zum Zentrum in Beziehung setzen, gegen die Fremdbestimmung durch ein Zentrum ankämpfen oder eigenständige kulturelle Selbstverständigungen vornehmen. Abschließend wird nach den Möglichkeiten der Zusammenführung in einem interaktiven Prozess gefragt.

Die Überlegungen sind allgemein und theoretisch gehalten; in der Praxis sind sie auf Zentren und Peripherien in verschiedenen Weltregionen und auf alle räumlichen Ebenen anwendbar.

Selbstvergewisserung durch Zurichtung des Anderen

Barbaren, Heiden, Unzivilisierte

Die Zurichtung des Anderen greift auf alte historische Muster zurück, mit deren Hilfe Herrschaftsinhaber ihren Machtbereich, einschließlich ihrer Untertanen, gegenüber Feinden sowie außerhalb ihres Machtzugriffs liegenden Gebilden abgrenzten. Das Bild des Barbaren, das im Römischen Reich zu einem Zeitpunkt aktiviert wurde, als die Zentralmacht nach dem Sieg über Karthago (146 v. Chr.) die Endlichkeit ihres bis dato universellen Machtanspruchs zur Kenntnis nehmen musste (Rufin 1993: 20), wurde in späteren Situationen von den germanischen Stämmen auf andere, außenstehende Gruppen übertragen. In religiös fundierten Systemen spielte die Zugehörigkeit zur Herrschaftsreligion und die Abgrenzung von anderen Religionen, die als Ungläubige oder Heiden als weniger wert galten, eine zentrale Rolle bei der Selbst- und Fremdvergewisserung. Mit der Aufklärung trat die Zivilisation an die Seite der Religion. Während innerhalb der Gesellschaften kirchliche und säkulare Kreise miteinander um die Definitionsmacht rangen, traten nach außen hin Kirche und säkulare Mächte im Tandem auf. Das Grundmuster der Selbstfindung als Teil der Zivilisation war eine Abwertung fremder Gesellschaften.

Mithilfe eines exkludierenden Diskurses wurden Gründe aufgeführt,
warum diese keine Fähigkeit zur gesellschaftlichen und wirtschaftlichen Modernisierung im Sinne der mit dem Westen gleichgesetzten
Zivilisation besaßen.

Der palästinensische Literaturwissenschaftler Edward Said hat den
Prozess der diskursiven Zurichtung durch den Westen in seinem 1978
(deutsch: 1981) erschienenen Buch „Orientalism: Western Concepts
of the East" am Beispiel der arabischen Kultur beschrieben. Arabische Gesellschaften wurden in der westlichen Wahrnehmung des 19.
Jahrhunderts als unfähig zur Modernisierung beschrieben, weil die
dafür ausschlaggebende Voraussetzung, die Trennung von Religion
und Politik, Kirche und Staat nicht gegeben sei. Der in islamischen
Gesellschaften praktizierte tolerante Umgang mit religiöser Vielfalt
wurde ausgeklammert. Eine andere Argumentationskette führte die
mangelnde Industrialisierung und Modernisierung ins Treffen. Said
bezeichnet den Prozess der Bestimmung arabischer Gesellschaften
durch Defizite, die aus dem Vergleich mit dem Westen abgeleitet
wurden, als Orientalisierung, das Resultat der Defizit-Zuschreibung,
die der Selbstvergewisserung des Westens diente, als Orientalismus
(Said 1981).

Saids anspruchsvolles Werk, das anhand von ausgewählten Texten
den Dominanzdiskurs des Westens einer eingehenden Kritik unter-
zog, richtete sich an ein philologisch interessiertes Fachpublikum.
Dieser Diskurs konnte erst beginnen, als europäische Mächte sich
die politische, militärische und wirtschaftliche Dominanz über die
Welt gesichert hatten, auch wenn im Nahen Osten (Westasien) keine
direkte Kolonialherrschaft bestand. Saids literaturwissenschaftlicher
Begriff und die Kritik, die über die Wahrnehmung des Ostens das
Selbstverständnis des Westens selbst thematisierte, wurde weit über
sein Fachgebiet hinaus rezipiert. Der Befund war so überzeugend, dass
Orientalismus-Begriff und Orientalismus-Kritik sich vom konkreten
historischen Kontext gelöst haben und immer dann zur Anwendung
kommen, wenn andere Kulturen durch abwertende Beschreibungen
so dargestellt werden, als seien sie für die Zivilisation nicht geeignet
oder aber benötigten westlicher Beihilfe zur Zivilisierung.

Die Orientalismus-Kritik, die im Zentrum der postkolonialen Theoriebildung steht, zielt auf die Grundlagen der westlichen Selbstvergewisserung als Vorreiter und Vorbild von Fortschritt und Entwicklung.

Eine ähnliche Metapher wurde im Fall der chinesischen Kultur angewandt, die in den Augen westlicher Betrachter bis ins 18. Jahrhundert aufgrund ihres hohen Zivilisationsgrades bis hin zur Sinophilie bewundert und geschätzt wurde (Dermingny 1964: 19). In dem Maße, wie sich der Westen zum Maßstab zivilisatorischen Fortschritts erklärte, schlug die China-Bewunderung in China-Verachtung um. Herrscherweisheit, Verwaltungsorganisation und Ordnungssinn wurden nun als Despotismus und Bürokratismus wahrgenommen, die einer effizienten Verwaltung entgegenstünden. Namhafte Sozialwissenschaftler wie Karl Marx oder Max Weber u. a. saßen den Orientalismus- und asiatischen Despotismus-Vorstellungen von der Überlegenheit westlicher Gesellschaften auf, die seit dem 19. Jahrhundert das Bild vom Fortschritt so massiv prägten, dass sie auch von den Eliten dieser Gesellschaften im Sinne einer Selbstorientalisierung übernommen wurden.

Eine europäische Variation der Orientalisierung bieten der Balkan und Osteuropa, die von europäischen Aufklärern im 18. Jahrhundert als Inbegriff von Elend, Rückstand und Unzivilisiertheit dargestellt wurden (Todorova 1999; Wolff 1994). Damit standen auch die beiden Mächte, die mit den westlichen europäischen Mächten um Einfluss in Ost- und Südosteuropa konkurrierten, das Russländische und das Osmanische Reich, im Brennpunkt einer Kritik, die Europa als aufstrebend, Asien als absteigend begriff. Während die osmanische und die zaristische Herrschaft aber unter Gesichtspunkten der Großmächterivalität und der internationalen Beziehungen abgehandelt wurden, erschienen ost- und südosteuropäische Regionen in deren Einflussbereich als Stätten grenzenlosen Elends, als Horte von Schmutz, Unordnung und Unvernunft.

Die Art über ihre BewohnerInnen zu sprechen, spiegelte sich auch im Dünkel der Städter wider, wenn sie das Land und seine BewohnerInnen als schmutzig und primitiv, kurzum als provinziell darstellten. Bei der Charakterisierung ländlicher Regionen erfüllte die „Provinzialisierung" die Funktion der Orientalisierung.

Bei der Charakterisierung ländlicher Regionen erfüllte die „Provinzialisierung" die Funktion der Orientalisierung.

Orientalisierende Zuschreibungen:
Ethnische und rassische Differenz, Mentalitäten
Schmutz, Elend, Alkoholismus
Fanatismus, Halsstarrigkeit

Faulheit, Antriebslosigkeit, Apathie
Erstarrung, Bürokratie, Despotismus
Ursprünglichkeit, Natürlichkeit
Buntheit
Naivität, Kindlichkeit
Weiblichkeit

„When one enters Poland"

- „one believes one has left Europe entirely"
- „an immense country almost totally covered with fur trees always green but always sad"
- „a poor population, enslaved; dirty villages"
- „cottages little different from savage huts"
- „one has moved back ten centuries, and finds oneself amid hords of Huns, Scythians, ..."

Stilblüten der Orientalisierung

(Louis-Philippe de Ségur über Osteuropa, 1784, zit. in Wolff 1994)

Die Elemente der Orientalisierung oder Provinzialisierung waren mannigfaltig und oft widersprüchlich. Sie schufen sich ihren Gegenstand weitgehend unabhängig davon, welche Problemlagen in den jeweiligen Regionen tatsächlich anzutreffen waren. Negativen Klischeebildern mangelnder Zivilisation standen Folklorisierung und Exotisierung gegenüber, die die Fremdheit in Werte verwandelte, die in die Perspektive des Zentrums integriert werden konnten. Diese Art der Vereinnahmung trat nicht nur dort in Kraft, wo Gebiete durch Kolonisierung dem eigenen Herrschaftsbereich einverleibt wurden, sondern auch wenn es um die Aneignung von Formensprache, Techniken, Baustilen und künstlerischen Ausdruckformen ging, die das exotische Andere in Weltausstellungen und ethnographischen Ausstellungen vorführten. Orientalismen in der Architektur, der Malerei und im Kunstgewerbe waren integraler Bestandteil der klassischen Moderne. Sie demonstrierten, wer die Verfügungsgewalt über die Darstellung von Vielfalt hatte.

Orientalisierung und Zivilisierung: Die k.u.k. Okkupation von Bosnien-Herzegowina (1878)

„Denn hier stellt sich uns zum ersten mal ein Beispiel vor Augen, wie eine ,europäische Macht' das Werk der Reorganisierung eines ,asiatischen' Landes in Angriff nimmt, in welcher Weise sie mit den Mitteln unserer modernen Staates eine rauhe, beinahe noch urwüchsige, jedenfalls ,von der Cultur noch unbeleckte' Masse von 1 1/3 Millionen Menschenmaterials bearbeitet, um daraus ein europäisches Staatswesen, ein Culturvolk herauszubilden, mit einem Worte: um aus Asiaten Europäer herauszuformen"

Österreichischer Anonymus 1886, zit. in: Ruthner 2006: 275.

Grenzziehungen

Der Zivilisationsdiskurs zieht Grenzen zu jenen, die als unzivilisiert, rückständig, barbarisch, nicht entwicklungsfähig angesehen werden.

Der Zivilisationsdiskurs ist ständig damit beschäftigt, Grenzen zu jenen zu ziehen, die als unzivilisiert, rückständig, barbarisch, nicht entwicklungsfähig angesehen werden. Als entscheidende Elemente der Grenzziehung dienen Glaubenssysteme, Kultur, Rasse und Zivilisation. Hans-Heinrich Nolte verglich die Grenze zwischen europäischem Christentum und den Heiden im Norden, die russische Grenze zu den islamischen Tataren-Khanaten sowie die Frontier gegenüber den Lebensräumen der amerikanischen Ureinwohner (Indianer): Die Herausbildung der westlichen Moderne in Form eines expandierenden Weltsystems in der Neuzeit habe, so Nolte, zur Radikalisierung der Grenze geführt (Nolte 2004). In allen drei Fällen bildeten sich im Zusammenstoßgebiet verschiedener Kulturen Grenzgesellschaften heraus, in denen die militärisch stärkere Seite Eroberung und Besiedlung (Kolonisation) betrieb und in diesem Prozess die Kriterien für Ein- und Ausschluss definierte. Grenzziehungen, die durch unterschiedliche Religionszugehörigkeit und kulturelle Praxen definiert waren, verbanden Eroberung mit Missionierung, Akkulturation oder Assimilation; sie ermöglichten den Eroberten und Kolonisierten aber auch, Teil der expandierenden Gesellschaft zu werden, sofern diese sich durch Annahme von Glaubens- und Wertesystemen anpassten. Eine derartige Durchlässigkeit von Expansionsgrenzen scheiterte, sobald sich zivilisatorische Überlegenheit über ethnische und rassische Kriterien ausdrückte, wie der Fall der amerikanischen Frontier gegenüber den Indianern zeigt.

Aber auch Zivilisationsgrenzen werden nicht immer als unver-
rückbar angenommen. Sie werden einerseits als Grenzen gedacht, die
den anderen jede Entwicklungsfähigkeit absprechen und damit ihre
Unterordnung unter Mission, Kolonialismus und Imperialismus der
Stärkeren rechtfertigen. Auf der anderen Seite wurde in bestimmten
Fällen in Erwägung gezogen, dass Entwicklungsbarrieren überwunden
werden und ein Aufschließen zur Zivilisation möglich sei. Dafür seien
Impulse, Modelle und Hilfen vonseiten der Entwickelten notwendig. Friedrich Schiller etwa, der nicht nur als Schriftsteller, sondern
auch als Universitätsprofessor im Dienste der europäischen Aufklärung wirkte, charakterisierte in seiner Antrittsrede an der Universität
Jena im Jahr 1789 die außerhalb von Europa lebenden Menschen als
„Völkerschaften, die auf den mannigfaltigsten Stufen der Bildung um
uns (gemeint ist Europa, d. A.) herum gelagert sind, wie Kinder ver-
schiednen Alters um einen Erwachsenen herumstehen" (Schiller 1789:
93). Schiller sprach diesen Menschen die Entwicklungsfähigkeit zum
„Fortschritt des Menschengeschlechtes" nicht prinzipiell ab; schließlich sei auch der Europäer „vom ungeselligen Höhlenbewohner zum
geistreichen Denker, zum gebildeten Weltmann" hinaufgestiegen.

> „Völkerschaften, die …
> wie Kinder verschiednen
> Alters um einen Erwach-
> senen herumstehen"
> (Friedrich Schiller)

Osteuropäischen Staaten und Regionen wurde die Fähigkeit zum
Aufschließen zur westeuropäischen Zivilisation im Prinzip immer at-
testiert. Außereuropäische Kulturen wurden im Zuge des Aufstiegs
von Rassen- und Klimatheorien im 19. Jahrhundert dafür für un-
geeignet gehalten; nach der Entkolonialisierung ersetzte aber auch
hier das Entwicklungsdenken den Rassismus. Wer für nachholende
Entwicklung infrage komme und welche Voraussetzungen erfüllt
werden müssen, unterlag und unterliegt bis heute aber der Einschätzung im Zentrum.

Peripherisierung oder Orientalisierung?

Zum Verhältnis zwischen Orientalisierung und Peripherisierung
■ Datierung und Periodisierung von Peripherisierung und Ori-
entalisierung?
■ Gibt es einen Zusammenhang?
■ Ist Orientalisierung eine Folge der (vorangegangenen) Periphe-
risierung?

> ■ Sind Peripherisierung und Orientalisierung zwei Ausdrucksformen eines Prozesses (sozio-ökonomisch & diskursiv)?
> ■ Ist die Peripherisierungsthese Ausfluss des orientalisierenden Diskurses, der ein „rückständiges Anderes" erfindet, obwohl es ein solches gar nicht gibt?

Die diskursive Konstruktion des Anderen, die durch postkoloniale Theorien bewusst wurde, steht außer Zweifel. Durch die Abwertung und Defizitzuschreibung legitimiert sie Ungleichheit und bevormundende Interventionen durch diejenigen, die über die Definitionsmacht verfügen. Dies enthebt uns nicht der Frage nach dem Verhältnis von Orientalisierung und Peripherisierung. War die Orientalisierung eine reine „Erfindung", wie von manchen AutorInnen postuliert wird (z. B. Wolff) oder lagen der diskursiven Konstruktion des Anderen sozio-ökonomische Mechanismen des Ausschlusses oder der abhängigen Integration zugrunde?

Dies ist eine Frage der theoretischen und methodischen Annäherung.

Nähern wir uns der regionalen Ungleichheit über Strukturmodelle, die nach den Mechanismen der wirtschaftlichen und politischen Dominanz fragen, die eine Peripherisierung der abhängigen Regionen hervorbringen, ergibt sich ein Vorrang der politischen und wirtschaftlichen Machtverhältnisse. Die diskursive Abwertung durch Etablierung einer Rangordnung kultureller Wertigkeit und die Einordnung auf der Stufenleiter der Zivilisation folgen auf dem Fuße; sie dienen der Legitimierung und spiegeln das wirtschaftliche und politische Machtverhältnis wider, das auch die Definitionsmacht einschließt.

Im Zuge des *cultural turn* der letzten Jahrzehnte hat sich der Schwerpunkt der wissenschaftlichen Forschung auf die Analyse kultureller Praktiken der Repräsentation verlagert. Die wirtschaftlichen und gesellschaftlichen Grundlagen traten in den Hintergrund. In dieser Lesart, die in der postkolonialen Theorieproduktion überwiegt, schafft überhaupt erst der Diskurs die Voraussetzung für die kolonisierende Intervention in Wirtschaft und Gesellschaft der Kolonisierten. Die Konstruktion des Anderen und dessen symbolische Aneignung durch die westliche Definitionsmacht erfolgt primär über den Diskurs.

Diese Trennung der Wissenschaftskulturen wird hier infrage gestellt. Wird die diskursive Zurichtung nicht mit politischer, ökono-

Im Zuge des cultural turn hat sich der Schwerpunkt der Forschung auf die Analyse kultureller Praktiken der Repräsentation verlagert.

mischer und institutioneller Macht und Vorherrschaft in Verbindung gebracht, bleibt Kritik auf den Diskurs beschränkt. Die dem Diskurs zugrunde liegenden Interessen und die Asymmetrie der Machtverhältnisse bleiben ausgeklammert. Repräsentation, Medien und Sprache verbinden sich nicht mit den materiellen Grundlagen des Überlebens. Deshalb wird dafür plädiert, in den sozio-ökonomischen und politischen Strukturen verankerte und diskursive Zurichtungen des Anderen als Einheit zu betrachten. Dies wird in der Folge am osteuropäischen Beispiel illustriert. Dabei geht es auch um Ablaufmuster und Datierungsfragen.

Aus postkolonialer Perspektive wird die Divergenz zwischen West- und Osteuropa auf die diskursiven Zuschreibungen gelegt, die an den Schriften aufgeklärter westlicher Philosophen, Reisender, Diplomaten im 18. Jahrhundert festgemacht werden und ihren Niederschlag im Modernisierungsbemühen osteuropäischer Herrscher fanden, die die Bilder der mangelhaften Zivilisation übernahmen.

Aus einer Perspektive, die wirtschaftliche, politische und gesellschaftliche Strukturen in den Vordergrund stellt, wird die ungleiche Entwicklung bereits an mittelalterlichen Entwicklungen festgemacht. Es werden Strukturunterschiede herausgearbeitet, die sich u. a. an geographischen und naturräumlichen Spezifika (wie räumliche Weite, Offenheit, Bodenfruchtbarkeit), politischen Prägungen durch das byzantinische Kaiserreich, Kirchenspaltung (Schisma), Ostkolonisation sowie der Kontinuität von Fremdherrschaft orientieren. In weltsystemischer Lesart wurden diese Strukturunterschiede im Zuge der weltwirtschaftlichen Expansion der europäischen Zentren seit dem 16. Jahrhundert verstärkt: Osteuropäische Regionen wurden an den Rand gedrängt und erfüllten in der Folge in vielen Belangen eine abhängige Zulieferrolle, die die Zentrenbildung in Nordwesteuropa unterstützte.

Dieser Befund einer Deformation Osteuropas wird aus postkolonialer Sicht als eine Spielart des orientalisierenden Diskurses begriffen und daher zurückgewiesen (vgl. Wolff 1994). Dieser Einwand wird ernst genommen und aufgegriffen. Auch die kolonialismuskritische Theorieproduktion muss in Hinblick auf ihren die Hegemonie der westlichen Definitionsmacht stabilisierenden Beitrag hinterfragt werden.

Umgekehrt muss das Ausblenden politischer und wirtschaftlicher Strukturen und Machtverhältnisse im orientalismuskritischen Diskurs

Die These von der „Erfindung" der Alterität kann nicht aufrechterhalten werden.

2. problematisiert werden. Die These von der „Erfindung" der Alterität kann unter diesen Voraussetzungen nicht aufrechterhalten werden.

Sowohl das Peripherisierungsmodell als auch das Orientalisierungsmodell besitzen Plausibilität und haben Grenzen. Wir betrachten sie als Hilfsmittel bei der Annäherung an eine komplexe Frage. Es macht Sinn, beide anzuwenden und gegeneinander zu testen, die Resultate aber auch zusammenzuführen. In einer die Modelle zusammenführenden Erzählung muss die diskursive Ebene der orientalisierenden Abwertung als Teil der asymmetrischen Beziehungsstrukturen begriffen werden; sie kann sich unter Umständen verselbstständigen und Formen der Superiorität annehmen, der keine unmittelbare politische oder ökonomische Herrschaft zugrunde liegt. Umgekehrt erscheint Orientalisierung als eine Spielart und diskursive Ausdrucksform einer Peripherisierung, die in den ungleichen wirtschaftlichen und politischen Beziehungen verankert ist.

Selbstsetzungen

Die sozio-ökonomische Abhängigkeit und die sozio-kulturelle Minderbewertung stellen peripherisierte Gesellschaften vor das Problem, dass ihr Zustand nur über das Verhältnis zu den Zentren beschrieben werden kann, die die wirtschaftliche und kulturelle Vorherrschaft ausüben. Diese bestimmen auch den Diskurs, der diese Vorherrschaft legitimiert. Die Geschichte der Beherrschten oder Subalternen leitet sich von den Herrschenden ab, ist also mit anderen Worten ein „abgeleiteter Diskurs" oder eine *derivated history* (Conrad/Randeria 2002: 30). Fremdbestimmung und Zuschreibung von außen zwingt sie permanent in einen Vergleich, dessen Ergebnisse von vornherein feststehen: Sie sind rückständig, schwächer, langsamer, entsprechen den Kriterien für Fortschritt und Entwicklung nicht so, wie es sich gehört. Sie werden nicht auf gleicher Höhe wahrgenommen, sondern im besten Falle im Zustand der Unvollkommenheit und der Verspätung, die nur durch Übernahme der dominanten Entwicklungsziele überwunden werden könne.

Wir beobachten folgende Strategien des Umgangs mit dem ungleichen Vergleich:

Selbstsetzung durch	Maßnahmen
Anerkennung	Nachahmen und Aufholen
Widerstand	Aufbegehren
Umkehrung	Zivilisatorisches Primat der eigenen Kultur
Zurückweisung	Partikularismus
Amalgamierung	Hybridität annehmen

„Selbstsetzung durch Anerkennung" bedeutet, den Befund der Rückständigkeit oder Peripherisierung anzuerkennen und durch Maßnahmen nachholender Entwicklung überwinden zu wollen. Die aus westlicher Perspektive gebildeten Leitvorstellungen von Modernität und Fortschritt werden übernommen, die eigene Position wird auf deren Grundlage interpretiert. Als Beispiel seien in der britischen Tradition stehende indische Historiker angeführt, die zwar die Unabhängigkeit bejahen, aber den britischen Kolonialismus als zivilisatorische Grundlage für die eigene nationale Entwicklung ansehen.

Das Aufholen beinhaltet nachholende wirtschaftliche und soziale Entwicklung. Das Schließen der sozio-ökonomischen Kluft würde, so die optimistische Erwartung, der diskursiven Abwertung die Grundlage entziehen. Maßnahmen und Grenzen nachholender ökonomischer Entwicklung wurden ausführlich im Kapitel 3 diskutiert. Zur Erlangung politischen Handlungsspielraums wird der nachholenden Nationsbildung und der politischen Unabhängigkeit zentrale Bedeutung beigemessen.

„Selbstsetzung durch Widerstand" bedeutet, gegen die Kolonisierung, aber auch gegen das Fortwirken der Kolonisierung in der Eigenstaatlichkeit anzukämpfen. Antikoloniale und antiimperialistische Befreiungsbewegungen betreiben diesen, einmal stärker sozial, ein andermal stärker national ausgerichteten Widerstand mit allen ihnen zur Verfügung stehenden Mitteln und legitimieren ihn mit dem Recht auf Widerstand und Selbstbestimmung. Er richtet sich sowohl gegen Fremdherrschaft als auch gegen nationale Eliten, die in der Kontinuität der Fremdherrschaft agieren. Der politische Akt der Selbstsetzung erfolgt in verschiedenen theoretischen Begründungen.

„Selbstsetzung durch Anerkennung" bedeutet, den Befund der Rückständigkeit oder Peripherisierung anzuerkennen und durch Maßnahmen nachholender Entwicklung überwinden zu wollen.

„Selbstsetzung durch Widerstand" bedeutet, gegen die Kolonisierung anzukämpfen.

„Der Befreiungskampf
gibt der nationalen Kultur
nicht ihren alten Wert und
ihre früheren Konturen
wieder; er strebt eine
grundsätzliche Neuord-
nung an." (Frantz Fanon)

Ein früher Theoretiker des Antikolonialismus, der in der postkolonialen Theorieproduktion stark rezipiert wird, war Frantz Fanon,
intellektuelles Sprachrohr der algerischen Unabhängigkeitsbewegung
der 1950er- und 1960er-Jahre. Fanon machte die koloniale Unterdrü-
ckung am Rassismus fest, der eine unüberbrückbare Grenze zwischen
Herrschenden und Beherrschten ziehe (Fanon 1968, 1980). Dabei
wies er auf die Verformungen der psychischen wie gesellschaftlichen
Strukturen durch Kolonialismus und Imperialismus hin, die nach
dem Ende der Kolonialherrschaft weiterwirkten und die nationale
Identitätsfindung behinderten. Verinnerlichung der Fremdbestimmung im Selbstverständnis der kolonialen Subjekte überschatte die
Zukunft der jungen Nationen. Als Ausweg aus der kulturellen Diffe-
renzsetzung und Selbstentfremdung propagierte Fanon den Aufstand
der Kolonisierten. „Der Befreiungskampf gibt der nationalen Kultur
nicht ihren alten Wert und ihre früheren Konturen wieder; er strebt
eine grundsätzliche Neuordnung der Beziehungen zwischen den
Menschen an und kann daher weder die Formen noch die Inhalte
der Kultur unberührt lassen" (Fanon 1968: 187 f.).

Die „Subalternen"
sprechen lassen

Die im postkolonialen Indien entstehenden sozialrevolutionären
Bewegungen sahen die Fremdbestimmung der indigenen Völker und
der armen Bevölkerungsschichten durch die Unabhängigkeit nicht
für beendet an. Sie entziehen seit den 1950er-Jahren in verschiedenen indischen Teilstaaten unter wechselnden Bezeichnungen große
Landstriche der Kontrolle der Staatsmacht. Vor dem Hintergrund des
anhaltenden politischen, gewaltfreien wie bewaffneten Widerstands
entstand in den 1980er-Jahren in der kritischen Geschichtswissenschaft die Strömung der Subaltern Studies. Sie positionierten sich
gegen die nationalistischen Schulen der indischen Historiographie
und wandten sich dem vergessenen Widerstand der Unterschichten
und Minderheiten gegen die Kolonialherrschaft zu. Damit leisteten die intellektuellen „Subalternen", viele von ihnen an westlichen
Universitäten, einen wesentlichen Beitrag zur postkolonialen Theoriebildung (Guha u. a., Subaltern Studies 1982–2005). Insbesondere
problematisierten sie, dass kolonisierte und peripherisierte Unter-
klassen unter den Bedingungen andauernder westlicher Deutungshoheit über Fortschritt und Entwicklung keinen Raum hatten, ihre
Perspektive zu formulieren oder mit anderen Worten, über „keine
Stimme" verfügten. Das anfängliche Interesse an der Freilegung von

Widerstandsperspektiven wich in den 1990er-Jahren postkolonialen Diskurstheorien, die von den Sorgen und Kämpfen der sozialen
Bewegungen vor Ort abhoben, in der globalhistorischen Debatte
aber gleichwohl stark rezipiert wurden. Die jüngere Generation der
Subaltern Studies wurde zum Sprachrohr einer umfassenden Kritik an den theoretischen Fundamenten der europäischen Moderne
und setzte deren Universalitätsanspruch einen Kontrapunkt durch
diskursive Dekonstruktion und Fragmentierung entgegen (-> vgl.
Selbstsetzung durch Zurückweisung, S. 158).

„Selbstsetzung durch Umkehrung" bedeutet, dass die Herabminderung der eigenen Kultur im westlichen Orientalisierungs-Diskurs
nicht ernst genommen, sondern ein gegenläufiges historisches Narrativ entwickelt wird, in dem die vorkoloniale Vergangenheit sowie
die eigenen Leistungen als überlegen dargestellt werden. Diese Ver-
kehrung, die mit jedem Übergang von einer kolonial- in eine natio-
nalhistorische Perspektive verbunden ist, führt oft zu nationalistischer
Übersteigerung. Nationalhistoriker werden mit einer *invention of tradition* beauftragt, in der der eigene Anteil an der Geschichte in das
gewünschte positive, machtvolle, einflussreiche Licht gerückt wird.
Eine solche Strömung entwickelte sich in Britisch-Indien bereits
unter der Kolonialherrschaft und setzte der Anerkennung der durch
die Kolonialmacht repräsentierten zivilisatorischen Überlegenheit
ein indisch-nationales Projekt entgegen (Mann 2005: 356). Dabei
wurde der zivilisatorische Primat der indischen Kultur gegenüber
der europäischen postuliert. Die Vergewisserung der Vergangenheit
für die nationale Emanzipation der Gegenwart setzte sich in Indien
allerdings der Gefahr eines Auseinanderfallens der Nationalgeschichte
in eine hinduistische und eine muslimische Aneignungstradition aus.

Eine andere Spielart, die Perspektiven zu verkehren, kann auch in
der selbstbewussten Umwertung der orientalisierenden Zuschreibung
bestehen. Das bedeutet, das zugeschriebene Defizit nach demselben
Muster, wie der Westen sich durch Orientalisierung selbst erfand,
zur positiven Selbstfindung zu nutzen. Die diffamierenden Begriffe
werden zurückgewiesen, indem sie bewusst übernommen und pro-
vozierend affirmativ eingesetzt werden. Dies findet statt, wenn sich
– wie im kritischen Diskurs häufig praktiziert – Gemischtrassige
selbst als Kanaken, Gastarbeiter als Tschuschen, Roma als Zigeuner,
Schwarze als Neger bezeichnen. Sie spiegeln sich damit in der westli-

Durch die „Selbstsetzung
durch Umkehrung" wird
ein gegenläufiges historisches Narrativ entwickelt.

chen Wahrnehmung und verkehren diese in ihr Gegenteil. Während diese Begriffe im postkolonialen Verständnis als Instrument der Identitätsfindung fungieren, werden sie in rassistischen Diskursen weiterhin herabsetzend verwendet. Dies führt zu einer Gleichzeitigkeit des Ungleichzeitigen im Sprachgebrauch, die durch Political Correctness allein nicht aufzulösen ist.

    „Selbstsetzung durch Zurückweisung" hat zur Folge, dass die eigene Geschichte der erdrückenden Umklammerung durch einen universalisierenden westlichen Diskurs entzogen wird. Statt Anpassung und Nachholen durch Europäisierung und Verwestlichung wird eine partikularistische Sicht auf die eigene Identität entwickelt, die sich dem Vergleich entzieht. Das Eigene wird nicht als rückständig, sondern als eigenständig erlebt. Es definiert sich als anders und unvergleichbar. Je stärker vom Westen und den mit ihm verbundenen regionalen Eliten her Druck ausgeübt wird, das Eigene in den Kategorien des (westlichen) Universalismus zu begreifen, desto mehr wird im Gegenzug die Partikularität betont; sie dient als Instrument gegen Verwestlichungsdruck.

Die eigene Geschichte der erdrückenden Umklammerung durch einen universalisierenden Diskurs entziehen

Varianten des Partikularismus

- Regionalismus, z. B. unter Berufung auf Stammestraditionen, ethnische Minderheiten
- Nationalismus, z. B. nationale Wiedergeburts- und Erneuerungsbewegungen
- Unionismus, z. B. Bezugnahme auf das Verbindende von Sprache und Kultur, wie Panslawismus, Afrikanismus, Arabismus, (Eur-)Asianismus
- Religiöse Fundamentalismen, bezugnehmend auf große Weltreligionen oder deren Strömungen

Westorientierung versus Autozentrierung	
„Westorientierte" Haltungen	„Autozentrierte" Haltungen

• Nachholen, Anpassen, Setzen
• auf westliche Entwicklungs-
  muster und Ziele
• Zivilisation = West-Europa
  • -> Europäisierung
  • -> Verwestlichung
  • -> nachholende Entwicklung
	• Das Eigene nicht als rückständig,
	  sondern als eigenständig akzeptieren
	• Zurückweisung globaler bzw. global-
	  historischer Einordnung in ein System
	  ungleicher Beziehungen
	• Vielfalt statt Universalismus
	• Vom Westen unter Druck gesetzt:
	  Betonung der Partikularität auch als
	  Widerstand gegen Verwestlichungs-
	  druck

Anerkennung *Zurückweisung* (handschriftliche Anmerkungen)

Dilemmata von Universalismus und Partikularismus	
Universalismus	Partikularismus

• Indem „Westorientierte" ihre
  Problemlage aus dem Rück-
  stand definieren, denken sie
  global.
• Sie vergleichen, erkennen
  Abhängigkeiten und setzen auf
  nachholende Entwicklung.
• Damit reproduzieren sie eu-
  rozentrischen Universalismus;
  das Vorbild bleibt Trugbild.
	• „Autozentrierte" begreifen ihren Fall
	  nicht im überregionalen Kontext.
	• Politische Abhängigkeit und sozio-
	  ökonomische Peripherisierung
	• werden ausgeblendet.
	• Isolation der Entwicklungsstrategien
	• Scheitern bleibt unerklärbar und
	  kann nur auf innere Ursachen zurück-
	  geführt werden.

„Selbstsetzung durch Amalgamierung" steht für einen Vorgang, der Herrscher und Beherrschte, Dominante und Subalterne, Norden und Süden, Westen und Osten nicht als Gegensätze begreift und der durch Orientalisierung geschaffenen Dichotomie Vermischung (Hybridität, Métissage) entgegenstellt. „Hybride" oder „Dritte Räume" (Third Space – Homi Bhaba 2000) können somit als Spielarten des Partikularismus aufgefasst werden, die die Spezifik des Anderen aus seiner doppelten Identität erklären, die durch den Zwang, sich mit der Dominanzkultur in Beziehung zu setzen, entstanden ist. Als das Amalgam wäre in diesem Fall die westliche Herausforderung zu verstehen, die mit den betroffenen Interventions- und Projektionsräumen eine je spezifische Verbindung (Legierung) eingeht, die in dieser Form etwas Neues darstellt.

> „Selbstsetzung durch Amalgamierung" stellt der Orientalisierung „Hybride" oder „Dritte Räume" entgegen.

Hybride Räume verstehen sich als subversives Potenzial zur Infragestellung kolonialer Herrschaft und postkolonialer Herrschaftskontinuität.

Kritik

Als Spielart des Postkolonialen ist Hybridität ein Selbstsetzungsakt, der weitgehend auf Künstler und Intellektuelle beschränkt ist, deren Rezeption im Westen meist größer ist als in den betroffenen Regionen selbst. „Hybride" und „Dritte Räume" lösen sich im *mental mapping* ihrer Erfinder jedoch häufig von der physischen Geographie ab und begleiten Wandernde zwischen den Kulturen bei ihren transkulturellen Selbstfindungsprozessen. Sie können als Orte und Momente begriffen werden, in denen die gegensätzlichen Partner nicht in ihrer gegenseitigen Abgrenzung und Zurückweisung, sondern in ihren Wechselwirkungen untersucht werden und so eine inter- und transkulturelle Beziehungsgeschichte ermöglichen. Hybride Räume verstehen sich dabei als subversives Potenzial zur Infragestellung kolonialer Herrschaft sowie postkolonialer Herrschaftskontinuität.

Der Zurückweisung haben sich auf intellektueller Ebene zahlreiche RepräsentantInnen der postkolonialen Theorie verschrieben (vgl. Conrad/Randeria 2002). Diese verleihen der Zurückweisung der westlichen Universalität eine wissenschaftstheoretische Begründung. Die Zurückweisung bezieht sich dabei nicht nur auf die in der Tradition der westlichen Moderne bzw. der Kolonialgeschichtsschreibung stehenden Ansätze, sondern auf jede Art von Geschichtsschreibung, die das Zustandekommen ihrer Wissensbestände nicht zu ihrem eigenen Gegenstand macht. Ganz besonders richtet sie sich gegen Welt- und Globalgeschichte, auch wenn deren Bemühungen um Verbindung, Einordnung und Inbeziehungsetzung nicht im Fahrwasser westlich-zivilisatorischer Vorherrschaft stattfinden. Kritik an Kolonialismus, Imperialismus und Peripherisierung wird als Teil des gleichen bevormundenden Diskurses begriffen wie die entsprechenden Strömungen selbst. Edward Said weist Weltgeschichtsschreibung, auch wenn er sie ideologisch für antiimperialistisch einschätzt, unmissverständlich zurück, weil sie „ökonomische und politische Praktiken (...) unbeeinflusst vom Wissen, das Weltgeschichte hervorbringt" untersucht: „Das eigenartige Resultat ist, dass Theorien der Akkumulation im Weltmaßstab oder der kapitalistische Weltstaat oder Stammbäume des Absolutismus a) von demselben historizistischen Beobachter abhängen, der drei Generationen zuvor ein Orientalist oder Kolonialreisender war; b) dass sie ebenfalls von einem homogenisierenden und vereinnahmenden weltgeschichtlichen Schema abhängen, welches nicht-synchrone Entwicklungen, Geschichtsabläufe, Kulturen und Völker absorbiert; und dass sie c) latente epistemologische Kritik blockieren und niederhalten: Kritik an den institutionellen, kulturellen und disziplinären Instrumenten, welche die vereinnahmende Praxis der Weltgeschichte mit selektiven Wissensformen wie dem Orientalismus einerseits und mit der fortwährenden westlichen Hegemonie über die nichteuropäische, periphere Welt andererseits verknüpfen" (Said 1986: 223 f.).

Diese Zurückweisung kann unterschiedliche Konsequenzen für die Herangehensweise an Geschichte haben. Saids Stellungnahme kann so verstanden werden, dass kein Dialog zwischen der Kolonialismuskritik und der postkolonialen Wissenskritik möglich ist; die Fragmentierung und Isolierung der ForscherInnen in eng abgesteckten *communities*, die sich grundverschiedener Sprachen und Deutungssysteme bedienen, deutet in diese Richtung. Westliche Einmischungsversuche durch Zuschreibung von Defiziten werden dann als „Erfindung" aufgefasst; das kann so weit gehen, dass Probleme wie Armut, Kapitalmangel und Auslandsabhängigkeit, die in der Kategorie des Defizits angesprochen werden, überhaupt nicht als Probleme wahrgenommen werden; auf jeden Fall werden sie nicht mit externen Interessen und Einflüssen erklärt, sondern kulturalistisch gedeutet. Weiters ist problematisch, dass die westlich-universellen Kategorien, Fortschritt und Entwicklung zu definieren, im Fall der partikularen Zurückweisung in ihrer Gültigkeit für den Westen meist gar nicht hinterfragt werden und auf diese Weise der Gegensatz zwischen universellen westlichen Werten und dem partikularen Rest der Welt erst recht zementiert wird.

Eine – ebenfalls unter postkolonialer Flagge auftretende – Gegenbewegung begreift die Kritik an der westlichen Definitionsmacht als Auftrag, die Gültigkeit der westlich-universellen Kategorien für den Westen selbst zu problematisieren. „Europa provinzialisieren" (Chakrabarty 2002) oder die Erkundung von Orientalisierung als Grundlage des „Okzidentalismus" (Coronil 2002) bedeutet, dass der vom Westen beanspruchte Universalismus nicht nur als Akt der Übertragung auf das Andere, sondern auch als Selbsterkenntnis für das Eigene (hier: den Westen selbst) zurückgewiesen wird.

Dies kann als erster Schritt in Richtung einer Zusammenführung des Universellen und des Partikularen gedeutet werden. Zu diesem Zweck wird das folgende methodische Verfahren vorgeschlagen: Der

Probleme

Globalgeschichte als Form des Orientalismus

„Europa provinzialisieren" (Dipesh Chakrabarty 2002)

Der Vergleich, der den Beherrschten durch die Dominanzkultur aufgezwungen wird, wird durch ein Denken im Systemzusammenhang ersetzt, das Unterschiede im Lebensniveau nicht aus Defiziten, sondern aus Zurichtung erschließt.

Vergleich, der den Beherrschten durch die Dominanzkultur aufgezwungen wird, wird durch ein Denken im Systemzusammenhang ersetzt, das Unterschiede im Lebensniveau ebenso wie Schwierigkeiten, die eigene Lage aus der eigenen Perspektive her zu benennen, nicht aus Defiziten (Rückständigkeit), sondern aus einer umfassenden Zurichtung erschließt. Diese bezieht sich sowohl auf die wirtschaftliche und politische Beherrschung als auch auf die symbolische Aneignung der Beherrschten durch kulturelle Definitionsmacht.

Gleichzeitig muss das Partikulare in all seinen Manifestationen – lokale Traditionen, Abwehrbewegungen, Abkoppelungsstrategien, Vermischungen, Erneuerungsbemühungen – ernst genommen werden. Um dem im Rückständigkeitsdiskurs aufgezwungenen Vergleich zu entgehen, wird der Systemzusammenhang für das Partikulare geöffnet, und umgekehrt wird das Partikulare aus dem Systemzusammenhang erklärt. Dieses Unterfangen kann dazu beitragen, den scheinbaren Widerspruch zwischen Partikularität und Universalismus zu überwinden und Geschichte als Interaktion und Zusammenspiel universalisierender und partikularer Tendenzen zu begreifen. „Interaktion" und „Verbindung" signalisieren eine solche Herangehensweise an Globalgeschichte, in der die Reziprozität von Beziehungen ebenso behandelt wird wie die dahinter stehenden Asymmetrien der Machtverhältnisse in wirtschaftlicher, politischer und kultureller Hinsicht (vgl. Subrahmanyam 1997).

Abb. 16: Partikularität und Systemzusammenhang

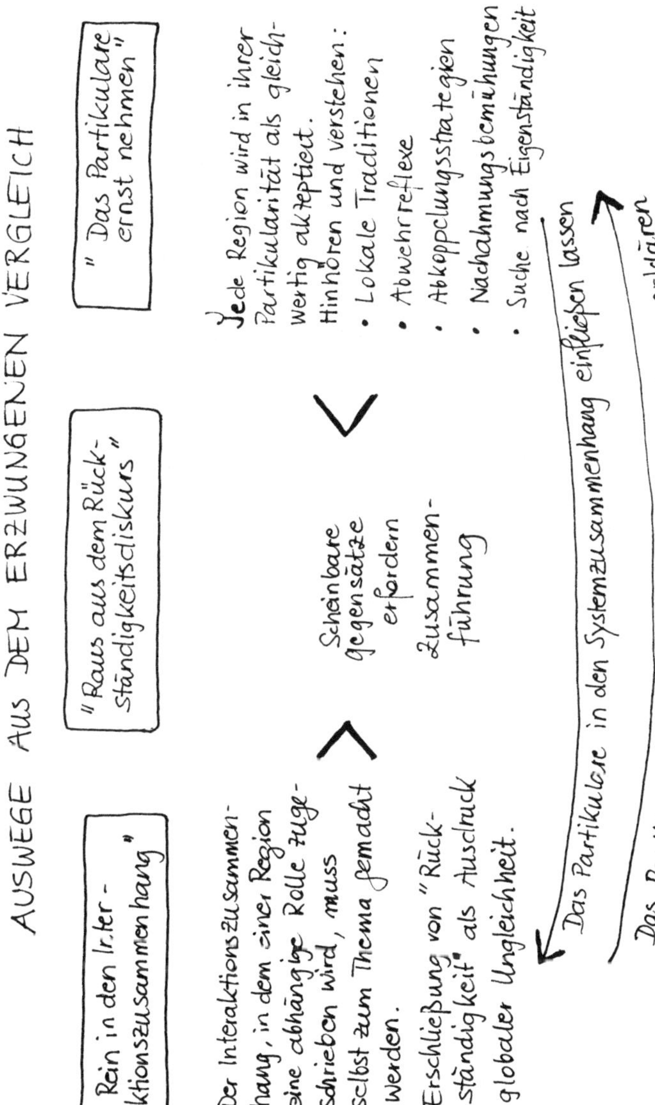

AUSWEGE AUS DEM ERZWUNGENEN VERGLEICH

"Rein in den Interaktionszusammenhang"

Der Interaktionszusammenhang, in dem eine Region eine abhängige Rolle zugeschrieben wird, muss selbst zum Thema gemacht werden.

Erschließung von "Rückständigkeit" als Ausdruck globaler Ungleichheit.

"Raus aus dem Rückständigkeitsdiskurs"

Scheinbare Gegensätze erfordern Zusammenführung

"Das Partikulare ernst nehmen"

Jede Region wird in ihrer Partikularität als gleichwertig akzeptiert. Hinhören und verstehen:
• Lokale Traditionen
• Abwehrreflexe
• Abkopplungsstrategien
• Nachahmungsbemühungen
• Suche nach Eigenständigkeit

Das Partikulare in den Systemzusammenhang einfließen lassen

Das Partikulare aus dem Systemzusammenhang erklären

Literatur

Eine Schlüsselkategorie in der Zurichtung des Anderen ist die Kategorie des Barbaren. Rufin 1993 zeigt sie in ihrer historischen Entstehung sowie in aktualisierten Adaptierungen. Die diskursiven Zurichtungen des Anderen im Zusammenhang mit der Selbstvergewisserung Europas im 18. und 19. Jahrhundert behandeln Said 1981 und 1986 am Beispiel des Orientalismus, Dermigny 1964 anhand des China-Bildes, Todorova 1999 am Beispiel des Balkan und Wolff 1994 am Beispiel Osteuropas. Die von Feichtinger/Prutsch/ Csáky 2003 und Hárs/Müller-Funk/Reber/Ruthner 2006 herausgegebenen Sammelbände diskutieren die Habsburgermonarchie als Schauplatz diskursiver Zurichtungen von Erweiterungsgebieten und inneren Peripherien. Die Grenzziehung und Wirkungsweise der Grenze zwischen dominanten und beherrschten Kulturen fasst Nolte 2004 als Prozess der Radikalisierung.

Selbstsetzungen der Beherrschten und historiographische Konsequenzen im Sinne der Überwindung des subalternen Status werden anhand folgender AutorInnen bzw. Szenarien diskutiert: Fanon 1968, 1980 am Beispiel des antikolonialen Befreiungskampfes; Mann 2005, Guha und Subaltern Studies 1982–2005 am Beispiel der indischen Geschichtsschreibung. Verschiedene postkoloniale Ansätze verkörpern Bhaba 2000, Chakrabarty 2002, Conrad/ Randeria 2002, Coronil 2002 und Gruzinski 1999. Subrahmanyam begründete 1997 in einem programmatischen Text den Begriff der Connected History.

Lokalisierung von Globalgeschichte

Globalgeschichte im Sinne einer in Raum und Zeit eingebetteten Geschichte zu betreiben, erfordert Festlegungen hinsichtlich der Auswahl des räumlichen Ausschnitts und der in die Untersuchung einbezogenen Regionen. Die Festlegung auf eine bestimmte räumliche Größe und Perspektive hängt einerseits vom Gegenstand der Interaktion ab, andererseits von theoretischen Vorüberlegungen, wie klein- und großräumige, lokale, überregionale und globale Ereignisse und Prozesse miteinander in Beziehung stehen. Hier werden die kleinräumige (Kapitel 9), die weltregionale (Kapitel 7) und die weltsystemische (Kapitel 8) Herangehensweise mit ihren spezifischen Perspektiven und Potenzialen, aber auch in Hinblick auf ihre Grenzen zur Erfassung globaler interaktiver Prozesse vorgestellt.

7.   Weltregion als Herangehensweise an Globalgeschichte

Weltregionen sind größere, (meist) staatenübergreifende Raumeinheiten, die aus mehreren Subregionen bestehen:

- Staaten (aktuelle Staaten, Vorgängerstaaten mit Folgewirkungen)
- Wirtschafts- und Ökoräume
- Kulturräume oder Zivilisationen

Sie zeichnen sich durch politische Pluralität, staatenübergreifende Gemeinsamkeiten, ungleiche Macht- und Ressourcenverteilung sowie Verflechtung auf mehreren Gebieten aus.

„Weltregion" ist ein vager, schwacher Begriff, der zahlreiche Möglichkeiten der Regionsbildung und Abgrenzung beinhaltet. Umgekehrt stellt er einen flexiblen Rahmen dar, um staatenübergreifende (transnationale) oder staatenverbindende (internationale) Prozesse zu erfassen. „Weltregion" ist keinem spezifischen Einordnungs- oder Untergliederungskonzept verbunden; eine weltregionale Herangehensweise an Globalgeschichte entledigt sich zunächst geschichtsphilosophischer oder entwicklungstheoretischer Bestimmungen einzelner Regionen, um sich der Multifokalität des historischen Geschehens aus einer empirischen Perspektive zu nähern. Dies schließt freilich nicht aus, dass in der Folge auch aus weltregionaler Perspektive Einordnungen von Region in übergreifende Beziehungen, Prozesse und Strukturen vorgenommen werden.

Nach welchen Kriterien werden Weltregionen gebildet?

- Weltregionen als naturräumlich vorgegebene geographische Räume
- Weltregionen als Interaktions- und Kommunikationsräume
- Geschichtsregionen
- Weltregionen als Identifikationsräume

Weltregionen als naturräumlich vorgegebene geographische Räume?

Die Geographie bringt im Verein mit der räumlichen Nähe Ähnlichkeiten in der Problemlage hervor, die Gruppen von Staaten, aber auch substaatliche Regionen ganz selbstverständlich als eine Weltregion erscheinen lassen; oft handelt es sich dabei um ganze Kontinente oder Teilkontinente, wie Nord-, Mittel- und Südamerika, Ost-, West-,

Nordost, Zentral-, Süd- und Südostasien, oder Großregionen wie die Karibik, die Andenregion oder die Amazonasregion. Geographische Nähe und unmittelbare Nachbarschaft sind jedoch keine hinreichende Voraussetzung, um von einer Weltregion zu sprechen. Sie geben einen räumlichen Zusammenhang vor, ohne zu hinterfragen, wodurch dieser gebildet wird. Was eine Weltregion zusammenhält und damit überhaupt erst zu einer solchen macht, kann im Fall von Weltregionen, die sich aus ganzen oder Teilkontinenten zusammensetzen, leicht aus dem Blick geraten. Der eine Einheit konstituierende Zusammenhang gilt als selbstverständlich, als vorgegebener Behälterraum. Während der Kontinent als vorgegebener Behälterraum nicht hinterfragt zu werden braucht, erfordert es der weltregionale Ansatz, die Faktoren, die einen Kontinent zu einer Weltregion machen (können), durch gezielte Fragestellungen überhaupt erst herauszuarbeiten. Die Region muss als Einheit der Betrachtung und als Untersuchungsraum geschaffen werden. Dieser Vorgang betrifft Kontinente und bekannte Großräume genauso wie Räume, die im westlichen Allgemeinwissen weniger bekannt sind.

Tatsächlich sind die gängigen Bezeichnungen Ergebnis der europäischen Benennungsmacht, die die Welt im 18. und 19. Jahrhundert aus eurozentrischer Perspektive geordnet hat (Osterhammel 2009: 129 ff.). Bei scheinbar neutralen Begriffen springt dies weniger ins Auge als bei Bezeichnungen, die den Betrachter eindeutig verorten: Westasien wird dann zum (uns) Nahen Osten, Ostasien zum (uns) Fernen Osten. Europa und der Westen bilden in dieser Meta-Geographie das Zentrum, von dem aus der Rest der Welt wahrgenommen und mit dem Zentrum in Beziehung gesetzt wird. Im Zuge dieses Prozesses wurden jene Teile des europäischen Kontinents, die nicht dem westlichen Zivilisationsbegriff entsprachen, kurzerhand aus Europa hinausdefiniert. Das eurasische Kontinuum machte es möglich, Osteuropa, den Balkanraum, Russland oder die Sowjetunion je nach Bedarf als europäisch oder als asiatisch zu begreifen. Dies macht deutlich, dass auch die europäische Erdkunde ihren Gegenstand erst herrichten und definieren musste und immer wieder – zuletzt nach den Umbrüchen 1989/91 – muss.

Die gängigen Bezeichnungen sind Ergebnis der europäischen Benennungsmacht.

Weltregionen als Interaktions- und Kommunikationsräume

Weltregionen sind Räume, die durch gemeinsame historische Erfahrung und Interaktion gebildet wurden. Dabei kann die Zusammengehörigkeit auf Ähnlichkeiten und Gemeinsamkeiten fußen; sie kann aber auch durch Beziehungen hergestellt werden, die Räume mit unterschiedlichen Charakteristika zu einer überregionalen Einheit zusammenfügt, die durch unterschiedliche Macht-, Ressourcen- und Aufgabenverteilung in einem arbeitsteiligen Zusammenhang gekennzeichnet ist.

Begründung von weltregionalen Interaktionszusammenhängen durch:
- naturräumliche Vorgaben
- Kontakt und Transfer gebildete Räume
- politische Herrschaft und Hegemonie
- funktionsräumliche Ergänzung
- kulturelle Gemeinsamkeiten

Meere und Flüsse verbinden die Anrainer zu interaktiven Weltregionen.

Naturräumliche Faktoren wie geographische Nähe und Nachbarschaft können Interaktion und Kommunikation begünstigen. Daher stehen geographische Vorgaben wie kontinentale Lage nicht im Widerspruch zu einem Raumverständnis, das auf verdichteten Kontakten aufbaut; sie reichen umgekehrt als Begründung nicht aus. Die herkömmliche Gliederung der Welt in Kontinente und Subkontinente steht der Wahrnehmung anderer naturräumlicher Raumbildungsfaktoren allerdings entgegen. Meere und Flüsse sind naturräumliche Voraussetzungen, die die Anrainerregionen und -staaten zu interaktiven Weltregionen verbinden. Selbst trennende Faktoren wie Gebirgsketten können durch Pässe verbindend wirken. Das Mittelmeer, der Indische Ozean, der Atlantik, die Chinesische See, aber auch kleinräumigere Beispiele wie die Ostsee oder das Schwarze Meer haben sich als fruchtbare Beispiele für Interaktionsstudien herausgestellt. Die Bedeutung der See als Nahrungsgrundlage, für Meereszugang, Hafenanlage und Kontrolle über Meerengen, Transport- und Kommunikationswege erfordert die Beschäftigung mit wirtschaftlichen, politischen und kulturellen Verhältnissen, die sich aus den Verhältnissen in den einzelnen Anrainerregionen und aus den gegenseitigen

Beziehungen und Machtverhältnissen erschließen. Weltregionale Studien bauen somit auf Regionalanalysen auf. Dabei kann der weltregionale Zusammenhang über die Anrainerregionen erschlossen werden oder aber über das Meer als eigener – sowohl kooperativ genutzter, aber auch umkämpfter – Lebens-, Wirtschafts- und Kommunikationsraum. Inseln kommt dabei eine besondere Funktion zu. Sie sind einerseits Gegenstand territorialer Konflikte und stellen andererseits Brücken- und Zwischenstationen dar. Inselarchipele wie die Karibik oder Ozeanien können entweder im Lichte der rundum liegenden Meeresanrainer betrachtet oder selbst als Weltregion aufgefasst werden. Ähnliche Überlegungen lassen sich für Regionen entlang von zentralen, mehrere Staaten, Wirtschafts- und Kulturräume verbindende Flüssen (z. B. Donau, Indus, Jangtse, Mississippi, Nil, Wolga...) oder Bergketten (z. B. Zentralasien, Anden, Alpen ...) anstellen, die ebenfalls als Weltregionen angesehen werden können.

Da Weltregionen Staaten übergreifen und über Staaten hinausgehen, leiten sie sich nicht von politischer Herrschaft im Staatensystem ab. Auch weit ausgreifende Imperien mit ihren die Kontinente übergreifenden Besitzungen fallen nicht in die hier vorgenommene Beschreibung einer Weltregion. Die Grenzen sind freilich fließend. Denn einerseits setzen sich Großreiche aus Kern- und Randgebieten sowie Erweiterungs-, Eroberungs-, Annexionsgebieten zusammen, die ein Reich zu einem komplexen Mehrebenensystem machen. Eine weltregionale Herangehensweise kann dafür hilfreich sein. Andererseits üben Reiche als führende Großmächte Hegemonie auch über Gebiete aus, die nicht ihrer direkten politischen Herrschaft unterstehen. Beziehen wir diese Gebiete mit ein, können Reiche mit ihren hegemonialen Einflusszonen ohne Weiteres als Weltregion angesehen werden. Im Unterschied zu einer reinen Reichs-, Staaten- oder Großmachtgeschichte kann der Weltregionen-Ansatz die politischen Grenzen jedoch nicht als selbstverständlichen Rahmen akzeptieren, sondern muss Staats-, Reichs- und Nationsbildung als Prozess der Interaktion mit konkurrierenden politischen Subjekten innerhalb und außerhalb des jeweiligen Staates begreifen.

Auf wirtschaftlichem Gebiet zeichnen sich Weltregionen durch funktionsräumliche Ergänzung der Teilräume aus, die sowohl auf der Ebene unterschiedlicher nationalstaatlicher Strukturen und Spezialisierungen als auch einer staatenübergreifenden ungleichen Arbeitstei-

Auf wirtschaftlichem Gebiet zeichnen sich Weltregionen durch funktionsräumliche Ergänzung der Teilräume aus.

lung erfasst werden kann. Wenn sich Zentrum-Peripherie-Strukturen innerhalb von Weltregionen entfalten, bedeutet dies aber keineswegs, dass Weltregionen im Sinne von Weltwirtschaften oder Weltsystemen begriffen werden können. Es handelt sich um Regionen, die ihrerseits mit anderen Weltregionen verflochten und in über die Region hinausgehende Arbeitsteilungen eingebunden sind.

Herrschaftlicher Zugriff und Machtkonflikt, überregionale Nutzung und funktionsräumliche Ergänzung des Wirtschaftslebens sowie kulturelle Vielfalt, Kulturkontakt und kulturelle Transferprozesse können im Rahmen von Weltregionen in ihrem Zusammenwirken untersucht werden. Weltregionen dieser Art zeichnen sich durch eine starke innere Gliederung und Komplexität aus; politische, wirtschaftliche und kulturelle Zentren koexistieren, ringen miteinander um Vorherrschaft und erleben im Laufe der Geschichte räumliche Verschiebungen.

Der durch Heterogenität, Konkurrenz und funktionale Ergänzung gebildeten Weltregion stehen staatenübergreifende Regionen gegenüber, die durch gemeinsame kulturelle Merkmale gebildet werden. Wenn diese gemeinsamen Merkmale einen räumlichen Zusammenhang bilden, kann dieses Gebiet als begrenztes Kulturareal (cultural area, aire culturelle) angesehen werden. Gemeinsame Merkmale können sich aber auch als Netze, die lediglich bestimmte Ebenen der Kommunikation betreffen, über andere Faktoren des räumlichen kulturellen Zusammenhalts legen. Beispiele für solche Netze sind eine Lingua franca, eine gemeinsame Kommunikationssprache, oder eine gemeinsame Religion.

In dem zahlreiche Völker und Sprachen umfassenden Römischen Reich diente das Lateinische als Kommunikations- und Verwaltungssprache. Im griechischen Siedlungsgebiet und den hellenischen Besitzungen, die seit der Jahrtausend(-Zeiten)wende unter römische Herrschaft kamen, blieb das Griechische allerdings bestimmend und koexistierte unter den Gebildeten als zweite Kommunikationssprache. Mit der Teilung in eine weströmische und eine oströmische Reichshälfte etablierten sich zwei sprachliche Einflussbereiche. Latein hat das Römische Reich nicht nur als Herrschafts-, sondern auch als Sprachraum konstituiert. Einen staatenübergreifenden Charakter erhielt die lateinische Sprache nach dem Ende des Römischen Reiches, indem sie über das katholische Christentum und die Papstkirche die Kommunikation zwischen den mittelalterlichen Königreichen und

Gemeinsame Merkmale können sich auch als Netze über andere Faktoren des räumlichen kulturellen Zusammenhalts legen.

Lingua franca

Latinität und Gräzität

Fürstenstaaten aufrechterhielt; sie war nicht nur Kirchensprache, sondern diente auch als Universitätssprache (Theologie, Recht, Medizin), als Sprache der Diplomatie und der Justiz und konstituierte mit der Latinität einen Raum, der bis heute als einheitsstiftend für eine (west-)europäische Identität ins Treffen geführt wird. Eine ähnliche kommunikative Funktion über lokale Sprachen hinweg kam im oströmisch-byzantinischen Raum dem Griechischen zu. Das unterschiedliche Selbstverständnis des Papsttums in Rom und Konstantinopel bewirkte, dass Latinität und Gräzität nicht nur die Sprache, sondern auch das religiöse Leben betrafen.

Dort, wo sich die mittelalterlichen Volkssprachen auf der Basis des Lateinischen entwickelten, entstand der Raum der romanischen Sprachen. Der romanische Sprachraum bildete zwar – abgesehen vom Rumänischen – eine räumliche Einheit, erlangte allerdings niemals politische Ausformung und institutionelle Verankerung. Dies blieb den regionalen Ausdifferenzierungen des Lateinischen vorbehalten, die als Nationalsprachen der Franzosen, der Spanier, der Italiener, um nur die größten zu nennen, nationale Sprachräume und über die koloniale Expansion und den Siedlungskolonialismus, die diese Sprachen auch in außereuropäischen Regionen verankerten, globale Sprachräume begründeten. Auch die Engländer begründeten über ihr formelles und informelles Empire einen globalen Sprachraum. Anglophonie, Frankophonie und Hispanophonie sind bis heute bestimmende Faktoren für internationale Gemeinschaftsbildung auf räumlicher Grundlage, die die Kolonialreiche überdauern. Jüngere Migrationen wie die starke spanischsprachige Einwanderung aus Lateinamerika in die USA verändern die räumlichen Einzugsbereiche. Die Sprachräume erfassen große, staatenübergreifende, wenn auch nicht flächenmäßig zusammenhängende Teile der Welt und begründen gemeinsame kulturelle Aktivitäten. Sie können als – zusammengesetzte – Weltregionen angesehen werden, die durch das Verbreitungsgebiet eines Kulturträgers, der Kommunikationssprache, gebildet werden.

Die transnationale Vergesellschaftung aufgrund einer gemeinsamen Muttersprache kann nicht mit der „Anglobalisierung" der Welt gleichgesetzt werden, die auf der britischen und der US-amerikanischen Hegemonie im 19. und 20. Jahrhundert beruhte und in der zweiten Hälfte des 20. Jahrhunderts das Englische zur internationalen Verkehrssprache machte, die alle Konkurrenten, auch wenn sie wei-

> Anglophonie, Frankophonie und Hispanophonie sind bestimmende Faktoren für internationale Gemeinschaftsbildung.

terhin eine regionale Bedeutung als Lingua franca behielten, in die zweite Reihe verwies. Mit der englischen Literatursprache hat dieses Englisch wenig gemein, sie wird in Anlehnung an den französischen Sozialwissenschaftler und Romanautor Jean-Christophe Rufin als „Anglobal" bezeichnet (Rufin 2005).

Im Zuge der Ausbreitung des Islam in Zentral- und Südasien zwischen dem 15. und dem 19. Jahrhundert kam dem Persischen in weiten Teilen Asiens die Funktion einer Lingua franca zu und eröffnete gewissermaßen die Weltregion der Persophonie (Fragner 2006: 85 ff.). Der Einfluss der persischen Sprache ging weit über den Raum hinaus, in dem (Neu-)Persisch als Alltagssprache gesprochen wurde und erstreckte sich vom Osmanischen Reich über Zentralasien, das Mogulreich bis nach China. Persisch fungierte in Zentralasien neben den Regionalsprachen als die Sprache der Philosophie und der Dichtkunst, während in den Wissenschaften das Arabische vorherrschte. Im Mogulreich diente Persisch für Muslime und Hindus gleichermaßen als Sprache der Verwaltung, des Rechts und als Instrument der transnationalen Kommunikation. In Zentralasien wurde das Persische seit dem 18. Jahrhundert von Turksprachen an den Rand gedrängt, bevor im 20. Jahrhundert das Russische zur Lingua franca wurde. In Indien verlor Persisch seine sprachlich-kulturelle Führungsrolle an das Englisch der Kolonialverwaltung, das sich im 19. Jahrhundert als gesamtindische Kommunikationssprache durchsetzte. Zwar überlebten lexikalische, idiomatische und semantische Elemente der persischen Sprache in allen Regionalsprachen, die einst der Persophonie angehört hatten, wie dem Osmanischen/Türkischen, Urdu u. a. m. Der Gebrauch der persischen Sprache erlebte hingegen eine Einengung auf das engere staatliche Territorium Persiens bzw. des Iran.

Ein wesentlich weniger dicht geknüpftes Netz als die durch die Sprachen der dominierenden transnationalen Akteure in Politik und Wirtschaft gebildeten Kulturräume des Persischen, des Englischen oder des Französischen stellten Sprachen kleinerer Siedlergruppen, Migranten und Diasporas dar. Es wurde durch mobile Angehörige aufgespannt, die mit ihrem Mutterland enge Verbindungen aufrechterhielten, zum Beispiel Überseeauswanderer im 19. Jahrhundert oder die ArbeitsmigrantInnen im 20. Jahrhundert. Diese diasporischen Netzwerke überlebten auch dann, wenn das Mutterland seine Rolle als Bezugspunkt oder Schutzmacht einbüßte.

Persisch fungierte in Zentralasien als die Sprache der Philosophie und der Dichtkunst, während in den Wissenschaften das Arabische vorherrschte.

Auch Religionen stellen einen Identität und Zusammengehörigkeit stiftenden Faktor dar, der Sprache meist an Bedeutung überragt. Religion steht in einem engen Interaktionsverhältnis mit Sprache sowie anderen kulturellen Praktiken und Ausdrucksformen. Buddhismus, Hinduismus, Judentum, Christentum und Islam in all ihren verschiedenen Ausprägungen sind transnationale Phänomene mit vielfältigen sinnstiftenden und alltagspraktischen Anwendungsbereichen, die für ihre Angehörigen eigene „Welten" entstehen lassen. Diese Welten bilden keinen flächenhaften Zusammenhang, sind aber – mehr oder weniger – weltumspannend. Ihre Angehörigen bilden transnationale Netzwerke. Die regionale Verbreitung folgt dennoch klaren räumlichen Mustern, und interreligiöse Konflikte entzünden sich an Fragen der regionalen Vorherrschaft und Meinungsführerschaft. Es handelt sich mithin, wie bei den Sprachen, um weltregionale Phänomene.

Auch Religionen stellen einen Identität- und Zusammengehörigkeit stiftenden Faktor dar.

Geschichtsregionen

Das Konzept der Geschichtsregion versteht sich als ein Instrument der Geschichtsschreibung, das angewandt wird, wenn es darum geht, soziale, ökonomische und kulturelle Gemeinsamkeiten von Regionen in den Vordergrund zu stellen, die über einen längeren Zeitraum hinweg wirksam sind – unabhängig von der staatlichen Verfasstheit bzw. Zugehörigkeit der betroffenen Regionen zu staatlichen Gebilden (Giordano 2003; Troebst 2006). Sinngemäß greift das Konzept auch dort, wo Staaten oder Reiche in übergreifende Strukturen und Merkmalszusammenhänge eingebunden sind, etwa in Städtenetzwerke, die überseeische Expansion oder die Renaissance. Wo die staatliche Existenz sich durch ihre lange Dauer zu einer quasi unveränderbaren Tatsache herausgebildet hat, spricht allerdings niemand von Geschichtsregionen, sondern von Reichs-, Staaten- oder Nationalgeschichte und durch diese getragene internationale Beziehungen. Geschichtsregionen werden hingegen dort lokalisiert, wo die wechselnde Zugehörigkeit zu verschiedenen staatlichen Einheiten, die Lage im Spannungsfeld konkurrierender Großmächte und deren wechselnde Fremdherrschaft Eigenstaatlichkeit beendet bzw. die Herausbildung eigener Staatlichkeit verhindert hat. Dies trifft sowohl auf Kolonien als auch auf innere Peripherien der europäischen Großmächte zu.

Solange diese einem Imperium oder Mutterland angehören, ist ihre Geschichte Teil der Reichsgeschichte. Nachdem ehemalige Kolonien und innere Peripherien im Laufe des 19. und 20. Jahrhunderts unabhängige Nationalstaaten gebildet hatten, wurde auch hier die Nationalgeschichte, die von den nationalen Erneuerungs- bzw. Befreiungsbewegungen zur Begründung ihrer Ansprüche entwickelt worden war, in den Rang staatlicher Geschichtsschreibung erhoben. Das Konzept der Geschichtsregion konkurriert mit der nationalgeschichtlichen Konstruktion der Vergangenheit.

Anwendungsbereiche für das Konzept „Geschichtsregion":

■ Es dient (ehemaligen) Großmächten zur Markierung ihrer Einflusszonen. In diesem Fall begreifen sich die Großmächte als Teil einer unter ihrem Einfluss stehenden Geschichtsregion.

■ Junge Staaten (oder Teile davon), die aus ehemaligen Kolonien/Peripherien hervorgegangen sind, können damit grenzüberschreitende Gemeinsamkeit sowie Eigenständigkeit gegenüber Großmächten und Nachbarn herausstreichen; sie können die Lage im Spannungsfeld und überlappenden Einflussbereich von Großmächten als Teil ihrer spezifischen hybriden Identität begreifen, die sie als Kontaktzone und Brücke auch für besondere Aufgaben im internationalen System qualifiziert. Dieses Verständnis von Geschichtsregion ist mit der nationalgeschichtlichen Erzählung kompatibel.

■ Junge Staaten (oder Teile davon), die aus ehemaligen Kolonien/Peripherien hervorgegangen sind, können damit ihre Zugehörigkeit bzw. den Wunsch nach Zugehörigkeit zu einem bestimmten Einflussbereich, z. B. zum „Westen" oder zum „Osten", zur „zivilisierten", zur „industrialisierten" oder zur „demokratischen" Welt herausstreichen. Auch hier wird die überregionale Identifikation mit der nationalen in Einklang gebracht. Das Bekenntnis zu einer Geschichtsregion kann aber auch dazu dienen, Teilungs- oder Sezessionswünsche zu transportieren.

Geschichtsregionen sind flexible Regionen mit wechselnden regionalen Festschreibungen und Grenzziehungen.

Geschichtsregionen sind also flexible Regionen mit wechselnden regionalen Festschreibungen und Grenzziehungen. Wie sie gebildet und bezeichnet werden, hängt ebenso wie die Identifizierung mit einer solchen Region von politischen Rahmenbedingungen ab. Das Ergebnis variiert auch, je nachdem wer sich der Regionsbildung bedient. Dieser Vorgang der Identifizierung wird auch als *mental mapping* bezeichnet.

Teil einer Geschichtsregion zu sein, erlaubt aus der Innenperspektive Identitätsbestimmung, Abgrenzung und überregionale Zu- und Einordnung. Aus der Außenperspektive bedeutet es Festlegung von Einflusszonen und Vereinnahmung innerregionaler Widersprüche im Interesse von äußeren Mächten. In beiden Fällen kann die Selbst- bzw. Fremddefinition Anlass für Stereotypenbildung geben.

Mitteleuropa

Die Flexibilität, aber auch die Unklarheit und Widersprüchlichkeit von Geschichtsregionen kann gut am Beispiel von „Mitteleuropa" nachvollzogen werden (Elvert 1999; Le Rider 1994). Der historische Bezugspunkt für die Mitteleuropa-Vorstellungen des 19. Jahrhunderts bildete das Heilige Römische Reich. Nachdem keine großdeutsche Nachfolgeregelung zustande kam, nahm die Auffassung von Mitteleuropa im Habsburgerreich und im Deutschen Kaiserreich eine unterschiedliche Entwicklung. Im habsburgisch-dynastischen Verständnis wurde dabei stärker die Zugehörigkeit zum gemeinsamen Staat betont, im hohenzollerisch-nationalen Verständnis die deutsche Zivilisierungsmission. Während des Ersten Weltkriegs diente Mitteleuropa deutschen und österreichischen Strategen als Kampfbegriff, der die deutschen und österreichischen Ansprüche auf die östlichen Erweiterungsgebiete ihrer Imperien gegenüber konkurrierenden Großmächten sowie gegenüber den Ambitionen der nichtdeutschen Völker auf einen Nationalstaat formulierte. Die geistige Grundlage schuf Friedrich Naumann in seinem Werk „Mitteleuropa" (Naumann 1915). Mit der staatlichen Unabhängigkeit der ehemaligen inneren Peripherien trat der imperiale Mitteleuropa-Begriff in den Hintergrund; er diente inneren und äußeren Kritikern und politischen Gegnern der neuen Staaten weiterhin als Kampfbegriff gegen deren Bemühungen, ein nationales Selbstverständnis, nachholende Industrialisierung und neue politische Allianzen zu entwickeln. Er lebte praktisch wieder auf, wenn es in den 1930er-Jahren darum ging, großdeutsche Avancen zu legitimieren und zu begleiten. Ein Revival erlebte der Mitteleuropa-Gedanke nach dem Fall des Eisernen Vorhangs in den Hoffnungen der Bundesrepublik Deutschland und Österreichs, in der Kooperation mit den osteuropäischen Staaten an ihre historische Rolle anzuknüpfen. Ein Vordenker in dieser Richtung

Der Mitteleuropa-Gedanke nach dem Fall des Eisernen Vorhangs war Erhard Busek (Busek 1986), der sich im Zuge der Wende 1989 als österreichischer Außenminister um eine Institutionalisierung der Zusammenarbeit der k.u.k.-Nachfolgestaaten bemühte (Pentagonale aus Österreich, Italien, Ungarn, Jugoslawien und der Tschechoslowakei, die mit Polen zur Hexagonale erweitert wurde). Diese Bemühungen verloren in dem Maße ihre praktische Bedeutung, wie der Sog der EU-europäischen Integration die altösterreichischen k.u.k.-Bande aus der Politik in den Bereich der Erinnerungskultur und der Nostalgie verbannte.

In den osteuropäischen Staaten, die aus dem habsburgischen, dem hohenzollerschen und dem romanovschen Reich hervorgegangen waren, wurde der Begriff zu Ostmitteleuropa verwandelt: er schloss damit die ehemaligen Großmächte aus und beschränkte die Geschichtsregion auf jenen Zwischenraum, den der polnische Historiker Oskar Halecki (1952) als „Grenzland des Abendlandes" und der ungarische Historiker Jenő Szűcs (1990) als „dritte historische Region" Europas charakterisiert hatten. Sie arbeiteten die doppelte Prägung der Region durch östliche und westliche Einflüsse heraus, aus der die Region ihre Gemeinsamkeit beziehe. Im Kontext des realen Sozialismus, der die osteuropäischen Staaten zu Satelliten der Sowjetunion machte und ihnen einen Sozialismus sowjetischer Prägung aufzwang, bedeutete der Rekurs auf Ostmitteleuropa eine deutliche Absetzbewegung, die von Intellektuellen getragen wurde (Augustynowicz 2010). Die Distanzierung von Moskau war allerdings nicht bei allen Dissidenten gleichbedeutend mit einer Identifikation mit dem Westen. Vielmehr wurde die sowohl östliche als auch westliche Prägung der Region als Begründung für den Wunsch nach politischer Selbstbestimmung und einem „dritten Weg" ins Treffen geführt. Nach dem Ende von Sowjetunion, Warschauer Pakt und Rat für gegenseitige Wirtschaftshilfe (RGW) 1991 hielt diese Vorstellung der Westorientierung nicht stand und wurde mit der EU-Osterweiterung ad acta gelegt.

Die Bezugnahme der Historiographie auf Ostmitteleuropa kann aber auch in dem Sinn erfolgen, dass ein Anknüpfen an alte innerimperiale Bindungen in den Dienst aktueller politischer Orientierungswünsche gestellt wird. In diesem Fall wird nicht die eigenständige Zwischenposition zwischen Ost und West, sondern die Westorientierung, die durch die Zugehörigkeit zu zentraleuropäischen Reichen bestand, in den Vordergrund gestellt. Osteuropa begibt sich damit auf

Oskar Halecki
„Grenzland des Abendlandes"

Jenő Szűcs
„Dritte historische Region"

die Reise vom „Osten" in die „Mitte" – in der Hoffnung, durch diese mentale Flexibilität am Ende im „Westen" anzukommen, und sei es nur in Anlehnung an die Vergangenheit, als dessen Peripherie. Dieser Drang nach Westen schlägt sich auch in der Kartographie nieder: Was vor 1989 noch selbstverständlich zum Osten gehörte, firmierte nach der Wende als „Mitte" (Magocsi 1995). Ähnliche Bewegungen gibt es auch als Ostorientierung im Sinne der Aufrechterhaltung der engen politischen, wirtschaftlichen und kulturellen Bande mit Russland – am stärksten dort, wo auch Sprache und/oder Religion eine Gemeinsamkeit mit Russland schaffen. Exemplarisch lässt sich dies anhand der Ukraine unterstreichen. Ihre westlichen und südöstlichen Regionen rekurrieren auf unterschiedliche Geschichtsregionen, Ostmitteleuropa einerseits und einen ostslawischen Raum unter Einschluss Russlands andererseits, in der Hoffnung, durch die Mobilisierung des Auslands das jeweilige Geschichtsverständnis sowie die daraus resultierende Identität und Bündnispolitik dem ganzen Land aufzuerlegen (Hrytsak 2005).

Auch Südosteuropa und Nordosteuropa werden unter dem Aspekt der Geschichtsregion untersucht. Südosteuropa ist als ehemalige „Europäische Türkei" vom osmanischen Einfluss geprägt, der seit dem 18. Jahrhundert durch die Vorstöße der Habsburgermonarchie, des British Empire und des Zarenreichs herausgefordert wurde (Geier 2006), Nordosteuropa von den konkurrierenden Großmachtansprüchen Schwedens, des Heiligen Römischen, des Polnisch-Litauischen und des Russländischen Reichs (Zernack 1993). Im Norden konnten sich im Gefolge der staatlichen Konsolidierung „Skandinavien" und „Baltikum" als gängige transnationale Begriffe in die geographische Landkarte einschreiben; diesen stehen mit „Nordosteuropa" und „Ostseeraum" Begriffe gegenüber, die auch die angrenzenden Reiche/ Staaten in das regionale Selbstverständnis mit einschließen.

Im südosteuropäischen Fall wurde der Begriff Balkan, der als osmanische Wortschöpfung die Abhängigkeit der Region vom Osmanischen Reich widerspiegelt, sowohl als abwertendes Stereotyp, das den Zivilisierungsauftrag der europäischen Interventionsmächte untermauerte, als auch als Selbstbezeichnung verwendet, die auf staaten- und regionenübergreifende Selbstbestimmung der Region abzielte (Todorova 1999). Da die Pläne für eine Balkanföderation politisch nicht umgesetzt werden konnten, bleibt der Balkan eine diskursive Geschichtsregion. Wer sich dazu zählt und wer nicht, verändert sich in dem Maße, wie die nach dem Zweiten Weltkrieg bestehende Ordnung durch wirtschaftliche Krise, politischen Druck und Sogkraft der EU-europäischen Integration unter die Räder geriet und mit dem Zerfall der Bundesrepublik Jugoslawien neue Staaten mit fragilem Selbstverständnis entstanden.

Historiographische Schützenhilfe aus westlicher Perspektive bedeutet vor diesem Hintergrund mehr als nur einen Beitrag zur Erinnerungskultur. Im Fall der Nachfolgestaaten, die im Gefolge des Zerfalls der Sowjetunion, Jugoslawiens und der Tschechoslowakei entstanden, ist sie Teil der aktuellen Auseinandersetzungen um regionale Identität, Grenzziehung, territoriale Einheit und geopolitische Orientierung.

Geschichtsregionen stellen als Instrument der Geschichtsschreibung die langfristige Prägung durch historische Interaktionszusammenhänge vor die jeweilige nationalstaatliche Verfasstheit. In der Wirtschafts- und Sozialgeschichte treten sie nicht nur als geopolitische Gebilde, sondern auch als Wirtschaftsräume, Ökoräume, Räume bzw. Systeme mit gemeinsamen sozio-ökonomischen und sozio-kulturellen Charakteristika zutage. In vielen Fällen handelt es sich dabei um substaatliche Regionen, die keine spezifische Etikettierung erfahren. Dies entzieht sie der politischen Vereinnahmung.

Die Debatte um „Geschichtsregionen" ist auf den europäischen Raum beschränkt. Von den Debatten um weltregionale Identifizierung von Interaktionszusammenhängen ist sie nahezu völlig entkoppelt. Vor dem Hintergrund von Bemühungen um eine Überwindung eurozentrischer Geschichtsschreibung muss der Begriff Irritation auslösen. Er kann als Antwort auf den Topos von den „Völkern ohne Geschichte" aufgefasst werden, der den osteuropäischen Nationalbewegungen im 19. Jahrhundert ihren Anspruch auf Eigenstaatlichkeit mit Bezug auf ihre mangelnde Historizität absprach. Die Bezeichnung als Geschichtsregionen konterkariert diese Defizitunterstellung, indem sie dem Staat einen räumlichen Bezugsrahmen entgegenstellt, der auch substaatliche Einheiten mit wechselnder staatlicher Zugehörigkeit als Subjekte der Geschichte ernst nimmt. „Geschichtsregion" kann aber auch als eurozentrische Überheblichkeit aufgefasst werden, wenn sie ausschließlich auf europäische Regionen angewandt wird. Auch außereuropäischen Regionen wurde in den geschichtsphilosophischen

Fortschrittsmodellen der europäischen Aufklärungphilosophen Entwicklungsfähigkeit aus eigener Kraft abgesprochen und daraus europäische Fremdbestimmung als Beitrag zur Zivilisierung legitimiert. Anti- und postkoloniale Strömungen haben diese Entmündigung längst infrage gestellt.

Die Erfahrung europäischer Rand- und Übergangsgebiete mit Fremdherrschaft, Peripherisierung und Orientalisierung weist strukturelle Gemeinsamkeiten mit den ehemaligen kolonialen und abhängigen Gebieten in Afrika, Asien und Lateinamerika auf. Die Thematisierung regionaler Untergliederungen und Grenzziehungen in der europäischen Geschichte, die beherrschte Gebiete, Zwischen- und Überlappungszonen im Einflussbereich konkurrierender Großmächte auf gleicher Höhe mit einschließt, fügt sich daher sinnvollerweise in die globalgeschichtlichen Bemühungen zur Bildung und Abgrenzung von Weltregionen ein. Anknüpfungspunkte für eine Zusammenführung der Debatten bilden das Konzept der inneren Peripherien (Komlosy 2003; Nolte 2001), das wirtschaftliche, politische und kulturelle Macht- und Abhängigkeitsbeziehungen innerhalb von Europa im Kontext von globalen Zentrum-Peripherie-Beziehungen analysiert (vgl. Kapitel 3), sowie das Konzept der Orientalisierung (Todorova 1999; Wolff 1994), das vor allem auf die diskursive Zurichtung abhängiger Gebiete zu „geschichtslosen" Einheiten rekurriert (vgl. Kapitel 6). Dabei kann die gegenseitige Anleihe bei Stereotypen, die bestimmten Erdteilen oder Völkern in negativer Hinsicht (z. B. „Bananenrepublik", „polnische oder russische" Wirtschaft, „Balkanisierung"...), manchmal aber auch zwecks Übertragung (z. B. der NS-Slogan „Russland ist unser Indien") unterstellt werden, den Weg zu sinnvollen Vergleichen weisen.

Grenzen

Da Weltregionen per definitionem Konstrukte sind, die je nach Art der Interaktion mehr oder weniger weit reichen und mehr oder weniger dichte Verflechtungen aufweisen können, sind ihre Grenzen nicht ein für allemal zu bestimmen. Dies gilt für die Abgrenzung nach außen ebenso wie für die Binnengliederung.

Abgrenzung nach außen
und Binnengliederung

Grenzen können Trennung und Verbindung bedeuten, in den
meisten Fällen trifft beides zu, wenn auch oft in Hinblick auf verschiedene Faktoren. Naturräumlich definierte Räume sind geographisch
leicht zu definieren. Es ist jedoch keineswegs selbstverständlich, dass
die geographischen Grenzen mit der Reichweite und Begrenzung von
Interaktionsbeziehungen übereinstimmen. Selbst scheinbar unüber-
windliche Grenzen wie Meere und Gebirgskämme werden durch
Schifffahrtsrouten und Passstraßen miteinander verbunden und
schaffen durch die Grenze besondere Bezüge zwischen den beider-
seitig gelegenen Regionen. Um ein Meer gelegene Küstenregionen
werden durch das Meer zu einem gemeinsamen Bezugsraum; viel
schwieriger ist es, eine durch ein Meer begründete Weltregion gegenüber ihren Hinterländern abzugrenzen; in diese Richtung gibt
es kein Ende und die Region ist so weit offen, wie das Hinterland
in Beziehung mit der Küste steht. Subsysteme, die fleckenweise auftreten und durch Netzwerke verbunden sind, reichen ebenfalls so
weit wie die Strahlweite ihrer Beziehungen. Die Abgrenzung muss
in diesem Fall gegenüber anderen Subsystemen oder Netzwerken
vorgenommen werden, die ganz oder teilweise denselben Raum beanspruchen. In manchen Fällen werden ihre Aktivitäten und Räume
klar auseinanderzuhalten sein, etwa die Netzwerke von MigrantInnen und jene von TouristInnen, in anderen Fällen interagieren sie
miteinander, z. B. legale und illegale MigrantInnen, und es lässt sich
keine klare Grenze ziehen.

Grenzen trennen und
verbinden.

Grenze als Trennung verstanden, ist durch die Unterscheidbarkeit
von hüben und drüben leicht fasslich und bestimmt unser Verständnis
von Grenze. Die Wirklichkeit hingegen ist stärker von Grenzen geprägt, die trennen und verbinden. Die Verbindung beruht aufgrund
der Differenz der verbundenen Räume. Sie erzeugt dabei aber auch
Überlappungs-, Begegnungs- und Transferräume, die einen eigenständigen regionalen Charakter entwickeln können. In geopolitischer
Hinsicht entstehen solche Grenzregionen aus dem Konflikt zwischen
zwei Staaten oder Reichen und werden an besonders neuralgischen
Konfliktlinien als Kampf- oder Verteidigungszonen mit besonderen
Funktionen ausgestattet. Aus der Grenzwächterfunktion resultieren
spezifische Grenzkulturen sowie ein regionales Selbstverständnis als
exponierte Randzone mit Schutz- und Verteidigungsaufgaben. In den
toponymischen Bezeichnungen einzelner Gebiete kommt diese ur-

sprüngliche Grenzfunktion gegen konkurrierende Stämme bzw. Reiche im Osten und Norden („Barbaren") oft heute noch zum Ausdruck.

Grenztoponyme in Europa:

■ Aus der Bezeichnung für die BewohnerInnen des römischen Limes, auch *vallum* genannt, entstanden Begriffe wie Wales, Wallonien, Walachei ...

■ Regionen, die an der Ostgrenze des Heiligen Römischen Reiches lagen, tragen oft die deutsche mittelalterliche Bezeichnung für Grenzzone, Mark: Nordmark, Mark Lausitz, Thüringer Mark, Bayerische Ostmark, Böhmische Mark, Steiermark, Mark Krain, Windische Mark ...

■ oder die slawische Bezeichnung für Grenzzone, Krajin(a), die das Aufeinandertreffen christlicher und muslimischer Herrschaft kennzeichnete: Ukraine als Grenzzone gegen Tataren, Vojna Krajina (Militärgrenze) als Grenzzone des Habsburgischen gegen das Osmanische Reich.

■ Aus ungarischer Perspektive lag die Bedrohung im Hochmittelalter im Westen und im Osten: Aufgrund ihrer Grenzwächterfunktion erhielten die Siedlungen im westlichen Siedlungsbereich die Bezeichnung Őrség (= Wart), die in den Ortsnamen dieser Region erhalten blieb (z. B. Oberwart, Őriszentpéter). Im östlichen Karpatenbogen führte der berufliche Status als Wehrbauer zur Ethnisierung der Grenzlandbevölkerung, die als „Szekler" bezeichnet werden.

■ In Spanien wurde die Bezeichnung für christliche Grenzzonen gegen muslimische Präsenz erst im Zuge der Reconquista eingeführt: Landstriche, die von den maurischen Königreichen erobert werden konnten, stellten eine umkämpfte Zone dar, die eroberten/aus christlicher Sicht befreiten Dörfer erhielten den Zusatz *de la frontera*.

In manchen Fällen erlangten diese Grenzregionen politische Autonomie und bildeten den Grundstein eigener Staatlichkeit, wie im Fall von Österreich oder der Ukraine. Solche Grenzregionen haben mit Weltregionen oder Geschichtsregionen nichts gemeinsam; aufgrund des Aufeinandertreffens unterschiedlicher politischer und/oder sozioökonomischer Systeme können sie aber die Grenze zwischen Weltregionen oder Geschichtsregionen bilden, die unter Umständen auch durch eine Grenzregion hindurch verlaufen kann. Dies erhöht den hybriden Charakter ebenso wie den Konfliktreichtum.

Weltregionen sind
nach innen keineswegs
homogen.

Weltregionen sind nach innen keineswegs homogen. Eine Weltregion besteht vielmehr aus mehreren Teilräumen, die Gemeinsames und Trennendes aufweisen, durch Konflikte und Kontakte verbunden sind und durch diese Verbindung überhaupt erst jene Verflechtungsintensität erlangen, die sie als Weltregion charakterisiert. Eine Weltregion fungiert nach innen, auch wenn man sie als Subregion eines größeren (Welt-)Systems auffassen möchte, als ein System und kann daher mit den Instrumentarien der Weltsystem-Analyse untersucht werden (vgl. Kapitel 8).

Weltregionen im überregionalen Zusammenhang

Aufgrund ihres regionalen Charakters sind Weltregionen nicht weltumspannend: Sie zu charakterisieren und von anderen Regionen abzugrenzen, erfordert die Bestimmung übergeordneter Zusammenhänge, in die sie ganz oder teilweise eingebettet sind.

Bei der Prägung von außen und den Beziehungen mit anderen (Welt-) Regionen muss unterschieden werden,

- woher diese kommen,
Prägung von außen,
Wirkung nach außen
- in welchen Bereichen sie wirksam sind,
- für welche Subregionen sie relevant sind.

Bei der Wirkung nach außen und den Außenbeziehungen muss unterschieden werden,

- wohin diese gerichtet sind,
- in welchen Bereichen sie wirksam sind,
- aus welchen Subregionen sie generiert werden.

Dabei ist nach der Wechselwirkung zwischen der Einbettung in überregionale Zusammenhänge auf der einen Seite und der Art der Binnendifferenzierung auf der anderen zu fragen. Zum Beispiel: Arabische und persische Reiche fungierten als Transit- und Kontakträume zwischen den Handelsrouten des Indischen Ozeans und des Mittelmeers; über die spanischen Araberdynastien waren sie bis zur Reconquista auch im westlichen Mittelmeerraum verankert. Juden spielten in diesen Beziehungen eine zentrale Rolle.

Der koloniale Aufbruch aus Spanien nach Übersee, die Conquista, verstand sich als Fortsetzung der christlichen Eroberung des maurischen Spanien, der sogenannten Reconquista. Koloniale Expansion und überseeische Landnahme hatten Rückwirkungen auf die soziale und räumliche Struktur in Spanien: Sie war dafür ausschlaggebend, dass Hafen- gegenüber Binnenstädten, der Adel gegenüber dem städtischen Bürgertum, die Landwirtschaft gegenüber der gewerblichen Verarbeitung bestimmend wurden. Dies hatte zur Folge, dass die Plünderung der Kolonien nicht in wirtschaftliche Stärke übersetzt werden konnte und Spanien in finanzielle Abhängigkeit von England geriet.

Fragen an eine Weltregion
- Abgrenzung und Kriterien (räumlich, sachlich)
- Art der Grenze (je nachdem, was die Region konstituiert)
- Art des regionalen Zusammenhalts
  Teilräume übergreifende Gemeinsamkeiten
  Zusammenhalt durch Unterschiede, Arbeitsteilung und funktionsräumliche Ergänzung
- Untergliederung der Region (Art und Umgang mit Trennlinien)
- Einbettung und Stellung im überregionalen Zusammenhang
- Historischer Wandel und sein Nachwirken in Zeitschichten späterer Epochen (in Bezug auf Herrschaft, Wirtschaftsräume, kulturelle Praxen und Identität)

Weltregion als Identifikationsraum?

Wer bildet eine Weltregion? Wer identifiziert sich mit ihr?
Selbstdefinition:
- Weltregion als Identitätsregion für BewohnerInnen
Fremddefinition:
- durch Herrscher und Eliten
- durch Wahrnehmung und Artikulation von außen: fremde Herrscher und Okkupationsmächte, Nachbarn, eine internationale Gemeinschaft, MigrantInnen- und Diaspora-Communities an ihren neuen Lebensorten
- durch Fragestellungen und Zuschreibungen durch den Forscher/ die Forscherin

Fremd- und Selbstdefinition stehen miteinander in einem engen Zusammenhang

Weltregionen überschreiten in aller Regel individuelle, aber auch nationale und gruppenspezifische Erfahrungsräume.

Fremd- und Selbstdefinition stehen miteinander in einem engen Zusammenhang. Bei jeder Form der äußeren Zuschreibung stellt sich die Frage, wer in der Region diese Zuschreibung übernimmt, wer sie ablehnt und ihr Widerstand entgegensetzt. Wenn beides eintritt, kann sich die BewohnerInnenschaft an dieser Frage auch spalten.

Weltregionen überschreiten in aller Regel individuelle, aber auch nationale und gruppenspezifische Erfahrungsräume. Sie koexistieren – und konkurrieren – mit anderen regionalen Identitäten, die durch Staat, Kleinraum, Nation, soziale, ethnische und kulturelle Bezugsgruppen vermittelt werden.

Die Konstruktion durch Dritte ist also die Regel. Und in der Regel wird diese nicht von allen BewohnerInnen aufgegriffen, sondern allenfalls durch Teile, insbesondere jene, die durch ihre Tätigkeit Einblicke in weitreichende Zusammenhänge erlangen bzw. dadurch überhaupt erst einen weltregionalen Zusammenhang konstituieren. Weltregionales Selbstverständnis ist also, wie jedes andere regionale Selbstverständnis auch, immer Gegenstand eines konfliktreichen Aushandelns. Erschwert wird dieses durch die gespaltene Wahrnehmung durch die BewohnerInnen.

Wie diese müssen auch die ForscherInnen mit ihrem Außenblick in jedem einzelnen Fall zur Kenntnis nehmen, dass die Antwort auf die Frage, ob eine Weltregion „existiert" oder ob sie „nicht existiert", von der Perspektive und dem Gegenstandsbereich abhängig ist.

Ostasien

Ostasien, der aus europäischer Perspektive Ferne Osten, existierte als Einheit vor allem in der Fremdwahrnehmung.

Einige Schwierigkeiten der Abgrenzung und Bildung von Weltregionen sollen abschließend am Beispiel von Ostasien verdeutlicht werden (vgl. Linhart/Weigelin-Schwiedrzik 2004, 2007). Die Region im engeren Sinn setzt sich aus drei Einheiten mit unterschiedlichen Reichstraditionen zusammen, die im 20. Jahrhundert auf fünf Staaten entfallen (China, Japan, Nordkorea, Südkorea, Taiwan als De-facto-Staat, wenn auch international nicht anerkannt), dazu kommen weitere Staaten auf dem südostasiatischen Festland, die phasenweise im Einflussbereich des ostasiatischen Zentrums lagen, politisch aber unabhängig waren (Vietnam, Kambodscha). Kampf um Vorherrschaft, Kriege, ökonomische Konkurrenz, divergierende politische Systeme und internationale Allianzen ließen die Staaten im 20. Jahrhundert getrennte Wege gehen. Ostasien, der aus europäischer Perspektive Ferne Osten, als Einheit existierte vor allem in der Fremdwahrnehmung. Nach einer langen Phase europäischer Bewunderung für China war Ostasien im 19. Jahrhundert zum Hort der Rückständigkeit und des „asiatischen Despotismus" erklärt worden, das seine Modernisierung nur mithilfe europäischer Konzepte bewerkstelligen könne. Die liefen darauf hinaus, ungehinderten Zugriff auf chinesische und japanische Märkte zu erlangen und diesen auch militärisch durchzusetzen. Indem China und Japan abhängig in die von westlichen Mächten beherrschte Weltwirtschaft eingegliedert und diese Eingliederung entwicklungstheoretisch legitimiert wurde, wurde die Region durch die europäische Fremdsicht zur Einheit. Im 20. Jahrhundert wurde der „asiatische Despotismus" durch das Bedrohungsbild der „gelben Gefahr" ersetzt, das wechselweise mit dem japanischen Nationalismus oder dem chinesischen Sozialismus untermauert wurde.

Vor dem Hintergrund dieser Fremddefinition eröffnete der chinesische Publizist Wang Hui unter dem Titel „Reclaiming Asia from the West. Rethinking Global History" eine Diskussion über die regionale Einheit Ostasiens (vgl. Weigelin-Schwiedrzik 2007: 10ff). Es ging ihm darum, ein asiatisches Zukunftsmodell zu entwerfen, ohne dabei den Westen nachzuahmen. Wang Hui eröffnet damit einen entorientalisierenden Diskurs als Voraussetzung für regionale Identitätsbestimmung. Dabei sieht er darüber hinweg, dass Ostasien lange vor der orientalisierenden Zurichtung durch die Europäer als staaten- und regionenübergreifender Raum mit einer gemeinsamen Binnenstruktur existierte. Bei der historischen Rekonstruktion erweist sich das Zentrum-Peripherie-Modell als zentrales methodisches Instrumentarium zur Erforschung, aber auch als entscheidender Funktionsmechanismus des Zusammenhalts in der Region (Weigelin-Schwiedrzik 2004: 81 ff). Es liefert einen Schlüssel für die Abgrenzung der Region, die mit der jeweiligen Reichweite des kulturellen und politischen Einflusses des Zentrums definiert werden kann (auch wenn das Reichsverständnis der chinesischen Herrscher per definitionem keine Grenzen kannte und „alles unter dem Himmel" einschloss). In politischer Hinsicht materialisierte sich dieser Einfluss über die Tribut- und Huldigungsbeziehungen, die unterworfene und benachbarte Herrscher dem chinesischen Kaiser entgegenbrachten, der bis ins 19. Jahrhundert das Zentrum Ostasiens verkörperte. In kultureller Hinsicht kann dieser

Asien vom Westen zurückfordern

Ostasien historisch rekonstruieren

Einfluss an der Ausbreitung der chinesischen Schrift und der Bezugnahme auf Texte des Konfuzianismus festgemacht werden, die auch Japan und Korea einschlossen. Völker am Randes des Reiches, die an dieser Kultur nicht partizipierten, wurden als „Barbaren" bezeichnet.

Das chinesische Modell von Zentrum und Peripherie unterscheidet sich von westlichen Vorstellungen imperialer Herrschaft oder Hegemonie.

Das chinesische Modell von Zentrum und Peripherie unterscheidet sich von westlichen Vorstellungen imperialer Herrschaft oder Hegemonie: Freiwilligkeit des Zusammenschlusses, Aufeinanderangewiesensein und Kooperation stehen im Vordergrund. Der wichtigste Unterschied besteht allerdings darin, dass die Peripherie als eine Reserve gilt, von der im Fall von Krisen oder Machtverlust des Zentrums eine Erneuerung des Reichszusammenhangs ausgeht. Zentrum – Peripherie werden also weniger als Gegensatzpaar, sondern

Zentrum – Peripherie im Sinne dynamischen Positionswechsels gedacht

im Sinne dynamischen Positionswechsels gedacht.

Die von einander in Form von Dynastiewechseln abwechselnden chinesischen Zentren gestiftete Einheit der ostasiatischen Region ging verloren, als westliche Mächte im 19. Jahrhundert die ökonomische Macht (nicht aber die politische Herrschaft) über Ostasien ergriffen und China seine integrative Rolle einbüßte. In das Vakuum stieß die westliche Charakterisierung der Region. Nachdem China sich als unfähig erwies, die Zentrumsrolle zu erfüllen, wurde es von Japan herausgefordert. Japan stärkte Ende des 19. und Anfang des 20. Jahrhunderts seine Position durch eine Reihe von Kriegen gegen Taiwan, Korea, China, Russland und die Mandschurei, die Japan 1928–1931 annektierte. Es übernahm vom Westen nicht nur das Industrialisierungsmodell, das Fabriksystem, sondern auch das Modell der Nationsbildung sowie der kolonialen Expansion, das die Einbeziehung von Kolonien und abhängigen Gebieten als Rohstoff- und Arbeitskräftelieferanten erforderte. Japan wurde in den 1930er-Jahren mit der „Großostasiatischen Wohlstandssphäre" die stärkste Macht in Ostasien und ging eine Allianz mit den Achsenmächten ein. Aufgrund des nachholenden Charakters der Konsolidierung Japans als Großmacht glich diese Zone stärker dem NS-deutschen Großraum als den Kolonialwirtschaftsräumen der westlichen Großmächte, die vor dem Hintergrund der Weltwirtschaftskrise 1929/31 ihre Kolonien ebenfalls stärker an das Zentrum banden.

Grenzen ostasiatischer Identität

Die Besetzung durch einen japanischen Imperialismus hat den Ostasien-Begriff in den Augen der Chinesen und Koreaner diskreditiert. Wang Hui schlug deshalb vor, die Suche nach einer asiatischen

Identität von Ostasien zu entkoppeln. Die Niederlage im Zweiten Weltkrieg und die enge Anbindung Japans an die Siegermacht USA, die sozialistische Orientierung in China, die Sezession von Taiwan und die Teilung Koreas ließen Ostasien in unvereinbare nationale sowie ideologische Entwicklungen zerfallen. Die weltweite Ausstrahlung des chinesischen Sozialismus machte China für kurze Zeit zu einem geistigen Zentrum der Weltrevolution. Der maoistische Internationalismus inspirierte dabei ein globales Netzwerk, das weit über China hinaus ausstrahlte. In Hinsicht auf das Verhältnis von Stadt und Land knüpfte die Kulturrevolution an die dynamischen Positionswechsel von Zentren und Peripherien in der älteren Reichstradition an (Weigelin-Schwiedrzik 2007). Japan hingegen profilierte sich durch sein Modell erfolgreicher staatskapitalistischer Modernisierung.

Dass heute wieder konzeptionell über Ostasien gesprochen wird, hat nicht nur mit dem Aufbruch des Faches Globalgeschichte, der Problematisierung und der Suche nach geeigneten weltregionalen Einheiten für die Forschung zu tun. Es sind vielmehr die Veränderungen in den globalen Kräfteverhältnissen, die Ostasiens Konturen als Region verstärken. Das Ende der industriellen Produktion in den alten (ehemaligen) Industrieländern hat China zum führenden Industrieproduzenten der Welt aufsteigen lassen, in dem planwirtschaftliche Steuerung, soziale Mobilisierung und marktwirtschaftliche Initiative eine ungeheure Dynamik entfaltet haben. Diese Dynamik eröffnet China erneut die Möglichkeit, die Rolle des Zentrums in Ostasien zu übernehmen. Die Suche nach einem regionalen Selbstverständnis wird durch die wachsende soziale Differenzierung innerhalb des Landes sowie die Beziehungen mit dem Rivalen Japan geprägt, während die Koreas eher geneigt erscheinen, die Führungsrolle Chinas anzuerkennen.

China als führender Industrieproduzent der Welt

Literatur

Die Buchreihe „Edition Weltregionen" (Komlosy u. a. Hg. 1999–2011) hat bisher 20 Bände zu unterschiedlichen Weltregionen vorgelegt. Die Bände stellen Materialien für eine Weltgeschichte bereit, die die Räume überregionaler Beziehungen in ihrer Vielfalt, ihrem Bedeutungswandel und in ihren mannigfaltigen Bezügen begreifen. Von den regionalen Kulturwissenschaften der „Area Studies", die sich auf einzelne Kulturareale spezialisieren, unterscheiden sich die Bände durch länder- und kulturübergreifende Schwerpunktsetzung, die

Fragen nach globaler Einordnung, innerer Differenzierung und den Außen-
bezügen der jeweiligen Weltregion in den Vordergrund stellt. Das Verhältnis
von Selbst- und Fremdwahrnehmung einer Weltregion wird in diesem Kapitel
anhand der von Linhart/Weigelin-Schwiedrzik 2004/2007 herausgegebenen
Bände „Ostasien 1600–1900" sowie „Ostasien im 20. Jahrhundert" diskutiert.

Sprachregionen stellen im Rahmen der Sprach- und Literaturwissenschaf-
ten einen zentralen Forschungsgegenstand dar; in der historischen Weltre-
gionenforschung wurden sie bisher wenig thematisiert – wegweisend wirkt
Fragner 2007 in Hinblick auf die Persophonie. Dies gilt gleichermaßen für
Weltreligionen, die vor allem aus religions- und kulturgeschichtlicher Perspektive erforscht werden, während raumbildende Aspekte im Hintergrund
stehen. Eine pointierte Auseinandersetzung mit „Anglobalisierung" bietet
Rufin 2005 in seinem Fiction-Roman „Globalia".

Das Konzept europäischer „Geschichtsregionen" wurde von Augustynowicz 2010 und Troebst 2006 für Ostmitteleuropa, von Zernack 1993 für
Nordosteuropa sowie von Geier 2006 für Südosteuropa aufgegriffen; einen
Überblick gibt Giordano 2003. Auffassungswandel und wechselnde Funk-
tionalisierung des Mitteleuropa-Begriffs vermitteln Naumann 1915, Halecki
1952, Szűcs 1983, Busek 1986, Elvert 1999 und Le Rider 1994.

8.   Weltsystem als Herangehensweise an Globalgeschichte

= ganzheitlich

Der Begriff Weltsystem-Analyse steht für einen holistischen Zugang
zur Welt- und Globalgeschichte als Geschichte der einen Welt. Dies
bedeutet keineswegs, dass nicht auch Teilräume der Welt (Weltregionen, Staaten und Reiche, Kleinräume, nicht-staatlich organisierte
Gesellschaften, transnationale Transaktionsräume) als Schauplätze von
Weltgeschichte in den Blick genommen werden. Die kleinräumige
Ebene wird allerdings immer in den überregionalen Kontext gestellt
und in Hinblick auf ihre Rolle im Gesamtzusammenhang behandelt.

■ **Weltsystem-Analyse *Bottom-up*:** Welche konkreten Akte entfalten im historischen Prozess eine solche Dichte und Qualität an
Interaktion, dass von einem staaten- und regionenübergreifenden
Systemzusammenhang gesprochen werden kann. Die Analyse geht
historisch-empirisch vor.

■ **Weltsystem-Analyse** *Top-down:* Ausgangspunkt bildet die eine Welt als ein Systemzusammenhang, der als Zusammenwirken seiner Teile untersucht wird.

Weltsystemstudien werden in unterschiedlichen Disziplinen betrieben. Viele Fragen lassen sich überhaupt nur in interdisziplinärer Kooperation behandeln. So treffen unterschiedliche Methoden und Theorien aufeinander.

Soziologische Systemtheorien gehen davon aus, dass jede großräumig und sozial differenzierte Gesellschaftsformation Beziehungen mit Rückkopplungseffekten kennt und daher unter den Prämissen räumlicher Systemzusammenhänge und räumlicher Ungleichheit untersucht werden muss. Auch in der Kultur- und Sozialanthropologie kommen solche Modelle zur Anwendung.

Als entscheidende Zäsur für soziale Stratifizierung und räumeübergreifende Herrschaftsbeziehungen, die als Weltsysteme charakterisiert werden können, gilt der Übergang von Jäger- und SammlerInnen-Gesellschaften auf Ackerbaugesellschaften in der Zeit des Neolithikums (4. bis 3. Jahrtausend vor unserer Zeitrechnung). In der Folgezeit lässt sich die Geschichte entlang von Interaktionsbeziehungen zwischen den Gesellschaften periodisieren.

Archäologie und Altertumsforschung bedienen sich zur Einordnung ihrer Ergebnisse dabei in zunehmendem Maße systemtheoretischer und historisch-sozialwissenschaftlicher Theorien und Modelle.

Geschichtswissenschaften und historische Sozialwissenschaften erforschen Weltsysteme als konkrete historische Formationen. Sie stellen die makrosoziologischen Modellbildungen auf eine historisch-empirische Grundlage. Im Zentrum dieser Forschungen stand in den 1970er- und 1980er-Jahren das Europäische Weltsystem, das maßgeblich von Immanuel Wallerstein entwickelt wurde. Dessen Beginn wird zwischen dem 12. und dem 15. Jahrhundert angesetzt. Dies deckt sich mit dem Beginn der kapitalistischen Produktionsweise, sodass europäisches und kapitalistisches Weltsystem mehr oder weniger synonym verwendet werden. Es wird in seinen langfristigen Entwicklungstendenzen und seiner räumlichen Entfaltung hin zu einem die ganze Welt umfassenden Systemzusammenhang analysiert. Gegenüber dieser von Europa ausgehenden Herangehensweise

Weltsystem-Analyse kann aus einer Bottom-up-Perspektive oder aus einer Top-down-Perspektive betrieben werden.

Historische Sozialwissenschaften erforschen Weltsysteme als konkrete historische Formationen.

wurden in der Folge alternative Weltsystem-Modelle in Hinblick auf
Datierung und Lokalisierung von Zentren und Peripherien entwickelt.

Systemtheoretische Grundlagen

Globaler Kontakt und Interaktion	
• sporadisch	• langfristig
• indirekt	• direkt
• unmittelbar wirksam	• mit Verzögerung
• bilateral	• multilateral
• zufällig	• beabsichtigt
Gesellschaftliche Relevanz der Interaktion	
• marginal	
• zusätzlich	
• konstitutiv	
• systemrelevant	

In dem Maße, wie überregionale Interaktion zur vitalen Bedingung einer Gesellschaft wird, können wir von „System" sprechen.

Regionen bzw. Gesellschaften, die überhaupt keine Beziehungen zu
anderen unterhalten, stehen außerhalb jedes weltsystemischen Analyserahmens. Wichtiger ist jedoch die Frage, welches Ausmaß an Interaktion gegeben sein muss, damit eine überregionale Beziehung als
systembegründend angesehen werden kann. Hier wird davon ausgegangen, dass es dafür keine hinreichende Voraussetzung gibt. Vielmehr
gibt es ein Kontinuum von Kontaktintensität, das die zunehmende
gesellschaftliche Relevanz einer Beziehung von „marginal" bis „system-
relevant" widerspiegelt. In dem Maße, wie überregionale Interaktion
zur konstitutiven, vitalen Bedingung einer Gesellschaft wird, können
wir von „System" sprechen. System wird dabei als eine dynamische
Struktur verstanden, deren Stabilität auf Rückkopplungen beruht. Im
Kontext eines Systems, das ort- und raumübergreifend wirkt, weist
diese Struktur mehrere Teilräume auf, die in einen arbeitsteiligen Zusammenhang eingebunden sind. Der Zusammenhalt erfolgt durch
Ergänzung unterschiedlicher Funktionen, die die Teilräume im Gesamtsystem ausüben. Diese werden idealtypisch als Zentren, Peripherien und Semiperipherien gefasst. Funktionale Ergänzung kann sich
auf jeder räumlichen Ebene herausbilden. Im Weltsystem-Zusammen-

hang greifen die kleinräumige und die großräumige Ebene ineinander.
Das Lokale geht mit dem Globalen eine spezifische Verbindung ein.

Wie kann man beurteilen, ob eine Interaktion systemischen Charakter hat? Zu diesem Zweck ist ein Bündel von Indikatoren notwendig, an dem die Beziehung gemessen werden kann. Dabei werden grundsätzlich Ökonomie, Gesellschaft, Politik und Kultur mit einbezogen. Eine eindeutige Antwort wird erschwert, weil die Bilanz für jeden Bereich und jeden Gegenstand des Kontakts unterschiedlich ausfallen kann. Wir müssen also fließende Übergänge von getrennten Gesellschaften in Systemzusammenhänge in Rechnung stellen. Darüber hinaus setzt der Übergang, je nachdem in welchem Bereich der Kontakt stattfindet, zu unterschiedlichen Zeitpunkten ein.

Die Beziehung selbst kann folgende Formen annehmen:

> **Akteursbeziehungen:**
> - Keine Beziehung
> - Ausgeglichene Beziehung mit Vorteilen für jede Seite
> - Unausgeglichene, hierarchische Beziehung, Dominanz – Abhängigkeit
>   - Mit Tendenz zum Ausgleich
>   - Mit Tendenz zur Vergrößerung der Unterschiede

Auf gegenseitigen Vorteilen beruhende Beziehungen erfordern in der Regel eine relativ ausgeglichene Verteilung von Machtmitteln und Ressourcen. Hierarchische Beziehungen, die auf einem Dominanz-Abhängigkeits-Verhältnis beruhen, können in Richtung Ausgleich oder Konvergenz tendieren. Einmal bestehende Unterschiede können aber auch der Ausgangspunkt für wachsende Disparität sein. Die Gründe, warum die eine oder die andere Tendenz schlagend wird, liegen nicht nur im Einflussbereich der unmittelbar Beteiligten, sondern erfordern die Einbeziehung aller anderen Akteure sowie der Rahmenbedingungen und ihrem Wandel.

Funktionsmechanismen des Weltsystems

Im Folgenden werden die Funktionsmechanismen von Weltsystem-Modellen zusammengefasst. Aus den Modellen lässt sich der Fragenkatalog entwickeln, der einer Weltsystem-Analyse zugrunde gelegt werden muss, wobei zeit- und kontextbezogen weitere Bereiche ein-

Auch jene Teile der Welt(wirtschaft), die nicht zum entwickelten Zentrum gehören, sind deren konstitutive Bestandteile.

zubeziehen sind. Im Kern findet sich ein marxistisches Verständnis von Kapitalakkumulation als zyklisch verlaufender, durch Expansion, Krise, Kontraktion und neuen Aufschwung gekennzeichneter Prozess, dem ein Zwang zur räumlichen Expansion und zur Ausweitung von Marktbeziehungen und Warenwirtschaft auf immer größere Bereiche gesellschaftlicher Beziehungen innewohnt. Im Gegensatz zum historischen Marxismus, der Kapitalakkumulation auf entwickelte kapitalistische Industriegesellschaften und Mehrwertbildung auf den Bereich der Lohnarbeit im Kapitalismus beschränkte, werden im Weltsystem-Modell auch jene Teile der Welt(wirtschaft), die nicht zum entwickelten Zentrum gehören, als deren konstitutive Bestandteile begriffen. Dies erfordert, der Herausbildung von Zentren und Peripherien als historischem Prozess sowie den Funktionsmechanismen der zwischen ihnen bestehenden ungleichen Beziehungen größere Aufmerksamkeit zu widmen. Diese Ungleichheit bildet die Voraussetzung für Ungleichzeitigkeit, das heißt die Koexistenz von unterschiedlichen Wirtschafts-, Arbeits- und Lebensbedingungen in den Teilräumen des Weltsystems. Diese zeichnen sich auch durch eine unterschiedliche Stärke ihrer Staatsapparate aus: Während Zentren größere Steuerungs-, Regulierungs- und Durchsetzungsmacht besitzen, zeichnen sich Peripherien durch die Schwäche ihrer Regierungen aus.

Funktionsmechanismen des Weltsystems

marxistisch {

- ■ Sich stets reproduzierende Kapitalakkumulation – Triebfeder für räumliche Akkumulation über politische Grenzen hinweg
- ■ Externe Zonen werden sukzessive ins Weltsystem integriert
- ■ Kommerzialisierung (Ausweitung von Marktbeziehungen)
- ■ Kommodifizierung (Ausweitung der Warenwirtschaft)
- ■ Zyklischer Charakter der Expansion (A= Expansion, B= Kontraktion)
- ■ Zentrenbildung und Peripherisierung als verbundene Prozesse
- ■ Ungleiche und ungleichzeitige Entwicklung
- ■ Werttransfer: Zentren profitieren von der Ungleichheit und Ungleichzeitigkeit
- ■ Begrenztheit staatlicher Politik als Voraussetzung für staatenübergreifende wirtschaftliche Beziehungen
- ■ Unterschiedliche Stärke von Staatsapparaten gemäß der Stellung im Weltsystem
- ■ Veränderung von Z, SP und P: Auf- und Abstieg möglich

Zentren und Peripherien lassen sich an den Aufgaben und Funkti-
onen festmachen, die sie im Rahmen einer ungleichen Arbeitsteilung
erfüllen. Zentren und Peripherien existieren nur in ihrer Aufeinander-
Bezogenheit: Sie stellen keinen Gegensatz, sondern ein komplemen-
täres Verhältnis dar. Da sie ihre konkrete Ausprägung im historischen
Prozess erlebten, sind sowohl die Aufgaben, die sie in der ungleichen
Arbeitsteilung erfüllen, als auch ihre funktionsräumlichen Rollen als
Zentrum, Peripherie oder Semiperipherie veränderbar. Es kann im
Einzelfall zu konvergenten und divergenten Entwicklungen kommen
und die Geschichte des Weltsystems kann als Abfolge von Auf- und
Abstiegsprozessen dargestellt werden. Konvergenz- und Divergenz-
prozesse können Unterschiede zwischen der politischen, der kulturellen und der wirtschaftlichen Ebene aufweisen. Zum Beispiel können
ökonomische Zentren in politischer Hinsicht Peripherien sein und
umgekehrt. Da Zentrum und Peripherie jedoch aus dem Funktionsmechanismus des Systems entstehen, ist ihre Konvergenz nur im
Einzelfall, nicht aber als Gesamtcharakteristik des Systems denkbar.

> Zentren und Periphe-
> rien lassen sich an den
> Aufgaben festmachen,
> die sie im Rahmen einer
> ungleichen Arbeitsteilung
> erfüllen.

> Ökonomische Zentren
> können in politischer
> Hinsicht Peripherien sein
> und umgekehrt.

Koexistenz und Verbindung von Zentren und Peripherien

- durch unterschiedliche Formen der wirtschaftlichen Spezialisierung (Sektoren, Branchen mit unterschiedlichen Potenzialen für
Wertschöpfung und Entwicklung)
- durch unterschiedliche Positionen in der überregionalen/globa-
len Güterkette
- durch unterschiedliche Formen der Arbeit: freiwillig – unter
Zwang, bezahlt - unbezahlt, sozial abgesichert – ungesichert, formell – informell, reguliert – dereguliert
- durch unterschiedliche Formen politischer Regulierung in den
Teilräumen des Weltsystems
- durch unterschiedliche Formen der Deutungshoheit über den
Funktionsmechanismus ungleicher überregionaler Arbeitsteilung
und der daran beteiligten Charaktere

Ungleichheit und Ungleichzeitigkeit im Weltsystem bewirken, dass
Werte, die in Peripherien geschaffen werden, im Rahmen der zwischen Zentrum und Peripherie stattfindenden Interaktionen in überproportionalem Maße den Akteuren des Zentrums zugutekommen.
Dieser Werttransfer fußt auf den ungleichen Beziehungen im Welt-

system und lässt sich nicht auf den Mehrwert reduzieren, wie er in der Marxschen Analyse von Lohnarbeit und Kapital definiert wird. Werttransfer schließt die Schöpfung und Aneignung von Mehrwert aus der Beschäftigung eines Lohnarbeiters nicht aus, basiert aber auf Aneignungsformen, die aus den unterschiedlichen Möglichkeiten zur Wertschöpfung in den einzelnen Teilen des Weltsystems resultieren.

Mechanismen des Werttransfers P -> Z

- Arbeitsteilung zwischen mehr oder weniger Gewinn- und Einkommen generierenden Wirtschaftsbereichen (Agrarwirtschaft – Gewerbe, Rohstoffe – Verarbeitung, Steuerungsfunktionen – Zulieferfunktionen)
- Ungleicher Tausch
- Unterschiedliche Wertschöpfung entlang der Güterkette
- Abfluss von Sparguthaben, Kapital, Zinsen an Bankzentralen
- Abfluss von Lohn-, Preis- und Kostendifferenzialen und Gewinnen an Konzernzentralen
- Abfluss von Lizenzen und Patentgebühren an Forschungszentren
- Abfluss von Humankapital von Ab- an Zuwanderungsregionen

Zum Modell des Werttransfers im kapitalistischen Weltsystem vgl. Kapitel 3, Abb. 4.

Die vorgestellten Mechanismen und Funktionsregeln finden bei den ForscherInnen, die das Weltsystem-Modell für die Herangehensweise an Globalgeschichte verwenden, unterschiedliche Gewichtung und Interpretation. Strittig ist, ob die analytischen Werkzeuge für jede in überregionalen arbeitsteiligen Zusammenhängen agierende Gesellschaft anwendbar sind, Weltsystem also eine universelle Kategorie darstellt, oder ob sie lediglich auf kapitalistische Gesellschaften zutreffen, Weltsystem also einen Funktionsmechanismus des historischen Kapitalismus darstellt. Da das Weltsystem-Modell bei der Analyse der europäischen Expansion von ihren räumlich beschränkten Anfängen im 16. Jahrhundert bis zu dem die ganze Welt einschließenden Welt(markt)zusammenhang des 20. Jahrhunderts entstanden ist, beginnen wir mit diesem Ansatz.

„Kapitalistisches Weltsystem" als historische Formation

Die Weltsystem-Analyse entstand einerseits als theoretisches Modell mit eigenen Kategorien und Annahmen über Wirkungs- und Funktionszusammenhänge zur Analyse historischer Prozesse ungleicher regionaler Entwicklung. Sie verstand sich als ein sozialwissenschaftliches Modell (Wallerstein 1995). Konfrontiert mit bestehenden historischen Darstellungen über die Entwicklung europäischer Expansion und weltwirtschaftlicher Verflechtung, trugen Weltsystem-Theoretiker andererseits zu einer Neuinterpretation der politischen sowie der Wirtschafts- und Sozialgeschichte der Frühen Neuzeit bei und verfolgten deren Wandel bis in die Gegenwart. Den Ausgangspunkt bildete die europäische Expansion des 16. Jahrhunderts, mit Vorläufern im Mittelmeer, Schwarzen Meer und auf den Inseln des westlichen Atlantiks, die als entscheidendes Moment für die Entstehung eines weltweit ausgreifenden, arbeitsteiligen, von europäischen Interessen geleiteten und unter europäischer Führung entstehenden Weltsystems begriffen wurde. Als Wirkungsbereich wurden zunächst Nordwesteuropa (Niederlande, Großbritannien, Nordfrankreich) als Zentrum, Nordosteuropa sowie die Amerikas als Peripherie angesehen. Die Führungsrolle – oder Hegemonie – verschob sich von den Niederlanden (17. Jahrhundert) nach Großbritannien (18./19. Jahrhundert) und die USA, die im 20. Jahrhundert Großbritannien als globale Hegemonialmacht ablösten. Venedig, Oberitalien, Oberdeutschland, Flandern, Spanien mit Sevilla und Portugal mit Lissabon, die im Spätmittelalter die führenden europäischen Wirtschaftszentren dargestellt hatten, erlebten gegenüber den nordwesteuropäischen Staaten einen Abstieg und wurden mithin als Semiperipherien angesehen; die habsburgischen Länder erlebten diesen Abstieg im 17. Jahrhundert. Zu Semiperipherien aufsteigende Mächte stellten insbesondere Schweden (17. Jahrhundert) und Preußen (18. Jahrhundert) dar. In die von Nordwesteuropa ausgehende Arbeitsteilung wurden als Peripherien zunächst Polen-Litauen, Süditalien und Südfrankreich, Nord- und Südamerika sowie Westafrika einbezogen, im 18. Jahrhundert kamen das Russische und das Osmanische Reich hinzu, im 19. Jahrhundert die weiteren Gebiete Asiens und Afrika (Darstellung nach Wallerstein 2004a/1998/2004b).

Die Weltsystem-Analyse entstand als theoretisches Modell zur Analyse historischer Prozesse ungleicher regionaler Entwicklung.

vgl. Tabelle S. 196

Peripherisierung wurde nicht durch Ausschluss, sondern durch Einschluss in das Weltsystem bewerkstelligt.

Die Zugehörigkeit zum Weltsystem wurde nicht an Eroberung oder formeller Kolonisierung festgemacht, sondern an der Eingliederung in den durch funktionsräumliche Arbeitsteilung gekennzeichneten Integrationsraum. Peripherisierung wurde nicht durch den Ausschluss, sondern durch den Einschluss in das Weltsystem bewerkstelligt. Gleichzeitig bewirkte der der Kapitalakkumulation inhärente Expansionszwang die sukzessive Eingliederung sämtlicher Weltregionen in das Weltsystem. Auch die Sowjetunion und die realsozialistischen Länder in Osteuropa und der Dritten Welt wurden als Teile des kapitalistischen Weltsystems begriffen, die sich zwar durch andere Formen gesellschaftlicher Verteilung, Steuerung und Regulierung auszeichneten, die kapitalistischen Wachstumsparadigmen und die Funktionsregeln des Weltsystems in ihren Staaten damit aber allenfalls partiell außer Kraft setzten (Berend 1996; Hofbauer/ Komlosy 2006; Nolte 2003: 306 ff.).

Ein solches Verständnis von Weltsystem positioniert sich durch die Charakterisierung von Kapitalismus als Produktionsweise, die in (Nordwest-)Europa ihren Ausgang nahm und von Anbeginn an Arbeitsverhältnisse inkludierte, die als Familienwirtschaften, als Feudaloder Tributsysteme oder auf der Basis von Sklaverei organisiert waren. Im Zuge der Ausweitung des europäischen Weltsystems zu einem den ganzen Globus umfassenden Weltsystem wurde Kapitalismus überall auf der Welt bestimmend. Andere Lebens- und Wirtschaftsweisen, sei es Subsistenzarbeit, Haushalt oder sozialistische Planwirtschaften, wurden seinen Aneignungsmechanismen unterworfen.

Reichweite und Inkorporierung

■ 12. Jahrhundert: Venedig, islamischer Mittelmeerraum

■ 13.–15. Jahrhundert: Oberitalien, Oberdeutschland, Flandern

■ 16. Jahrhundert: Nordwesteuropa (Z), Süd- und Zentraleuropa (SP), Nordost-/Osteuropa (P), amerikanische Kolonien (P)

■ 18. Jahrhundert: Inkorporierung des Osmanischen Reiches, des Zarenreiches, Westafrikas, des indischen Subkontinents und Südostasiens (P)

■ 19. Jahrhundert: Inkorporierung Afrikas, Ozeaniens und weiterer Teile Asiens (P)

Der bekannteste Weltsystem-Theoretiker ist der US-amerikanische Soziologe Immanuel Wallerstein, der mit dem Buchzyklus „Das moderne Weltsystem" (2004a/1998/2004b) das historische Narrativ der Weltsystem-Analyse maßgeblich geprägt hat. Er stützt sich in seinen Interpretationen maßgeblich auf Fernand Braudel, der auch als Pate der Zentren der Weltsystem-Forschung, des *Fernand Braudel Center for the Study of Economies, Historical Systems, and Civilizations* in Binghamton, New York, sowie der *Maison des Sciences de l'Homme* in Paris gilt. Um diese Forschungseinrichtungen, aber auch unabhängig von diesen, entwickelte sich seit den 1970er- und 1980er-Jahren ein loser Kreis von ForscherInnen, die die Weltsystem-Analyse methodisch-theoretisch sowie in Hinblick auf regionale Fallstudien rund um die Welt aufgriffen und weiterentwickelten. Unter diesen sind insbesondere Samir Amin, Giovanni Arrighi und Andre Gunder Frank hervorzuheben, die zahlreiche gemeinsame Publikationen vorlegten. Im deutschen Sprachraum haben als Erste Dieter Senghaas und Hans-Heinrich Nolte den Weltsystem-Ansatz aufgegriffen.

Aus der Perspektive der Gegensatzpaare, die im Kapitel 1 zur zeiträumlichen Modellierung globaler Interaktion entwickelt wurden, erscheint die Braudel-Wallersteinsche Variante des Weltsystems als eine Kombination des exzentrischen mit dem konzentrischen Modell. Zum Zeitpunkt seines Entstehens im 16. Jahrhundert wird das Europäische Weltsystem als ein Integrationsraum unter vielen begriffen, der mit verschiedenen anderen Gemeinwesen auf der Welt koexistierte (aus der Perspektive des Europäischen Weltsystems sogenannte „Außenarenen"), manche davon selbst mit überregionalem Aktionsradius. Sie folgen unterschiedlichen Ortszeiten und können durch exzentrische Kreise symbolisiert werden. Mit dem Prozess der sukzessiven Inkorporierung der Außenarenen in den Wirkungszusammenhang des Weltsystems, verändert sich das Verhältnis zwischen „innen" und „außen". Alle Teilräume wurden damit zu Teilen des Weltsystems und befinden sich nun innerhalb des Systems. Da sie nicht zu einem homogenen Raum zusammenwachsen, werden die Teilräume weiterhin als Kreise mit eigenen Ortszeiten abgebildet. Die örtliche Ebene fügt sich jedoch in ein durch konzentrische Kreise symbolisiertes Mehrebenensystem ein, das die Ortszeit mit der Weltzeit verbindet; zieht man mehrere Orte gleichzeitig in Betracht, entstehen einander über-

Das Europäische Weltsystem des 16. Jahrhunderts: ein Integrationsraum unter vielen

lappende konzentrische Ringe im Rahmen eines durch den äußeren
Kreis symbolisierten Systemzusammenhangs.

Das „System der Christenheit" als historische Formation

Eine bemerkenswerte Modifikation des Wallersteinschen Weltsystem-
Modells legte der deutsche Historiker Hans-Heinrich Nolte vor,
der maßgeblich zur Bekanntmachung des Weltsystem-Ansatzes im
deutschen Sprachraum beigetragen hat. Nolte bringt als Osteuropa-
Spezialist eine andere Perspektive ein, die zu einer Neuformulierung
der einen Systemzusammenhang begründenden Voraussetzungen
führte. Durch diesen Perspektivenwechsel sowie durch die stärkere
Fokussierung auf Politik, Kultur und Religion kommt er zu einem
anderen historischen Narrativ (Nolte 2005/2009).

Funktionsregeln des Weltsystems nach Hans-Heinrich Nolte
- Kooperation und Konkurrenz
- Kompetenzakkumulation
- Hierarchie
- Expansion

vgl. Wallerstein

Nolte charakterisiert die Funktionsregeln des Weltsystems durch das
Zusammenwirken von Kooperation und Konkurrenz, Kompetenzakkumulation, Hierarchie und Expansion. Dies sind theoretische
Kategorien, die den Wallersteinschen Systemmechanismus mit anderen Worten umschreiben. Wichtiger ist die Charakterisierung der
Systembildung durch zusätzliche Bereiche und Kontexte. Nolte legt
der über Europa hinausreichenden Systembildung im 16. Jahrhundert eine Vorgeschichte zugrunde, die durch die politische, kulturelle
und wirtschaftliche Kooperation europäischer Mächte im Rahmen
des „Systems der Christenheit" geprägt war (Nolte 2005: 113 ff.). Dieses System legte den Grundstein für die Kooperation der römisch-
katholischen Herrscher, auch wenn es zwischen den Reichen und
Fürstenstaaten Konkurrenz gab. Das System hatte klare räumliche
Grenzen; so schloss es seit dem großen Schisma von 1054 lediglich
die römisch-katholische Christenheit ein, führte also in Bezug auf
das Christentum jene Pars-pro-toto-Sichtweise ein, die heute auch
unter anderem der Verwechslung des Europa- und des EU-Begriffs

zugrunde liegt. Wie die Missionsgeschichte zeigt, war es gleichzeitig expansiv und erweiterte damit seinen Wirkungsbereich. Dabei machte die Mission nicht vor der Katholisierung griechisch-orthodox getaufter Christen halt. Im Zuge der sogenannten Kirchenunionen gelang es partiell, griechisch- oder russisch-orthodoxe Gläubige der Oberhoheit des römischen Papstes zu unterstellen. Der politisch-kulturelle Zusammenhang ermöglichte gemeinsame Entwicklungen im religiösen Bereich und im Bereich universitärer Institutionen über Staatsgrenzen hinweg.

Nolte geht davon aus, dass das Europäische Weltsystem auf römisch-katholischer Grundlage bereits existierte, bevor der Systemzusammenhang im 16. Jahrhundert auf das Gebiet der Weltwirtschaft ausgriff und zur Herausbildung der ungleichen Arbeitsteilung zwischen unterschiedlichen Macht- und Kompetenzräumen des Weltsystems führte. Nolte bedient sich bei der Kategorisierung der unterschiedlichen Rollen bzw. Funktionen einer anderen Terminologie als Wallerstein. Er bezieht den Begriff des „Zentrums" auf souveräne Staaten mit ökonomischer, politischer und kultureller Hegemonie im System. Souveräne Staaten, die abhängige ökonomische Funktionen innerhalb der internationalen Arbeitsteilung bekleiden, bezeichnet Nolte als „Semiperipherie". Der Begriff „Peripherie" ist politisch abhängigen Gebieten vorbehalten, die räumlich vom Mutterland getrennt sind, und bezeichnet im Wesentlichen Kolonien. Abhängige Gebiete innerhalb eines Staates werden als „innere Peripherien" bezeichnet. Durch diese Begriffsbestimmung misst Nolte der politischen Souveränität eine größere Bedeutung bei als Wallerstein.

Nolte macht die Expansion des Weltsystems nicht nur an der wirtschaftlichen Expansion (Nordwest-)Europas fest. Auch das „System der Christenheit" als politisch-kulturelles System erlebte eine Ausdehnung und nahm am Ende des 18. Jahrhunderts Russland, das seinen Ausschluss aus dem „System der Christenheit" niemals akzeptiert hatte, in das System auf. Dies spiegelt die Säkularisierung der internationalen Beziehungen wider, die seit dem Westfälischen Frieden den Vertrag über den Glauben stellte. Eine weitere Festigung des Vertragscharakters brachte der Wiener Kongress, der das „System der Christenheit" in das europäische „Konzert der Mächte", dem internationalen System des 19. Jahrhunderts, überführte. Dieses ließ nach dem Krimkrieg auch das Osmanische Reich im Konzert zu, allerdings vor allem, um dessen Auflösung unter den europäischen Mächten zu koordinieren. Der Zusammenbruch der internationalen Ordnung im Ersten Weltkrieg schwächte den politischen Systemzusammenhang, der sich seither trotz der Gründung von Völkerbund und Vereinten Nationen nicht wieder erholt hat. In der Zwischenzeit ist die Dynamik des Handelns auf das ökonomische System übergegangen, dessen rapide Integration, Verdichtung und Beschleunigung mit einer bisher ungekannten Polarisierung von Reichtümern und Lebenschancen einhergeht, die Nolte nach einer Stärkung einer institutionalisierten Global Governance – oder einer Weltregierung – rufen lässt.

Dimensionen des Systembegriffs bei Nolte

- Religiös-politisches „System der europäischen Christenheit" (Mittelalter, Frühe Neuzeit) – mit beschränkter Akzeptanz der Orthodoxie (Byzanz – 2. Rom, Moskau – 3. Rom)
- Ökonomisches Weltsystem mit nordwesteuropäischer (16.–19. Jahrhundert) -> US-amerikanischer (20. Jahrhundert) -> ostasiatischer Hegemonie (21. Jahrhundert)
- „Konzert der Mächte" – internationales System des 19. Jahrhundert – Zusammenbruch im Ersten Weltkrieg – politische Reanimierungsversuche im 20. Jahrhundert mit beschränktem Erfolg (Völkerbund; UN)

Weltsysteme als universelle Formationen

In den Altertumswissenschaften spielen Systeme eine wichtige Rolle, um Reichweite und Mechanismen von Herrschaft sowie die Abfolge von Hegemonien zu fassen. Die dabei entwickelten Vorstellungen von (Welt-)Systemen entstanden weitgehend unabhängig von der sozialwissenschaftlichen Debatte. Erst in jüngerer Zeit wurden diese beiden Diskussionsstränge zusammengeführt (Chase-Dunn 1997; Denemark u. a. 2000; Frank/Gills 1993). Herangehensweise und Methode unterscheiden sich dabei allerdings maßgeblich. Altertumswissenschaften beruhen auf einer völlig anderen Quellenbasis: Eine zentrale Rolle spielen archäologische Ausgrabungen und Funde, über deren Verbreitung mithilfe naturwissenschaftlicher Datierungsmethoden Schlussfolgerungen über die materiellen, politischen und spirituellen Grundlagen einer Gesellschaft sowie über deren Interak-

In den Altertumswissenschaften spielen Systeme eine wichtige Rolle, um Reichweite und Mechanismen von Herrschaft sowie die Abfolge von Hegemonien zu fassen.

tionen getroffen werden können. Schriftliche Dokumente dienen als Ergänzung, allerdings muss großer Aufwand in die Entschlüsselung von Schrift und Bedeutungsinhalten investiert werden. Die Aussagen über Reichweite, Verflechtung, Hierarchien sowie die Austausch- und Machtbeziehungen zwischen verschiedenen Herrschaftsgebieten bleiben notwendigerweise vage und bruchstückhaft. Um isolierte Informationen zusammenzuführen, kommt Modellbildungen und der interdisziplinären Kooperation ein größerer Stellenwert zu als in „historischen" Zeiten, über die dichtes schriftliches Quellenmaterial vorliegt. Systemmodelle dienen der Hypothesenbildung und der Entwicklung von Forschungsfragen, die an das empirische Material gestellt werden können und die Überprüfung der Hypothesen ermöglichen. Sie sind ein notwendiges Instrument, um sich den Leerstellen zu nähern.

Die Kategorien, mit denen altertümliche Gesellschaften seit der Wende von der Alt- zur Jungsteinzeit erforscht werden, ähneln jenen der Moderne auf verblüffende Weise. Im Zentrum der Forschungen steht die europäisch-afrikanisch-asiatische („eurafrikasische") „Alte Welt" mit ihren Herrschaftszentren in Ägypten, Mesopotamien, der Levante, Kleinasien, Zentralasien, Süd-, Südost- und Ostasien; die „Neue Welt" wurde, obwohl frühere Verbindungen nachgewiesen sind, erst im 15./16. Jahrhundert in diesen Interaktionszusammenhang inkorporiert. Durch die Zusammenführung der Ergebnisse lokaler Grabungsbefunde können weiträumige Verflechtungen und lang andauernde Phasen großräumiger Integration nachgewiesen werden. Um diese zu beschreiben und zu kategorisieren, ist die Rede von Hierarchien, von Zentrum und Peripherie, von Zyklen der politischen Herrschaft und der ökonomischen Entwicklung, von langer Dauer und kurzfristigen Schwankungen, von Kontinuität und raschem Wandel.

Forschungsergebnisse und Forschungskontroversen würden den vorliegenden Rahmen bei Weitem sprengen. Im Wesentlichen geht es um die Frage nach den Grundlagen dauerhafter Herrschaftsgründungen, für Krisen, Niedergang und Neuordnungen. Dabei werden sowohl Klimawandel, Bevölkerungsentwicklung, neuen Kommunikationsformen (Schrift), Technologien und Bearbeitungstechniken zentrale Bedeutung für die sozio-ökonomische, politische und kulturelle Transformation beigemessen. Zentrenbildung und politische Stabilität

> Die Kategorien, mit denen altertümliche Gesellschaften seit der Wende von der Alt- zur Jungsteinzeit erforscht werden, ähneln jenen der Moderne auf verblüffende Weise.

der Machtträger beruhten, so eine wichtige Schlussfolgerung, auf der Fähigkeit, Austauschbeziehungen zu ihren Gunsten und Werttransfer zur Akkumulation von Macht und Einkommen zu nutzen.

Das „moderne Weltsystem" kann so als eine Neuauflage angesehen werden, das die politische Fragmentierung nach dem Zerfall des Römischen Reiches überwand und an den antiken Systemgedanken anschloss. Während die altertümlichen Weltsysteme als globale Interaktionszusammenhänge gefasst werden, betritt die Moderne als „europäisches Weltsystem" die Bühne der Weltgeschichte. Dies ist aus multifokal-globalhistorischer Perspektive zweifellos ein Defizit. Es verwundert deshalb nicht, wenn diejenigen ForscherInnen, die eine Kontinuität zwischen den antiken und den modernen Weltsystemen anerkennen, die eurozentrischen Grundannahmen des modernen Weltsystems infrage stellen (vgl. Frank/Gills 1993).

Wallerstein u.a. hingegen lehnten diese Kontinuität ab und fassten „Weltsystem" nicht als universelle, in der Geschichte in verschiedenen Spielarten auftretende, sondern als historische Kategorie. Das moderne „Europäische Weltsystem" grenzte sich von antiken Reichen sowie den Weltherrschaftsansprüchen späterer Imperien dadurch ab, dass die politische von der ökonomischen Herrschaft klar getrennt war: während die politische Welt in Staaten mit separaten Legislativen zerfiel, die nur auf dem Staatsgebiet Gültigkeit besaßen, spannten sich die ökonomischen Funktionsräume – ebenso wie die Ideologien zur Legitimierung der Disparitäten – über die politischen Grenzen hinweg auf. Wallerstein sah die Trennung zwischen ökonomischem und politischem Raum als Grundlage für eine neue Gesellschaftsordnung, den Kapitalismus, und lieferte damit eine weltsystemische Grundlage für dessen Funktionsweise.

Der „historische Kapitalismus" im Verständnis von Immanuel Wallerstein hat mit früheren Weltsystemen nichts zu tun. Auch wenn dieselben Begriffe verwendet werden, bezeichnen diese unterschiedliche Sachverhalte; vordergründige Parallelen negieren die unterschiedlichen Logiken und Konstitutionen altertümlicher und moderner Gesellschaften. Eine andere Gruppe von SozialwissenschaftlerInnen aus dem Umfeld der Weltsystem-Analyse um André Gunder Frank, Barry Gills und Christopher Chase-Dunn vertreten die gegenteilige Position: Sie sehen im Systemcharakter eine Verbindungslinie zwischen alten und modernen Weltsystemen.

Der „historische Kapitalismus" im Verständnis von Immanuel Wallerstein hat mit früheren Weltsystemen nichts zu tun.

Abb. 17: Weltsystem-Konzeptionen im Vergleich

	Fernand Braudel	Immanuel Wallerstein, früher Frank	Hans-Heinrich Nolte	Andre G. Frank – Spätwerk
Anfänge (kap.) Weltsystem	11.–13. Jh.	16. Jh.	9. Jh.	Neolithikum
Reichweite am Beginn	Oberitalien – Mittelmeer	NW-Europa, Amerikas, NO-Europa, Süd- und Zentraleuropa	röm.-katholische Christenheit	global
Blick/Perspektive von	Süd-West-Zentral-Europa	Nord-West-Europa	Zentraleuropa	Vogelperspektive
Konzeption der Räume außerhalb des Systems	Weltwirtschaften	(Welt-)Systeme der Außenarenen	(Welt-)Systeme der Außenarenen	keine Räume außerhalb des Systems konzipiert
Einschluss ins System durch	Expansion und Kommodifizierung	Inkorporierung	Expansion – Kooperation – Konkurrenz	allumfassendes System
Felder/Dimensionen des Systembegriffs	Ökonomisches System über staatliche Grenzen hinweg, bestehend aus a) materieller Zivilisation, b) Marktwirtschaft, c) (globalem) Kapitalismus	Ökonomisches System über staatliche Grenzen hinweg; starke Betonung des grenzüberschreitenden Charakters von Wirtschaft bei Beschränkung von Politik auf das Staatsgebiet; Rassismus zur Legitimierung der unterschiedlichen Rolle und Teilhabe an Einkommen und Verteilung	Religiös-politisches System der europäischen röm.-kath. Christenheit (röm.-kath. Universalismus über staatliche Grenzen hinweg) -> als Grundlage für das europäische Konzert der Mächte im 19. Jh.; ökonomisches System über staatliche Grenzen hinweg (seit der europ. Expansion im 16. Jh.)	ökonomisches System über politische Grenzen hinweg
Mechanismen des Systemzusammenhalts	a) Kooperation, b) Konkurrenz, c) Kapitalakkumulation, Monopole	Kapitalakkumulation – regionale und soziale Ungleichheit - Werttransfer von P -> Z – wechselnde Hegemonie(n)	Politisch: Kriege, Friedensschlüsse, Verträge; ökonomisch: Kooperation – Konkurrenz –Kompetenzakkumulation – Expansion – Hierarchie	Kapitalakkumulation – regionale und soziale Ungleichheit – Werttransfer von P -> Z – wechselnde Hegemonie(n)
Konzeption der räumlichen Hierarchie	Kern und Rand als funktionale Teile innerhalb einer überregionalen Arbeitsteilung	Z – P – SP als funktionale Teile innerhalb einer überregionalen Arbeitsteilung	Z: Staat mit ökon., polit., kult. Hegemonie; SP: Staat mit abhängigen ökon. Funktionen in der internat. Arbeitsteilung; P: polit. abhängiges Gebiet (Kolonie); Innere P: abhängiges Gebiet innerhalb eines Staates	Z – P – SP als funktionale Teile innerhalb einer überregionalen Arbeitsteilung

Kritik an der Weltsystem-Analyse

Der Begriff des Welt-
systems ist teilweise in
neueren globalgeschicht-
lichen Modellbildungen
aufgegangen.

Seit ihrer Formulierung in den 1970er- und 1980er-Jahren hat der
Weltsystem-Ansatz nicht nur eine Reihe von Weiterentwicklungen,
Umsetzungen und Veränderungen erfahren. Er wurde auch massiver
Kritik unterzogen, die ihrerseits neue Wege von Weltsystem-Studien
initiiert hat. Zum Teil ist der Begriff des Weltsystems dabei in den
Hintergrund getreten bzw. in neueren globalgeschichtlichen Modell-
bildungen aufgegangen.

Kritik an der Weltsystem-Analyse wurde mit unterschiedlichen
Begründungen und mit unterschiedlichen Zielsetzungen geäußert.

Kritik an der Weltsystem-Analyse
- Grundsätzliche Kritik an Systemtheorien überhaupt
- Reproduktion von Herrschaftswissen
- Kritik am Weltsystem-Konzept (Schema, Modell, Struktur <->
  empirische Entfaltung historischer Prozesse, Quellen- und Metho-
  denfragen)
- Kritik an spezifischen Systemkonstruktionen (Felder, Räume, Per-
  spektive)

Kritik am abstrakt-
theoretischen Charakter
sozialwissenschaftlicher
Modellbildung

Grundsätzliche Kritik am Systembegriff richtet sich gegen den abs-
trakt-theoretischen Charakter sozialwissenschaftlicher Modellbildung
überhaupt. Diese unterliege der Gefahr, der Wirklichkeit ein Modell
aufzustülpen, anstelle historische Entwicklungen aus ihrer inneren
Dynamik heraus zu untersuchen. Diese Kritik wird von HistorikerInnen und ArealwissenschaftlerInnen geäußert, die beim theoriege-
leiteten Zugriff Besonderheiten und Spezifika ihrer Region bzw. ihres
Forschungsgegenstandes vernachlässigt sehen. SpezialistInnen für eine
bestimmte Zeit und einen bestimmten Raum werden diese Kritik beim
Lesen weltsystemischer Überblicksdarstellungen bestätigen können:
Ihre Region, ihre Epoche wird nicht in der notwendigen Differenziert-
heit erfasst, Ausnahmen und Abweichungen werden vernachlässigt,
generalisierende Interpretationen und Einordnungen vorgenommen.

Einspruch gegen den
Systembegriff wird aus
der Perspektive postko-
lonialer Theoriebildung
erhoben.

Ein anders gearteter fundamentaler Einspruch gegen den Systembegriff wird aus der Perspektive postkolonialer Theoriebildung
erhoben. Hier wird argumentiert, dass die Kritik an den ungleichen
Machtverhältnissen im Weltsystem die Grundkategorien der Zurich-

tung des „Anderen" nicht infrage stellen. Sie reproduziere damit die Dichotomie anstelle sie zu überwinden (vgl. Kapitel 6).

Eine dritte Stoßrichtung der Kritik bezieht sich auf den Weltsystem-Begriff im engeren Sinn. Sie bezieht sich vor allem auf den allumfassenden Anspruch der Weltsystem-Modelle. Die ganze Welt in funktionale Raumkategorien zu unterteilen, werde der Spezifik, der Vielfalt und den unterschiedlichen Funktionsmechanismen der einzelnen Beziehungsebenen nicht gerecht; im besten Fall könnten Allerweltsaussagen gemacht werden, die nichts zum besseren Verständnis beitrügen. Die Kritiker möchten Quellenstudium, Diskursanalysen und die Entfaltung der Argumentation entlang empirischer Beobachtungen nicht den Analyseinstrumenten einer Großtheorie unterordnen. Sie lehnen Systembildungen in der Regel nicht prinzipiell ab, sondern wollen sie auf konkrete historische Interaktionszusammenhänge beschränkt wissen, um Wechselbeziehungen, Transfer, Dominanz- und Abhängigkeitsverhältnisse zu analysieren, z. B. Städtenetzwerke, Agrarsysteme, Güterketten, Transportsysteme, Bündnissysteme usw.

Eine vierte Gruppe von Kritikern kommt aus dem Umfeld der Weltsystem-Studien selbst. Sie kritisieren spezifische Systemkonstruktionen, wie sie von einzelnen ForscherInnen entwickelt wurden. In manchen Fällen führt dies zur Modifikation und Anpassung der Modelle an spezifische raum-zeitliche Bedingungen, zu begrifflichen Präzisionen oder zur Formulierung alternativer Weltsystem-Modelle. Die Debatte kreist um folgende Fragen:

- Räumliche Dimension des Weltsystems
- Zeitliche Dimension und Periodisierung
- Gewichtung interner und externer Faktoren
- Auswahl und Gewichtung der in die Analyse einbezogenen Interaktionsfelder (Ökonomie, Politik, Kultur, Alltag ...)
- Perspektive der Betrachtung (in räumlicher Hinsicht z. B. Eurozentrismus, in sozialer Hinsicht z. B. Fragen von Interessenslage, Klasse, Geschlecht, Ethnizität ...)

Anpassung der Modelle an spezifische raum-zeitliche Bedingungen

Kritik an Wallersteins Weltsystem

Da Wallersteins Weltsystem die breiteste Rezeption erfuhr und häufig mit Weltsystem-Analyse überhaupt gleichgesetzt wird, wird die Kritik an seinem Modell hier am ausführlichsten behandelt. Da Einwände von verschiedenen Seiten geäußert werden, sind die Kritikpunkte miteinander nicht notwendigerweise kompatibel. Eine Zuordnung zu einzelnen AutorInnen bzw. Debatten muss hier unterbleiben.

Zusammenfassend:
Ökonomismus
Strukturdeterminismus
Keine stringente Klassen-
perspektive
Eurozentrismus

Kritik an Wallersteins „Modern World-System"

■ Ökonomismus; keine glaubwürdige Integration kultureller Aspekte

■ Strukturdeterminismus

■ Überschätzung systemischer Einflussfaktoren gegenüber inneren Entwicklungsdynamiken

■ Keine stringente Akteursperspektive; Vernachlässigung von Institutionen, Führungsgruppen peripherer Staaten usw.

■ Keine stringente Klassenperspektive; Vernachlässigung örtlicher Kapital-Lohnarbeit-Konflikte gegenüber der zentralen oder peripheren Rolle einer Region im Weltsystem

■ Vorrang von weltmarktbezogenen Aktivitäten und Austauschbeziehungen (externe Ebene) gegenüber politischen, wirtschaftlichen und sozialen Verhältnissen im Inneren der Staaten (interne Ebene)

■ Europa als Ausgangspunkt der Betrachtung: Andere Weltregionen treten nur als Expansionsterrain westeuropäischer Staaten in Erscheinung; Betrachtung aus der Perspektive der Zentren; Einebnung innereuropäischer Unterschiede

■ Verflechtungen, Wechselseitigkeit und *entanglement* der Beziehungen werden vernachlässigt.

■ Nationalstaat als politische Grundeinheit des Weltsystems verallgemeinert das westeuropäische Beispiel; trotz Inkorporierung ins System fortbestehende frühneuzeitliche Kontinentalreiche (Habsburgermonarchie, Zarenreich, Osmanisches Reich, China ...) können in ihren inneren Strukturen so nicht adäquat erfasst werden.

A. G. Frank verortete das Zentrum des Weltsystems im Zeitraum 1400 bis 1800 in Süd- und Ostasien.

André Gunder Frank stellte dem European World-System ein Single World System gegenüber. Braudel, Wallerstein und anderen Vertretern eines in Westeuropa und unter dessen Führung expandierenden Weltsystems, seine eigenen frühen Werke eingeschlossen, warf er vor, die eurozentrische Geschichtserzählung, die die westlichen Sozialwissenschaften dominiert, fortzuschreiben (Frank 1998, 2006; Frank/Gills 1993; vgl. die dadurch ausgelöste Debatte in Review 3/1999). In seinem Buch „ReOrient. Global Economy in the Asian Age" (1998) verfolgte Frank einen radikalen Perspektivenwechsel. Er verortete das Zentrum des Weltsystems im Zeitraum 1400 bis 1800 nicht in (West-)Europa, sondern in Süd- und Ostasien, insbesondere in China. Die Verschiebung der hegemonialen Zentren nach Westeuropa fand seiner Einschätzung nach erst im 19. Jahrhundert und im 20. Jahrhundert in die USA statt. An der Wende vom 20. zum 21. Jahrhundert ortete er eine Rückkehr nach Ostasien. „ReOrient" steht somit für ein Weltsystem-Modell mit anderen Parametern von Beginn, Reichweite, Lokalisierung der Zentren und hegemonialer Abfolge. Dies hat folgende Implikationen:

▪ Asien mit seinen Subregionen war in der Frühphase der europäischen Expansion keine Außenarena, sondern integraler Bestandteil eines Weltsystems, das – vermittelt über den europäischen Kolonialismus – die amerikanischen Peripherien mit den asiatischen Zentren verband. (West-)Europa kann als konkurrierendes Zentrum in einer multipolaren Welt unter ostasiatischer Hegemonie betrachtet werden. In Hinblick auf Wissenschaft, Innovation und Produktionstechnik wiesen asiatische Regionen klare Kompetenzvorsprünge auf. Frank maß dem in lateinamerikanischen Bergwerken erbeuteten Silber, das europäische Händler in die Lage versetzte, asiatische Gewerbeprodukte zu importieren (und über Re-Exporte weltweit zu vermarkten), eine zentrale Rolle in der Verbindung zwischen den verschiedenen Teilräumen des Weltsystems bei. Er postulierte damit einen globalen und singulären Charakter des Weltsystems, dessen Wirkungszusammenhang er in anderen Werken bis zur neolithischen Wende zurückverfolgt (Frank/Gills 1993).

▪ Frank argumentiert mit diesem Perspektivenwechsel gegen die Vorstellung einer wie immer gearteten europäischen Überlegenheit; das Zentrum des Weltsystems im Zeitraum 1400 bis 1800 in Asien zu verorten, bedeutet eine Absage an einen europäischen Sonderweg; dies entspricht der von Dipesh Chakrabarty geforderten „Provinzialisierung Europas" (Chakrabarty 2002). Frank bestreitet, dass Kapitalismus als Produktionsweise und Gesellschaftsformation seinen Ursprung in Europa hatte; eine privilegierte Position der Zentren in der Aneignung und im Transfer von Werten aus der Peripherie (Frank spricht dabei von „Akkumulationsweise") sei für jede Form und jede Periode weltwirtschaftlicher Arbeitsteilung charakteristisch und kein spezifisches Charakteristikum (West-)Europas. Er nimmt damit an der Debatte chinesischer Historiker über eigenständige *capitalist sprouts* in der chinesischen Geschichte teil.

■ Auch wenn Frank in „ReOrient" die asiatischen Errungenschaften herausstreicht, die (west-)europäische Antriebs- und Führungsrolle im 16.–18. Jahrhundert infrage stellt und stattdessen Krisen und innere Widersprüche in den asiatischen Gesellschaften für den Aufstieg (West-)Europas zum globalen Zentrum verantwortlich macht: Das Modell des Single World System läuft nicht auf einen Asien- oder Sinozentrismus hinaus, sondern auf einen Vorrang des Gesamtsystems vor jedem seiner Teile. Unabhängig davon, wo in einer bestimmten Periode die Zentren liegen und von wo die Hegemonie ausgeübt wird, sind es laut Frank die globalen Beziehungen, die die Entwicklungsmöglichkeiten für jede Teilregion vorgeben. Methodisch bedeutet dieser globalistische Anspruch, dass kein Teil ohne sein Zusammenwirken mit den anderen sowie dem aus dieser Interaktion erstehenden Gesamtsystem analysiert werden kann. Dieser Anspruch stellt freilich eine permanente Überforderung in Bezug auf seine Einlösbarkeit in der wissenschaftlichen Praxis dar, was Frank zu einem unbequemen Kollegen machte.

Das Modell des Single World System läuft nicht auf einen Asien- oder Sinozentrismus hinaus, sondern auf einen Vorrang des Gesamtsystems vor jedem seiner Teile.

Kritik an Frank:

Der von Frank erhobene Vorwurf des Eurozentrismus und die Forderung nach einer asiatischen Perspektive stießen auf breite Resonanz; sein Werk wurde von einem indischen Verlag übernommen und ins Chinesische, Japanische und Koreanische übersetzt. Franks Schlussfolgerungen und methodische Konsequenzen stoßen indes auf geteilte Zustimmung. Der globalistische Anspruch wird als Systemdeterminismus aufgefasst, der regionalen Akteuren kaum Einfluss auf das globale Geschehen einräumt und der Vielfalt der gesellschaftlichen Ordnungen in der Welt nicht gerecht wird. Im Gegensatz zu Wallerstein, der Staatsmacht und Politik einen zentralen Stellenwert in seinem Erklärungsansatz einräumt, verfolgt Frank einen ökonomistischen Erklärungsansatz, der Politik und Kultur hintanstellt. Die Betonung chinesischer Überlegenheit bei gleichzeitiger bewusster Herabminderung europäischer Leistungen wirkt aufgesetzt. Viele Kritiker stoßen sich daran, dass Frank das eine Weltsystem als unabänderliche Bedingung menschlichen Zusammenlebens ansieht. Zyklisch auftretende Hegemoniewechsel und Verschiebungen im Charakter der Zentrum-Peripherie-Beziehungen ändern nichts an

seiner Überzeugung, dass die globalen Beziehungen stets durch Ungleichheit im Zugriff und bei der Aneignung der Ressourcen der Welt
gekennzeichnet sind. Franks Modell weist keine Perspektive zur Überwindung des Systems auf. Politische Freiräume regionaler Akteure
sieht er lediglich bei der Positionierung innerhalb des Weltsystems.

Wallerstein konzipiert das „kapitalistische Weltsystem" demgegenüber als System mit endlichem Charakter, das mittelfristige Zyklen
und Hegemoniewechsel als Funktionsweise aufweist, aber auch an
systembedingte Grenzen stoßen kann, die einen Systemwechsel bewirken. Wallerstein sieht aufgrund der Erschöpfung der Erneuerungs-
quellen und des Verlustes politischer Legitimation das kapitalistische
Weltsystem heute an einem solchen Scheitelpunkt angelangt. Er
folgert daraus, dass in dieser Phase politisches und soziales Handeln
entscheidend dafür seien, dass ein Nachfolgesystem auf größerer sozialer Gerechtigkeit basiere (Wallerstein 2002). Diese optimistische
Handlungsperspektive macht Wallerstein zu einem Partner sozialer
Bewegungen, während Franks Determinismus diesen nur geringen
Spielraum beimisst.

Weltsystem? Welches Weltsystem? – sind offene Fragen und nehmen, wie die Kontroversen zeigen, über den globalgeschichtlichen
Theorie- und Methodenstreit hinaus einen zentralen Stellenwert bei
der Suche nach gesellschaftspolitischen Alternativen ein.

Für Studierende der Globalgeschichte macht es Sinn, die verschiedenen Modelle als Hilfestellung zur Entwicklung von Fragestellungen
und zur Interpretation von Quellen heranzuziehen und aus der Gegenüberstellung der Ergebnisse Schlussfolgerungen für die Plausibilität
der einen oder anderen Annahme zu ziehen. Dieser „Gebrauch" kann
Theorien und Modellen viel von ihrer bedrohlichen oder abschre-
ckenden Autorität nehmen und sie stattdessen zu einem Instrument
im Baukasten des Historikers und der Historikerin machen.

Weltsystem? Welches
Weltsystem? – sind of-
fene Fragen und nehmen
einen zentralen Stellen-
wert bei der Suche nach
gesellschaftspolitischen
Alternativen ein.

Literatur

 Im vorliegenden Kapitel wurden die verschiedenen Möglichkeiten, globalgeschichtliche Untersuchungen im Weltsystem-Zusammenhang anzusiedeln, aufgezeigt. Die Literaturhinweise beschränken sich auf jene Autoren und ihre Hauptwerke, die im Text als unterschiedliche Ausprägungen des Weltsystem-Zugangs angeführt wurden: Wallerstein 1984, 1995, 2002, 2004a/1998/2004b und Frank als Begründer der Konzeption eines „Modernen Europäischen Weltsystems", dem Frank 1998, 2006 in seinem Spätwerk ein asienzentriertes, globalistisches Single World System entgegenhielt. Nolte 2001, 2003, 2005/2009 griff das Weltsystem-Konzept auf und adaptierte es in Hinblick auf die Rolle von Semiperipherien und inneren Peripherien.

Frank/Gills 1993, Chase-Dunn 1997 und Denemark/Friedman/Gills/Modelski 2000 fassen „Weltsystem" als Analyserahmen auf, der nicht auf die Neuzeit beschränkt ist, sondern die Erforschung überregionaler Interaktion in allen Zeiträumen unterstützen und vergleichbar machen kann.

Die oft recht pointiert geführten Kontroversen um das Weltsystem-Konzept finden vor allem in Zeitschriftenbeiträgen und Internetforen statt und sind bibliographisch schwer zu überblicken. Auch Bücher fügen sich in diese Debatte ein, sei es durch explizites Anbringen oder Aufgreifen von Kritik, sei es durch Vorbringen von Argumenten, die die eigene Position klarer machen.

Ein Forum zur kritischen Auseinandersetzung mit Wallersteins Weltsystem-Modell bot die Festschrift 2000; dazu auch Wallerstein 2000. Die Zeitschrift Review (3/1999) dokumentiert die Stellungnahmen von Immanuel Wallerstein, Giovanni Arrighi und Samir Amin mit der in „ReOrient" (1998) von Frank erhobenen Kritik am Eurozentrismus ihres Weltsystem-Verständnisses.

9. Kleinraum als Herangehensweise an Globalgeschichte

Globalgeschichte wird meistens als eine Art von Geschichtsschreibung aufgefasst, in der verschiedene Kontinente, Großregionen und die zwischen ihnen entstehenden Verbindungen im Mittelpunkt stehen, wenn nicht überhaupt die Welt als Schauplatz von Globalgeschichte gilt. Hier wird die Auffassung vertreten, dass jeder einzelne Ort Gegenstand von Globalgeschichte sein kann. Die Annäherung an den Kleinraum als Gegenstand und Schauplatz von Globalgeschichte kann in zweierlei Varianten erfolgen. Zum einen kann der Kleinraum als Einstiegsort in ein überregionales Geschehen begriffen werden, das sich je nach Kontext und Fragestellung mehr oder weniger weit über den Globus aufspannt; in diesem Fall ist der Kleinraum Bestandteil größerer, miteinander verbundener Raumeinheiten. Zum anderen stellt jeder Ort selbst einen Schauplatz dar, an dem sich verschiedene Ebenen des überregionalen Geschehens treffen, kreuzen, aufeinander stoßen und mit den lokalen Gegebenheiten spezifische Verbindungen eingehen – ein Vorgang, der mitunter auch als „Glokalisierung" bezeichnet wird; in dieser Lesart ist es nicht der Kleinraum, der in die Welt eingebettet, sondern die Welt, die im Kleinraum eingefangen wird. Er repräsentiert als Kleinraum selbst das Ganze. Eine der Ausprägungen dieser Totalität stellt das ausschließlich auf den lokalen Kontext bezogene und in diesem erklärbare Handeln dar, das als Lokal-, Regional- oder Nationalgeschichte keinen Bezug zur Globalgeschichte aufweist. Viel häufiger trifft jedoch zu, dass die lokale, regionale oder nationalstaatliche Existenz Teil und Ausdruck überregional wirksamer Zusammenhänge ist.

> Es ist nicht der Kleinraum, der in die Welt eingebettet, sondern die Welt, die im Kleinraum eingefangen wird.

Was bildet einen Kleinraum?
- Politische Regionen und Verwaltungseinheiten auf allen Ebenen der staatlichen Verwaltung (Staaten, Subeinheiten des Gesamtstaates wie Länder, Bezirke, Landkreise, Städte, Landgemeinden ...)
- Wirtschafts- und Kulturräume in ihren kleinräumigen Besonderheiten
- Regionalbewusstsein der BewohnerInnen

Kleinräume konstituieren sich aus einer Reihe von Bestimmungsmerkmalen (politischen, wirtschaftlichen, kulturellen und identitätsbezogenen), die sich auf denselben Raum erstrecken können, in der Regel aber nicht genau deckungsgleich sind. Kleinraum ist daher ein vages und mehrdeutiges Raumkonstrukt unterschiedlicher Größe und Erstreckung. Es wird hier auch die staatliche Ebene als Kleinraum angesehen, auch wenn viele Staaten große Flächen einnehmen und durch ein hohes Ausmaß an regionalen Unterschieden geprägt sind. Deshalb werden auch substaatliche sowie staatsgrenzenüberschreitende Kleinräume in die Überlegungen mit einbezogen (vgl. Komlosy 2008: 739 ff.).

Politische Selbstverwaltung und Grenzen der Zuständigkeit

Regionen, die mit politischer Selbstverwaltung ausgestattet bzw. mit politischen Verwaltungsaufgaben betraut sind, weisen klare räumliche Grenzen auf, an denen ihre Zuständigkeit endet. Die Stellung einer politischen oder administrativen Region ist maßgeblich davon geprägt, mit welchen Kompetenzen sie ausgestattet ist und wie sie sich in ein politisch-administratives Mehrebenensystem einordnet. In den Regionen fallen allerdings auch Entscheidungen und werden Akte gesetzt, die in ihren Wirkungen über ihr Zuständigkeitsgebiet hinausgehen. Wenn dies nicht zu Konflikten mit benachbarten (Selbst-)Verwaltungsräumen führen soll, ist Abstimmung erforderlich. Dies gilt gleichermaßen für innerstaatliche und zwischenstaatliche Belange.

Der Kleinraum prägt die Bedingungen für die Teilhabe an überregionalen Verbindungen.

Wirtschafts- und Kulturräume sind mit politischen Räumen nicht notwendigerweise deckungsgleich. Sie haben kleinere räumliche Erstreckungsgebiete, die unterhalb der staatlichen Ebene angesiedelt sind, aber auch über Staatsgrenzen hinweggehen, sodass hier kleinräumige Prägungen, großräumige Einzugs- und Verbreitungsgebiete sowie akteursbezogene Verbindungen stets wichtiger sind als das politische Territorium. Kleinräumige naturräumliche Voraussetzungen, günstige Lage und Ausstattung mit Ressourcen bringen es mit sich, dass Wirtschaft und Kultur immer kleinräumigen regionalen Charakter haben. Der Kleinraum stellt die Ausgangsvoraussetzung dar und prägt die Bedingungen, unter denen ein Raum an überregionalen Verbindungen teilhaben kann. Das Gleiche gilt für die materielle Kultur, deren Ausformung durch Ressourcen, Kompetenzen, Gelegenheiten und Zwänge auf kleinräumigen Voraussetzungen beruht.

Ein Standort kann Wirtschaftsräumen unterschiedlicher Reichweite angehören.

Wirtschaftsaktivität kann auf jede politische Raumebene ausgreifen: Sie findet zunächst an konkreten betrieblichen Arbeitsstätten statt, hat also immer eine lokale Ebene, und reicht je nach Charakter und Dimension der Tätigkeit in andere Gemeinden, Bezirke

oder ins Ausland. Diese, die politisch-administrativen Räume übergreifenden Wirtschaftskontakte beziehen sich auf Finanzierung und
Kapitalbeteiligung, Handel (Bezug, Absatz, Transit), Arbeitsteilung
und Standortkombinationen in Fertigungs- und sonstigen Operati-
onsbereichen, Technologie- und Know-how-Transfer, Kapital- und
Arbeitskräftemobilität. Sie setzen verschiedenste Formen von materieller und immaterieller Infrastruktur voraus, die ihrerseits Unter-
nehmensgegenstände bilden. Auf einer ganz allgemeinen Ebene steht
letztlich jeder Unternehmensstandort über das Konkurrenzprinzip
mit allen anderen Standorträumen in Verbindung. Als Wirtschaftsraum wird ein Raum mit intensiven interregionalen und intersekto-
ralen Wirtschaftsbeziehungen bezeichnet, wobei ein Standort je nach
Wirtschaftsaktivität Wirtschaftsräumen unterschiedlicher Reichweite
angehören kann, die sich durch Homogenität, aber auch durch funktionale Ergänzung auszeichnen können. Nicht jede über den Einzel-
standort hinausgehende Interaktion begründet einen überregionalen
Wirtschaftsraum. Ob dies der Fall ist, hängt von Dichte, Häufigkeit
und Intensität der Beziehungen ab und ist somit eine graduelle Frage.

Regierungen aller Ebenen nehmen je nach Kompetenz auf wirtschaftliche, soziale und kulturelle Aktivität Einfluss: Dies hat zur Folge,
dass auch Wirtschafts- und Kulturräume durch die Zugehörigkeit zu
unterschiedlichen politischen Räumen geprägt sind.
Während politische Regionen klar voneinander getrennt sind
und einander nur in Form abgestufter Kompetenzen im Rahmen
des Mehrebenensystems der Verwaltung konzentrisch überlagern,
sind die flächenhaften Ausprägungen wirtschaftlicher und kultureller
Gemeinsamkeit weder genau abgesteckt noch exklusiv. Wirtschafts-
und Kulturräume können nebeneinander bestehen, sie können einander aber auch überlappen oder Übergangszonen mit spezifischen
Raumeigenschaften bilden.
Unter einer Identitätsregion verstehen wir eine Raumeinheit, die
im kollektiven Bewusstsein ihrer BewohnerInnen als solche aufgefasst wird. Die Identifikation kann sich auf eine politische Region
in ihrer Gesamtheit beziehen (Wir Europäer, Wir Österreicher, Wir
Niederösterreicher, Wir Wiener). Sie kann auch auf wirtschaftliche
oder kulturelle Merkmale bezogen sein, die mit der politischen Region
übereinstimmen. Oder aber sie bildet einen räumlichen Zusammenhang, der unabhängig bzw. quer zu den politischen Räumen liegt,

Unter einer Identitäts-
region verstehen wir
eine Raumeinheit, die im
kollektiven Bewusstsein
ihrer BewohnerInnen als
solche aufgefasst wird.

etwa das Waldviertel, die Alpen, die Karpaten, die Donauländer als
ein wirtschaftliche oder kulturelle Identität begründender kleinräumiger Zusammenhang. Anstelle der geographischen Bezeichnungen
werden häufig charakteristische Produkte, Speisen oder Techniken
zur Bezeichnung einer solchen Region verwendet, etwa Wein-, Bier-,
Kartoffel-, Glas-, Textil-, Schlösser-Region u. v. a. m. Regionale Iden-
titätsmerkmale können sich auf die gleiche Region beziehen, in dieser
aber nur einen bestimmten Kreis von Betroffenen oder Interessierten
einschließen, etwa wenn es sich um agro- oder um industriekulturelle
Merkmale handelt, oder wenn damit verschiedene politische Ausrichtungen verbunden sind, etwa eine regionale Identität, die sich auf
eine bestimmte Tradition von Herrschaftspraxis und Repräsentation,
von Fremdbestimmung und Ausbeutung oder von Protestaktivität
(etwa Bauernkriege, Partisanentätigkeit) bezieht, die nur für einen
Teil der BewohnerInnen als identitätsbildend begriffen wird. Regionale Identitäten sind damit vom aktuellen Kontext, von der sozialen
Betroffenheit und Interessenslage abhängig, und sie sind Gegenstand
politischer Auseinandersetzung. Sie bestehen, auch wenn kein Konsens erzielt werden kann. In dem Maße, wie Erfahrungsräume durch
Mobilität oder verbesserten Informationszugang anwachsen, ändern
sich zudem die räumlichen Einheiten, auf die sich regionale Identität
bezieht. Durch Identifikationsangebote anderer Art wird die regionale
zudem von anderen sozialen und kulturellen Identitäten überlagert
und zurückgedrängt.

Ältere Identifikationen
bleiben oft bestehen und
können mit jüngeren
Erfahrungen koexistieren.

Der vorgegebene politische Rahmen, der über Behörden, Wahl-
kreise, Schul- und Pfarrsprengel oder Fußball-Ligas räumliche Zugehörigkeit festschreibt, der wirtschaftliche und der kulturelle Hand-
lungs- und Erfahrungshorizont bilden entscheidende Rahmenbedingungen für die Herausbildung regionaler Identität. Regionale Identität
wird zudem nicht nur durch gemeinsame Kultur und Geschichte,
Erfahrung, Handlungs- und Kommunikationszusammenhänge und
das Erleben von Zusammengehörigkeit von unten gebildet, sondern
genießt höchste Priorität als Herrschafts- und Integrationstechnik,
die mit Druck, Begeisterung, symbolischer Inszenierung und me-
dialer Beeinflussung geformt werden kann. Ältere Identifikationen
bleiben oft bestehen und können mit jüngeren Erfahrungen auch
dann, wenn diese einander widersprechen, koexistieren. Als Beispiel
seien die adeligen Herrschaftsregionen angeführt, die im Bewusstsein

der ehemaligen Herren wie Untertanen die Abschaffung der Untertänigkeit lange überlebten und durch Brauchtumspflege, Tourismus und Folklorisierung neue Bedeutung erlangen können.

Teilraum im überregionalen Geschehen

Kleinräume können je nach Beschaffenheit, Selbstverständnis und Betrachtungsperspektive unterschiedlich ins überregionale Geschehen eingeordnet werden. Dabei helfen die bereits aus anderen Raumebenen bekannten Modelle.

Einordnung und Verbindung des Kleinraums mit anderen Raumebenen

- Kleinraum als Funktion in einem Gesamtsystem
- Kleinraum als Teil eines Verflechtungsraums
- Kleinraum als Ausgangs- und Bezugspunkt für Beziehungen unterschiedlicher Reichweite
- Kleinraum als Vergleichsraum mit anderen Kleinräumen

Die Einordnung kann aufgrund der Funktion im Gesamtsystem (Ökosystem, Wirtschaftssystem, Nationalökonomie, internationale Bündnisse und Organisationen, Weltsystem) erfolgen, das heißt
- als Zentrum oder Peripherie, oder als eine Zentren und Peripherien umfassende Raumeinheit,
- als Teil eines Netzwerks oder als ein am Netzwerkzusammenhang unbeteiligter oder aus diesem ausgeschlossener Raum,
- als Raum, dessen spezifischer Charakter aus seiner Rolle als Zwischenzone oder Transitraum entsteht.

Die Einbettung in das überregionale Geschehen kann über mannigfaltige Verbindungen, wie Warenaustausch, Migration, Güterketten oder alle möglichen Arten von Transfers nachvollzogen werden. Diese Verbindungen können unterschiedlich weit reichen und den Kleinraum damit in eine regionale, eine nationalstaatliche, eine weltregionale oder eine globale Reichweite einschreiben. Schließlich kann der überregionale Bezug auch durch den Vergleich mit anderen Kleinräumen hergestellt werden.

Kleinraum als Spiegel des überregionalen Geschehens

Umgekehrt spiegeln sich die verschiedenen Ebenen, über die ein Kleinraum in das überregionale Geschehen eingebunden ist, in diesem selbst. Seine Funktionen in der überregionalen Arbeitsteilung, die Beziehungen, die sich aus Verflechtungen und Transfers unterschiedlicher Reichweite ergeben, entfalten hier ihre Wirkung und können daher auch vor Ort studiert werden. Mehr noch: Sie müssen vor Ort studiert werden, wenn das Verhältnis zwischen dem Globalen und dem Lokalen nicht nur als abstrakte Annahme, sondern als konkreter Ausdruck und Niederschlag der Interaktion erfasst werden soll.

Beispiel Österreich

Im Folgenden wird die kleinräumige Perspektive anhand der Habsburgermonarchie bzw. der Republik Österreich getestet. Diese Auswahl hat mehrere Gründe. Zum einen handelt es sich um eine Region, die der Autorin durch ihre Spezialforschungen vertraut ist; auch der Stammsitz des Verlages befindet sich in Wien. Zum anderen handelt es sich um eine Region, die vom Selbstverständnis der historischen Subdisziplinen aus dem Fach Globalgeschichte herausfällt: Fürstenstaat, Monarchie und Republik Österreich werden im Rahmen der Österreichischen Geschichte erforscht; darüber hinaus fallen sie in den Gegenstandsbereich jener Subdisziplinen, die sich mit bestimmten Perioden (alten, mittelalterlichen, neueren, zeitgeschichtlichen) oder Bereichen (Wirtschaft, Gesellschaft, Politik, Wissenschaft, Kultur ...) der Geschichte befassen. Hier wird postuliert, dass diese Region sowohl als Staat als auch in allen ihren Subgliederungen gleichermaßen Gegenstand von Globalgeschichte sein kann, auch wenn nicht immer alles, was sich auf der lokalen, der regionalen oder der gesamtstaatlichen Ebene ereignet, unter diesen Aspekt fällt.

Auch der (National-)Staat stellt eine räumliche Ebene des globalen Geschehens dar. Grundsätzlich stellt auch der (National-)Staat eine räumliche Ebene dar, von der aus sich weiter reichende überregionale Beziehungen erschließen lassen und der umgekehrt ohne die überregionalen Bezüge nicht begreifbar ist. Je nachdem, wie sich beispielsweise der österreichische Staat im Lauf der Geschichte manifestierte, zeigen sich unterschiedliche Handlungs- und Verflechtungshorizonte, die Österreich auf unterschiedliche Weise in das globale Geschehen einschrieben. Diese Verflechtung wirkte sich auch auf den Stellenwert und die Position aus, die die Regionen innerhalb des Staates einnahmen. Jede Veränderung der überregionalen Ausrichtung stellte für die Kleinräume die Weichen neu.

In diesem Beispiel werden zunächst Überlegungen zum Gesamtstaat Österreich als Kleinraum im überregionalen Geschehen angestellt. In einem zweiten Schritt werden mit der Hauptstadt (Wien), einer peripheren Textilregion im niederösterreichischen Kernland (Waldviertel) und einem Erweiterungsgebiet im Osten, das als innere Peripherie in die Habsburgermonarchie eingegliedert wurde (Galizien), drei substaatliche Kleinräume exemplarisch herausgegriffen.

Manifestationen und Reichweiten des Gesamtstaates

Wenn wir die politische Raumeinheit „Österreich" Revue passieren lassen, seit sie staatliche Züge trägt, so handelt es sich nicht nur um ein Gebilde höchst unterschiedlicher Ausdehnung und Lage mit wechselnden Herrschern und Regierungsformen, sondern gleichermaßen um ein Gebilde, das sich in ganz unterschiedlichen Funktionen, Dimensionen, Richtungen und Reichweiten in das überregionale Geschehen einschrieb (Bruckmüller 1985; Vocelka 2002). Dabei stellte Österreich, was immer zum jeweiligen Zeitpunkt darunter zu verstehen war, nicht immer eine eigenständige staatliche Einheit dar, sondern war als Ganzes oder teilweise Bestandteil übergreifender politischer Gebilde. Dies trifft für die lange Periode zu, als Österreich Teil des Heiligen Römischen Reichs war und mit den Habsburgern dessen Kaiser stellte. Die Habsburger konnten im 19. Jahrhundert ihren Anspruch auf die Führungsrolle im Deutschen Bund gegenüber Preußen nicht durchsetzen. Im Osten und Südosten reichten die habsburgischen Besitzungen über das Reich und den Deutschen Bund hinaus; sie schlossen Provinzen ein, in denen Deutschsprachige eine Minderheit darstellten. Das Verhältnis zu Deutschland blieb auch nach der politischen Entflechtung des Habsburger- und des Hohenzollern-Reiches (1871) auf der Tagesordnung und wurde 1918, als der Anschluss Deutsch-Österreichs an Deutschland an den Siegermächten des Ersten Weltkriegs scheiterte, sowie 1938, als er unter Adolf Hitler gelang, virulent. Mit dem Beitritt zur Europäischen Union wurde die

Die politische Raumeinheit „Österreich" schrieb sich in ganz unterschiedlichen Funktionen, Dimensionen, Richtungen und Reichweiten in das überregionale Geschehen ein.

Republik Österreich Bestandteil einer staatenübergreifenden Union. Eine exklusive staatliche Souveränität ohne darüber hinaus wirksame legislative und exekutive Ebenen existierte also nur von 1866 bis 1918 (Monarchie), von 1918 bis 1938 (Erste Republik) sowie von 1945 bis 1995 (Zweite Republik bis zum EU-Beitritt).

Als Ostland oder Ostmark *(marcha orientalis)* des Fränkischen Reiches, das mit der Verleihung der Markgrafenwürde an die Dynastie der Babenberger (976–1246) eine beschränkte Souveränität erlangte, hatte „Ostarrîchi" (auch *Austria* oder *in orientali regno* bezeichnet) die Funktion eines Grenzlandes mit vorgelagerten Schutz- und Erweiterungsaufgaben am östlichen Rande des Heiligen Römischen Reichs. Ostarrîchi erstreckte sich anfangs in einem kleinen Raum entlang der Donau zwischen Enns und Wienerwald; der Herrschaftsmittelpunkt lag zunächst in Melk, Gars, Tulln und Klosterneuburg und wurde 1136 nach Wien verlegt. Wie in den anderen Grenzländern des Heiligen Römischen Reiches – Kärnten, Steiermark, Krain u. a. – kam der Region die Funktion von Bollwerk und Brücke zu; die Lebensweise wurde durch kriegerische Auseinandersetzungen, aber auch durch den wirtschaftlichen und kulturellen Austausch mit den Nachbarn geprägt. Als Teil des Reiches war die Markgrafschaft, die 1156 zum Herzogtum erhoben wurde, in die politischen Interaktionen im Reichszusammenhang eingebunden, die angesichts des geringen Durchstaatlichungsgrades viel eher Netzwerk- als Flächencharakter aufwiesen. Über den Reichszusammenhang hinaus war das Herzogtum, das durch den Erwerb weiterer Erblande zu einem „zusammengesetzten" Staat, einem Regnum, angewachsen war, in das – in enger Symbiose mit dem katholischen Papsttum agierende – „System der Christenheit" (Nolte 2005) eingebunden. Dieses muss weit über kirchliche Belange hinaus als ein politisches System begriffen werden. Auch in wirtschaftlicher und kultureller Hinsicht gingen die Kontakte über das Reich hinaus. Klöster, Universitäten, die Verbindungsnetze des Adels, der Händler und der Handwerker erfassten ganz Europa; vermittelt über griechisch-orthodoxe, armenische und jüdische Händler gab es auch Verbindungen mit der byzantinisch-oströmischen und später osmanischen, der arabischen und persischen Welt. Zum System der Christenheit zählten diese Welten nicht: Die vom 11.–13. Jahrhundert stattfindenden Kreuzzüge, an denen auch die österreichischen Herzöge teilnahmen, richteten sich gleichermaßen gegen die byzantinische wie die arabische Herrschaft.

Nach der Übernahme der Herrschaft durch das Geschlecht der Habsburger (1278/82), die seit 1273 – mit Unterbrechungen – die Könige bzw. Kaiser des Heiligen Römischen Reiches bis zu dessen Auflösung 1806 stellten, wurden die Besitzungen sukzessive erweitert. Die habsburgischen Erblande wuchsen dabei zu einer europäischen Großmacht und durch die dynastische Verbindung mit der spanischen Krone im 15. Jahrhundert zu einer transatlantischen Weltmacht mit überseeischen Besitzungen an. Die Ambitionen scheiterten an der Überdehnung. Westeuropäische Staaten, die ihren Aufbruch zur Weltwirtschaft nicht auf ein Weltreich, sondern auf eine führende Rolle im Welthandel und der internationalen Arbeitsteilung aufbauten, erwiesen sich als überlegen (Wallerstein 2004a: Kap. 4). Durch die Teilung der spanischen und österreichischen Länderkomplexe (1521/22), die Übernahme der Herrschaft über die böhmischen und die ungarischen Länder (1526) sowie die Herrschaftskonsolidierung in den Erblanden wurde Österreich zu einer zentraleuropäischen Großmacht, deren Expansionsrichtung – abgesehen von einem Intermezzo in den Österreichischen Niederlanden im 18. Jahrhundert, das mit kolonialen Ambitionen verbunden war – nach Osteuropa, Südosteuropa und Italien gerichtet war. Österreich konnte langfristig weder in der überseeischen Landnahme noch im Überseehandel Fuß fassen.

Die Gebietserweiterungen, die im 18. und 19. Jahrhundert in Südosteuropa auf Kosten der osmanischen und venezianischen Präsenz und in Osteuropa im Gefolge der polnischen Teilungen erreicht wurden, brachten dem Staat weiträumige Gebiete ein, die bis zu ihrer Einverleibung in ganz andere regionale und überregionale Beziehungen eingebettet waren. Ungarn, Transsilvanien und die Bukowina, zuletzt (1878) Bosnien-Herzegowina, die als Provinzen des Osmanischen Reichs von Istanbul aus beherrscht wurden, waren mit dem Schwarzmeerraum, West- und Zentralasien verbunden. Galizien, das 1772 im Zuge der polnischen Teilungen von Österreich besetzt wurde, stellte eine Transitregion dar, die aufgrund der Verbindungen im Rahmen des Königreichs Polen-Litauen den Schwarzmeerraum mit der Ostsee verband. Venetien und Dalmatien waren Kernländer Venedigs, das als Seemacht im Mittelmeerraum agierte. Durch die Eingliederung in den habsburgischen Länderkomplex wurden beste-

Das Scheitern der Welt-reichsambitionen

Österreich konnte langfristig weder in der überseeischen Landnahme noch im Überseehandel Fuß fassen.

hende Verbindungen einesteils abgebrochen, andernteils habsburgischen Interessen unterworfen. Die Länder und Regionen wurden als Kronländer in den habsburgischen Binnenmarkt eingegliedert, wo sie – neben ihrer militärischen und fiskalischen Bedeutung – als innere Peripherien die Funktion als Nahrungsmittel- und Rohstofflieferanten sowie als Abnehmer gewerblicher Erzeugnisse aus den Industrieregionen der Habsburgermonarchie innehatten. Das Habsburgerreich etablierte sich somit als ein Staat, der die Weitläufigkeit, Vielfalt und Heterogenität der Erweiterungsgebiete dazu nutzte, innerhalb seines Reichsrahmens eine ungleiche Arbeitsteilung zu etablieren, die den Zentren zugutekam. Die Interaktion mit den Staaten des Heiligen Römischen Reichs bzw. des Deutschen Bundes, die seit 1871 im Deutschen Kaiserreich aufgegangen waren, ging im Laufe des 19. Jahrhunderts zurück und wurde durch zunehmende Verflechtung innerhalb des habsburgischen Länderkomplexes ersetzt. Die eingegliederten Regionen erlebten mit der Integration in den Reichszusammenhang Peripherisierung. Die Habsburgermonarchie stellte somit eine Weltwirtschaft im Kleinen dar, die auf einem inneren Zentrum-Peripherie-Verhältnis beruhte. Sie kompensierte mit den inneren Peripherien die – von der Beteiligung an wissenschaftlichen und militärischen Expeditionen abgesehen – Abstinenz im kolonialen Geschehen sowie die geringe Weltmarktpräsenz (Komlosy 2006).

Die Nationalstaaten, die 1918 aus dem Habsburgerreich hervorgingen, bemühten sich, die im Reichsrahmen bestehende ungleiche Arbeitsteilung, die auf die Reichshauptstadt Wien und die böhmischen, mährischen, ober- und niederösterreichischen Industrieregionen, in Ungarn seit dem Ausgleich 1867 auch auf Budapest, zugeschnitten war, zu durchbrechen und die wirtschaftliche Aktivität, insbesondere die nachholende Industrialisierung, auf das neue staatliche Territorium auszurichten. Dieses sollte zu einer Nationalökonomie mit einem breiten und ausgewogenen Spektrum an Wirtschaftssektoren und -branchen geformt werden. Im Klartext bedeutete dies, dass die Arbeitsteilung zwischen den Regionen der Monarchie auf die neuen staatlichen Binnenmärkte ausgerichtet werden sollte. Damit wurden bestehende Muster zwischenregionaler Kooperation und Arbeitsteilung unterbrochen, was die Unternehmen und die staatliche Wirtschaftspolitik vor große Umstellungsprobleme stellte. Die neuen Staaten waren nicht in der Lage, ihr Ziel, den Staat zu einem

Die Habsburgermonarchie kompensierte mit den inneren Peripherien die Abstinenz im kolonialen Geschehen.

neuen Integrationsraum zu machen, zu realisieren. Im Zuge der Weltwirtschaftskrise 1929/31, die protektionistische Reaktionen der wirtschaftlichen Großmächte bewirkte, verschärften sich die Probleme der ostmittel- und südosteuropäischen Staaten zur sozialen Krise und brachten im Verein mit den nationalen Begehrlichkeiten am Vorabend des Zweiten Weltkriegs eine explosive politische Situation hervor.

Für die Republik Österreich bedeuteten die Abnabelung der anderen Nachfolgestaaten und die erzwungene Umorientierung auf ein kleinräumiges staatliches Territorium, dass sich die Reichweite der Wirtschaftskontakte gegenüber Monarchie-Zeiten verringerte. Im Außenhandel spielten insbesondere die Tschechoslowakei und Ungarn weiterhin eine wichtige Rolle. Der „Anschluss" an das großdeutsche Reich 1938 brachte die Eingliederung in eine Großraumwirtschaft, die der Ostmark als Teil des Reiches erneut ein weiträumiges (durch Bündnisse und Eroberungsfeldzüge ständig anwachsendes) Hinterland eröffnete, in dem diese eine Zentrumsfunktion einnahm.

Der „Anschluss" an das großdeutsche Reich brachte die Eingliederung in eine Großraumwirtschaft.

Die Niederlage des „Dritten Reiches" und die Unterbrechung der Beziehungen mit Deutschland brachten zunächst eine Rückdimensionierung der wirtschaftlichen Verflechtung auf die Republik Österreich und die benachbarten Nachfolgestaaten. Mit der Entscheidung für die Teilnahme am westlichen Wiederaufbauprojekt unter der Ägide der USA wurde jedoch, anstelle die Bande im zentral- und osteuropäischen Raum wiederherzustellen, die unter NS-Großraumprämissen hergestellte enge Kooperation mit Deutschland fortgesetzt. Österreich erlebte eine wirtschaftspolitische Westorientierung, verstärkt durch die Tatsache, dass sich aufgrund der Besatzungssituation auch die Wachstumszentren des Landes in den Westen verschoben. Die 1955 nach Abschluss des Staatsvertrags erklärte Neutralität ermöglichte allerdings, eine anfangs politische und kulturelle, in der Folge auch wirtschaftlich bedeutsame Mittlerrolle zwischen Westeuropa und den osteuropäischen Planwirtschaften zu spielen, die in den 1970er-Jahren auch auf den arabischen Raum und Dritte-Welt-Staaten ausgeweitet wurde. Österreichische Handlungsspielräume erlangten auf diese Art und Weise eine internationale Dimension, für welche die Kleinstaatlichkeit eine wichtige Voraussetzung darstellte (Enderle-Burcel u. a. 2006).

Österreichische Handlungsspielräume erlangten in den 1970er-Jahren eine internationale Dimension, für welche die Kleinstaatlichkeit eine wichtige Voraussetzung darstellte.

Seit den 1980er-Jahren änderten sich die Rahmenbedingungen für österreichisches Handeln in mehrfacher Weise. Zum einen setzte als

Antwort auf die Ausweitung der Wirtschaftsbeziehungen zwischen West und Ost sowie die damit einhergehende Verschuldung der osteuropäischen Staaten eine Multilateralisierung in den West-Ost-Beziehungen ein. Der Systemwechsel in den Ostblockstaaten (1989/91) und die Sogwirkung der Europäischen Gemeinschaft/Union, der Österreich 1995 beitrat, machten die Hoffnungen einer regionalen Integration auf mitteleuropäischer Ebene, in der Österreich weiterhin eine Drehscheibe hätte spielen können, zunichte. Stattdessen verkörperte die österreichische Staatsgrenze für ein Jahrzehnt die Außengrenze der Europäischen Union, an der Protektionismus, Reise- und Einwanderungsrestriktionen und verschärfte Grenzkontrollen exekutiert wurden – nunmehr von westlicher Seite. Erst nachdem durch Umbau der Rechts- und Sozialordnung, die Ausschaltung unerwünschter Konkurrenz und die Privatisierung der ehemaligen Staatsbetriebe gewährleistet war, dass die osteuropäischen Staaten ihre Aufgaben als Absatzmarkt, verlängerte Werkbank und Lieferant von Arbeitskräften für die westlichen Staaten erfüllen würden, wurde deren Beitrittsprozess zur Europäischen Union in die Wege geleitet. Mit dem einige Jahre später stattfindenden Beitritt zum „Schengen-Raum" verlagerte sich die Unionsaußengrenze von Österreich und Deutschland weiter in Richtung Osten; der ehemalige Eiserne Vorhang markiert allerdings weiterhin ein Wohlstandsgefälle.

Das System globaler Güterketten veränderte das Verhältnis von staatlicher Politik und Territorium.

Die Neue Internationale Arbeitsteilung, mit der die Unternehmen der Wirtschaftskrise der 1970er-Jahre begegneten, veränderte den räumlichen Kontext, in dem Unternehmen und staatliche Wirtschaftspolitik agierten. Schon der Wiederaufbau war für Österreich mit der Integration in eine westeuropäische, maßgeblich von der Bundesrepublik Deutschland bestimmte Arbeitsteilung verbunden. Den primären Bezugsrahmen staatlicher Politik stellte in dieser Zeit dennoch das Staatsgebiet dar: Es ging um österreichische Unternehmen, österreichische Beschäftigte und das Ziel einer flächendeckenden Einbindung der Bevölkerung in wirtschaftliche Wachstums- und Verteilungsprozesse. Mit der Verlagerung der industriellen Massenfertigung in Billiglohnländer in Osteuropa und der Dritten Welt, bei Konzentration der ehemaligen Industrieländer auf Qualifizierung, Forschung, Logistik, Informations- und Kommunikationstechnologien verwandelte sich nationaler Wirtschaftsraum in internationalen. Zunächst vollzog sich dieser Prozess unter der Ägide der westlichen multinationalen Konzerne, die die einzelnen Schritte der Fertigung so kostengünstig wie möglich auf Standorte in unterschiedlichen Staaten aufteilten. Seit den 1990er-Jahren gerieten die multinationalen Produzenten unter den Druck von Organisatoren globaler Güterketten, die selbst überhaupt nicht mehr produzieren, sondern sämtliche Aufgaben an selbstständige Auftragnehmer ausgeben, die ihrerseits Subaufträge vergeben und so einen globalen Standortwettbewerb und, was Löhne, Steuern und Arbeitsbedingungen anlangt, ein *race to the bottom* in Gang setzen. Damit veränderte sich das Verhältnis von staatlicher Politik und Territorium. Örtliche Anbieter ebenso wie Arbeitskräfte an jedem Ort der Welt sind der Konkurrenz kostengünstigerer oder steuerschonenderer Standorte ausgesetzt. Politiker bemühen sich, durch Förderungen und Anreize möglichst hochrangige Investitionen auf ihr Staatsgebiet zu ziehen. Um in der Konkurrenz mitzuhalten, müssen sie den Druck auf Löhne und soziale Kosten mittragen. Dies heizt auch den Wettbewerb zwischen den Regionen an. Globale Wettbewerbspolitik bedeutet, flächendeckende regionale und soziale Ausgleichsziele hintanzustellen und starke Zentralräume und Standorte aufzubauen (Hirsch 2002; Komlosy 2008).

Globalisierung ist mithin untrennbar mit Fragmentierung verbunden, die nicht nur auf das zwischenstaatliche, sondern auch auf das Verhältnis zwischen den Regionen einwirkt. Wie der Zerfall der Sowjetunion, der Tschechoslowakei und Jugoslawiens in den 1990er-Jahren zeigt, kann das geänderte globale Umfeld die staatliche Integrität und Souveränität infrage stellen; Grenzziehungen und neue Staatsbildungen erfordern die Neudefinition sozio-kultureller Identitäten und ihrer räumlichen Bezugspunkte.

Die Betrachtung Österreichs in der longue durée macht zudem deutlich, dass keineswegs von einer kontinuierlichen Ausweitung der Reichweite räumlicher Horizonte gesprochen werden kann, in deren Zuge kleinräumige Aktivität in immer weiter reichende Netze und Interaktionsräume einbezogen wurde. Reichweite und Richtung der überregionalen Beziehungen hingen vielmehr von politischen, wirtschaftlichen, technischen und infrastrukturellen Faktoren ab. Österreich variierte zwischen kleinräumiger und großräumiger territorialer Ausdehnung, der Horizont der politischen Aktivität zwischen der Zentrierung auf das Staatsgebiet, der Teilnahme an staatenübergreifenden politischen Gebilden und weitreichender internationaler

Phasen der großräumigen Verflechtung wechselten mit Phasen der De-Globalisierung und der Orientierung auf Kleinräume.

Einflussnahme. Phasen der großräumigen Verflechtung wechselten mit Phasen der De-Globalisierung und der Orientierung auf Kleinräume. Nach dem Scheitern der Weltreichsambitionen unter Karl V. war eine territoriale Konsolidierung Habsburg-Österreichs als souveräner Staat zu beobachten, der 1804/06 aus dem Heiligen Römischen Reich heraustrat. 200 Jahre später findet sich die Republik Österreich erneut als Teil einer staatenübergreifenden Union wieder, nunmehr allerdings eingebettet in weltwirtschaftliche Wettbewerbsregeln, die von multinationalen Konzernen, Banken und internationalen Handels- und Finanzorganisationen vorgegeben werden.

Staatliche Identitätsräume

Staaten sind politisch definierte Räume, die im Zuge der Konsolidierung zentralstaatlicher Macht seit dem 16. Jahrhundert eine Territorialisierung erlebten. Der Raum der politischen Herrschaft war in erster Linie eine Identitätsregion für die Herrschenden, zu denen neben der Dynastie und dem Hof auch die Stände, also die in den Landtagen politisch berechtigten Körperschaften des Adels, des Klerus und der Städte (in manchen Fällen auch der Landgemeinden) zählten. Durch die Landtage wurden die Länder zum einem wichtigen Bezugspunkt der politischen Identität, der trotz der Zurückdrängung ständischer Macht durch den Zentralstaat seine Bedeutung beibehielt. Untertanen identifizierten sich in der frühen Neuzeit weder mit dem Staat noch mit dem Land: Sie fühlten sich einer Dorfgemeinde, einer sozialen Gruppe, einer naturräumlichen Landschaft oder dem Herrschaftsverband, dem sie angehörten, verbunden. Im Zuge der Einführung des parlamentarischen Mehrebenensystems (Gemeinde-, Landes- und Reichsebene) wurden die Länder zu Selbstverwaltungseinheiten ausgebaut, was bei den Wahlberechtigten die Herausbildung eines über die Stände hinausgehenden Landesbewusstseins ermöglichte (Bruckmüller 1996).

Im Zuge der Ausweitung der politischen Berechtigung und deren Kodifizierung in Grundgesetzen wurde das Staatsvolk im 19. Jahrhundert über die Staatsbürgerschaft mit dem Staat verbunden. Zu einer Identitätsregion im staatsbürgerlichen Sinn wurde der Staat vor allem dort, wo eine starke Zentralmacht, gestützt auf ökonomische Ressourcen, eine zentralistische politische Verwaltung etablieren

und Territorium und Nationalität, wenn nötig auch durch Zwangs-
assimilation, in Übereinstimmung bringen konnte. Als Beispiel für
diesen Ausnahmefall einer Staatsnation steht Frankreich, das seit
der Französischen Revolution das Ideal von Nation verkörperte.
In zusammengesetzten Reichen mit multikultureller Bevölkerung
wie der Habsburgermonarchie deckte sich der Staat nicht mit der
Nationalität. Auch die Vielzahl der habsburgischen Länder hatte
eine ethnisch gemischte Bevölkerung. Dennoch stellten die Länder
aufgrund der ständischen Tradition eher einen Bezugspunkt für die
Identifikation der Bürger dar als der Gesamtstaat, der mit der Dynastie identifiziert wurde.

Aus deutsch-österreichischer Perspektive stand der dynastisch-mul-
tiethnische Charakter des Staates der Transformation der Monarchie
zu einer deutschen Nation entgegen. Eine Beteiligung am Staatsbildungsprozess des Deutschen Reiches, dessen nationales Prinzip sich
gegenüber dem dynastischen Selbstverständnis der Habsburger als
zukunftsweisend erwies, kam aufgrund der getrennt verlaufenden
Staatsbildungsprozesse nicht infrage. Nichtsdestotrotz stellte Deutsch
im Österreichischen Kaiserreich die Sprache der Politik, der Verwaltung, der Wissenschaft und des sozialen Aufstiegs dar, dem Anspruch
und verfassungsmäßige Zusicherung nationaler Gleichberechtigung
nachgereiht war. Dies beflügelte die nationale Aufbruchsstimmung
der nicht-deutschen Nationalitäten, die sich am französischen wie
am deutschen Vorbild orientierten. Obwohl ihre nationalpolitischen
Forderungen grundsätzlich in die gleiche Richtung zielten, scheiterte
die Revolution von 1848 daran, dass Madjaren, Tschechen, Polen und
Italiener gegen die Zentralmacht auftraten, während sich Serben,
Kroaten, Rumänen (gegen Madjaren), Ruthenen (gegen Polen) in
der Hoffnung auf die Realisierung ihrer nationalpolitischen Zielsetzungen von der Zentralmacht zur Bekämpfung der Aufstände funk-
tionalisieren ließen. Nachdem das Ziel der deutschen Revolution
von 1848, die Errichtung eines gesamtdeutschen Staates, scheiterte,
arrangierte sich das deutsch-österreichische Bürgertum mit der habsburgischen Herrschaft und beschränkte sich zum Großteil darauf,
deutsch-nationale Ambitionen im Reichsrahmen zu verwirklichen.
Die Konstruktion der Österreichisch-Ungarischen Doppelmonarchie
im „Ausgleich" mit Ungarn (1867) kam dem zupass, erhöhte doch die
Teilung in zwei getrennte, wenn auch in Personalunion verbundene,

Der dynastisch-multi-
ethnische Charakter des
Staates aus deutsch-ös-
terreichischer Perspektive

Imperien den Anteil der Deutschsprachigen in der österreichischen Reichshälfte und hielt gleichzeitig die Madjaren bei der Stange, insofern sie in ihrer Reichshälfte Staatsaufbau, Binnenmarktentwicklung sowie eine Politik der Madjarisierung betreiben konnten. Die Stabilisierung gelang nicht. Die nicht-deutschen und nicht-madjarischen Nationalbewegungen projizierten nationale Identität auf jene Gebiete, die als Siedlungsgebiet ihrer ethnischen Gruppe Autonomie, Unabhängigkeit oder Vereinigung mit ko-nationalen Nachbarstaaten oder -regionen erhalten sollten.

Globalgeschichtliche Grundprozesse spiegeln sich sowohl im deutsch-österreichischen Verhältnis als auch im Verhältnis der Wiener Zentralregierung zu den nicht-deutschen Nationalitäten wider.

■ Der österreichische Staatsbildungsprozess fand im Spannungsfeld von Reich und Fürstenstaat statt: Österreich – als Sammelbegriff für die habsburgischen Länder – kristallisierte sich sukzessive als souveräne staatliche Einheit im Rahmen des Reichs heraus.

■ Die Trennung der Wege nach der Auflösung des Heiligen Römischen Reiches (1806) und der Gründung des Deutschen Kaiserreichs (1871) trug nur teilweise zur Entflechtung bei: Die ethnisch-sprachliche Grundlage der Nationsbildung im Deutschen Kaiserreich wurde für die multiethnisch-dynastische Nationsbildung der Habsburgermonarchie zur Herausforderung. Dabei ging es einerseits um das nationale Selbstverständnis der deutschsprachigen Österreicher und ihre Haltung zum österreichischen Staat und zur deutschen Einheit, andererseits um das Verhältnis der deutsch-österreichischen Zentren zu den nicht-deutschen Nationalitäten der Habsburgermonarchie, die – inspiriert vom nationalen Verständnis reichsdeutscher und französischer Nationsbildung – auf nationale Selbstbestimmung oder staatliche Unabhängigkeit drängten.

■ Der Konflikt zwischen dem hegemonialen Deutsch-Österreichertum und den anderen Nationalitäten hatte eine soziale und eine ökonomische Dimension. Dabei war es keineswegs so, dass die Zentren „deutsch" und die Peripherien „nicht-deutsch" waren. Vielmehr handelte es sich um abgestufte und mehrfach verwickelte Hierarchien, die sich auf der politischen Ebene anders darstellten als auf der ökonomischen. So gelang es der ökonomischen Peripherie Ungarn, staatliche Teilsouveränität innerhalb der Doppelmonarchie zu erhalten (1867) und in der ungarischen Reichshälfte nicht nur eine

Politik der ethnischen Assimilierung (Madjarisierung), sondern auch Maßnahmen nationalstaatlicher Binnenmarktmarktentwicklung in Angriff zu nehmen. Die böhmischen Länder wiederum gehörten zu den wirtschaftlich führenden Zentren der Monarchie, deren Industrielle von der ungleichen Arbeitsteilung zwischen dem industriell entwickelten Westen und dem agrarischen Osten profitierten. Dass die böhmischen Länder die ökonomische Stärke nicht in politische Autonomie umsetzen konnten, verursachte starke Spannungen zwischen der Landes- und der Zentralregierung. Innerhalb der böhmischen Länder heizte dies die Spannungen zwischen Deutsch-Österreichern und Tschechen an.

Es wird deutlich, dass auch die politische Geschichte der Staaten nicht ohne Bezugnahme auf die Kleinräume erzählt werden kann, deren BewohnerInnen sich als Teil der Identitätsregion Staat begreifen oder aber ihre nationale Identität mit einem anderen Territorium verknüpfen. Mit der Unabhängigkeit, die der Auflösung der multiethnischen Reiche der Osmanen und Habsburger teilweise bereits im 19. Jahrhundert, vor allem aber nach dem Ersten Weltkrieg folgte, zerfiel die Monarchie in ihre kleinräumigen Bestandteile. Die Kleinräume der Nationalitäten wurden zu National-Staaten, die Identität und Geschichtsschreibung von nun an am Staatsterritorium ausrichteten; für die Minderheiten, die in diesen Staaten lebten, ebenso wie jene Staaten, die aus den Restgebieten der alten Reiche hervorgegangen waren, traf dies weniger oder gar nicht zu, und viele strebten nach einer Veränderung der Grenzen. Dies machte sie in den 1930er-Jahren den deutschen Großraumambitionen zugänglich, die im Austausch für die Unterordnung unter deutsche Wirtschaftspläne und Kriegsziele eine Unterstützung nationaler Staatsgründungen (Slowakei, Kroatien, Ukraine) oder Erweiterungen (Ungarn, Rumänien, Bulgarien) in Aussicht stellten.

Das deutsch-österreichische Restgebiet stellte 1918 keine Projektionsfläche für die nationale Identität seiner überwiegend deutschsprachigen Bewohner dar. Das Rumpfparlament, das aus dem Reichsrat hervorgegangen war, reklamierte zwar die deutschsprachigen Gebiete, die von der Tschechoslowakei, Jugoslawien und Italien beansprucht wurden, für Deutsch-Österreich, erklärte dieses Deutsch-Österreich aber gleichzeitig zu einem Bestandteil Deutschlands. Dieser Anschluss-

Die Kleinräume der Nationalitäten wurden zu National-Staaten.

wunsch, den damals alle politischen Parteien – mit Ausnahme der neu gegründeten Kommunisten – trugen, scheiterte 1919 an den Sieger-mächten in Saint-Germain. Das von außen erzwungene Anschluss-verbot war mit ein Grund dafür, dass der Anschluss Österreichs an NS-Deutschland von 1938 kein Tabu, sondern eine weithin vorstellbare Option darstellte. Das ständisch-klerikale Österreich-Bewusstsein, das sich in den 1930er-Jahren unter austrofaschistischen Vorzeichen herausgebildet hatte, machte es insbesondere sozialdemokratischen Österreichern schwer, sich positiv mit dem Staat zu identifizieren, auch wenn sie sich als Österreicher fühlten. Im Widerstand gegen den Nationalsozialismus kam die Österreich-Identität dennoch zum Tragen. „Österreich" konkurrierte in der NS-Zeit mit einem auch unter seinen Bewohnern weitverbreiteten deutsch-nationalen Reichs-bewusstsein, das das österreichische Anschlussgebiet als integralen Bestandteil Deutschlands und der deutschen „Volksgemeinschaft" ansah – Juden, Roma, Kommunisten und andere Widerständige ausgeschlossen.

Während sich die einen als Weltbürger begreifen, reagieren andere provin-zialistisch und entdecken „Heimat" als Rückzugsort.

Die Niederlage des Nationalsozialismus erleichterte die Identifika-tion mit der wiedererstandenen österreichischen Zweiten Republik. Lag in den Jahren der Besatzung die Betonung auf der staatlichen Souveränität des Landes, trat mit der Neutralität die Positionierung Österreichs als Brücke und Mittler im internationalen System in den Vordergrund. Das Ende der bipolaren Nachkriegsordnung konfron-tierte Österreich mit einem Kompetenz- und Bedeutungsverlust, dem mit dem Beitritt zur Europäischen Union das De-facto-Ende einer eigenständigen Außenpolitik folgte. Die Menschen reagieren auf die verstärkte Einbindung in globale Entwicklungen mit der Ausbildung unterschiedlicher, auf verschiedenste Räume und Reichweiten Bezug nehmende Identitäten. Diese beruhen auf Erfahrungen und Begeg-nungen in der Arbeitswelt, im Studium, in internationalen Projek-ten, Organisationen und Bewegungen, beim Reisen, mit Migration und MigrantInnen, aber auch in der virtuellen Welt von Internet, Facebook und Twitter. Während sich die einen als Weltbürger, *glo-bal citizens* mit transnationalen oder hybriden Identitäten begreifen und Raum für überwunden und überwindbar halten, reagieren an-dere provinzialistisch und entdecken „Heimat" als Rückzugsort und Fluchtburg gegen oder als die regionale Basis der Globalisierung.

Regionen als Kleinräume der Globalgeschichte

Staatengeschichte kann ohne Berücksichtigung der Triebkräfte und Dynamiken auf der regionalen und kleinräumigen Ebene nicht erfasst werden. Aus diesem Grund widmen sich die folgenden drei Abschnitte kleinräumigen Beispielen unterhalb der staatlichen Ebene. An einer Stadt (Wien), einem kleinregionalen Wirtschaftsraum (Waldviertler Textilregion) und einem im Zuge der territorialen Erweiterung des 18. Jahrhunderts dem Reichsverband einverleibten Kronland (Galizien) wird anhand dreier unterschiedlich strukturierter Kleinräume verfolgt, wie sich der jeweilige Kleinraum in unterschiedlichen Perioden in die regionale, die staatliche, die zwischenstaatliche und die globale Ebene einfügte. Dabei kann und soll die Geschichte der drei Kleinräume nicht im Detail nachgezeichnet werden; vielmehr geht es darum, einen Analyserahmen zu entwickeln, der dem Wandel der unterschiedlichen Raumhorizonte angemessene Bedeutung verleiht. Gleichzeitig soll veranschaulicht werden, dass die Einbettung von Kleinräumen in überregionale Kontexte eine Fundierung in der Regionalgeschichte benötigt.

Wien, an der Stelle des ehemaligen römischen Heerlagers Vindobona gelegen, war zwischen dem 9. und 11. Jahrhundert ein zwischen dem Heiligen Römischen Reich und den benachbarten Reichen der Awaren und Ungarn umstrittener befestigter Ort. Im 12. Jahrhundert wurde dieser als *civitas* Mittelpunkt des babenbergischen Herzogtums. Das Waldviertel, zwischen Wien und Prag an der Grenze zu Böhmen gelegen, wurde dem Heiligen Römischen Reich im 11. und 12. Jahrhundert als Erweiterungsgebiet angeschlossen und in der Folge in das Herzogtum unter der Enns integriert. Galizien entstand als politische Einheit 1772 mit der Teilung des Königreichs Polen-Litauen; diese gehörte der Habsburgermonarchie bis 1918 als Kronland an und verschwand mit dem Zerfall der Monarchie von der Landkarte.

Wenn wir nach den Wechselwirkungen zwischen verschiedenen räumlichen Ebenen und ihrer Reichweite von Lokal bis Global fragen, sind es politische, wirtschaftliche und kulturelle Fragen, die, sowohl in Hinblick auf die Art der Verflechtung als auch auf die Herausbildung regionaler Identität angesprochen, hier nicht gleichrangig behandelt werden können. Es wird eine Auswahl getroffen: Wien als zentraler Mittelpunktsort wird vor allem in seiner politischen

Stadt Wien

Textilregion Oberes Waldviertel

Kronland Galizien

Funktion betrachtet. Beim Waldviertel handelt es sich um einen wirtschaftskulturellen Kleinraum, der keiner politischen Verwaltungseinheit entsprach: Dieser wird als Wirtschaftsregion betrachtet, die im Zuge der Eingliederung in die überregionale Arbeitsteilung der österreichischen Textilindustrie eine Peripherisierung erlebte. Einen anderen Typus von innerer Peripherie stellte Galizien dar: Hier kann das politische nicht vom wirtschaftlichen Interesse der habsburgischen Zentralmacht getrennt werden, die die Annexion als geo- und sicherheitspolitische Notwendigkeit sowie als Zivilisation bringende Errungenschaft rechtfertigte.

Residenzstadt Wien

Nachdem die österreichischen Babenberger 1136 ihren Herrschaftsmittelpunkt nach Wien verlegt hatten, war die Stadt Residenzstadt der österreichischen Herzöge. Eine überregionale Hauptstadtfunktion war damit nicht verbunden, auch dann nicht, als die Habsburger, die das Herzogtum nach dem militärischen Sieg über den Böhmenkönig Přemysl Ottokar 1278 übernommen hatten, weitere Länder in ihren Machtbereich einbezogen. Die Stadt Wien, seit 1221 mit Stadtrecht und damit mit Selbstverwaltungs- und Handelsprivilegien ausgestattet, war über die jeweiligen Akteure (Orden, kirchliche Würdenträger, Adelsfamilien, Händler, Handwerker und Zünfte, Gesandte) in die überregionalen Verbindungen der Klöster, der Kirche, des Handels und der diplomatischen Beziehungen im Reich und im römisch-katholischen Europa integriert; die Ausdehnung des Herrschaftsgebietes der österreichischen Herzöge spielte für die Reichweite der urbanen überregionalen Beziehungen kein Rolle. Als wirtschaftlicher Mittelpunktsort stand sie in einem engen arbeitsteiligen Wechselverhältnis mit dem näheren und weiteren Umland.

Der Landesfürst musste die Zentralisierung der Macht gegenüber dem Widerstand der niederösterreichischen Stände durchsetzen.

Die habsburgische Herrschaft umfasste im Spätmittelalter drei Ländergruppen (obere, innere und niedere Lande), die von Innsbruck, Graz und Wien aus regiert wurden. Unter dem Habsburger Karl, der als römisch-deutscher Kaiser (Karl V. 1519–1556) und spanischer König (Carlos I. 1516–1556) ein die spanischen Kolonien einschließendes Weltreich beherrschte, rückte Wien an den Rand des Geschehens. Eine permanente Hauptstadt des Heiligen Römischen Reiches gab es nicht. Mit der Teilung der habsburgischen Länder in

eine spanische und eine österreichische Linie und der Übergabe der
Regierungsgewalt über den zentraleuropäischen Länderkomplex durch
Karl V. an seinen Bruder Ferdinand (1521/22) wurde die Stadt zum
Zentrum der österreichischen Erbländer. Der Landesfürst musste die
Zentralisierung der Macht gegenüber dem Widerstand der niederös-
terreichischen Stände und dem Rat der Stadt, die vorübergehend das
Regiment in Wien übernommen hatten, jedoch erst durchsetzen. Im
„Wiener Neustädter Blutgericht" ließ er die Führer des Widerstands,
darunter den Wiener Bürgermeister Martin Siebenbürger, hinrich-
ten und 1526 in einer neuen Stadtordnung die städtische Autonomie
beseitigen (Vocelka 2002: 100).

Nach Ferdinands Tod wurden die Länder, zu denen seit 1526 auch
die Länder der böhmischen und der ungarischen Krone gehörten,
erneut geteilt. Hof und Zentralbehörden befanden sich in Graz,
Innsbruck und Wien. Der Habsburger Rudolf II. regierte das Heilige Römische Reich von Prag aus (1576–1612). Die Grundlage des
Reichtums und Wachstums der Stadt Wien lag in ihrer kulturellen
und wirtschaftlichen Bedeutung am Schnittpunkt überregionaler
Handelswege und Kulturkontakte. Durch den „Ersten Türkenkrieg"
(1529) erlangte Wien symbolische Bedeutung als Frontstadt der Tür-
kenabwehr. Die Verteidigung der Südostgrenze im Auftrag des Reiches wurde jedoch dem Grazer Hof übertragen.

Die Hauptstadtfunktion für den Länderkomplex der österreichischen Habsburger erlangte Wien erst im 17. Jahrhundert im Zuge
der Zusammenführung der regionalen Regierungsgewalten unter eine
Hauptlinie (1619/65). Voraussetzung dafür war die Herausbildung
zentraler staatlicher Regierungs- und behördlicher Verwaltungskom-
petenz und ihre Durchsetzung gegenüber ständischem Widerstand.
Durch das Zusammenfallen der Herrscherfunktion über die österreichischen Erbländer mit der römisch-deutschen Kaiserwürde war
Wien gleichzeitig Reichshauptstadt mit einem das gesamte Heilige
Römische Reich umfassenden Wirkungs- und Einzugsbereich.

Während der Auseinandersetzungen um die spanische Erbfolge
(1701–1714) machten sich die österreichischen Habsburger Hoffnung
auf die erneute Vereinigung der spanischen und österreichischen Linie
zur Weltmacht. Dies scheiterte ebenso wie die Versuche, in den Österreichischen Niederlanden eine österreichische Ostindiengesellschaft
zu etablieren und mit dieser österreichische Präsenz beim Aufbau von

Die Hauptstadtfunktion
für den Länderkomplex
der österreichischen
Habsburger erlangte
Wien erst im 17. Jahr-
hundert.

Durch die territoriale Expansion der Habsburger
nach Ost-, Südost- und
Südeuropa war Wiens
Aufstieg zur habsburgi-
schen Metropole in ein
verändertes geopoliti-
sches Umfeld einge-
bettet.

Handelsmacht und kolonialen Stützpunkten zu zeigen. Vielmehr richtete sich die territoriale Expansion der Habsburger nach Ost-, Südost- und Südeuropa. Mit der Niederlage in Wien (1683) hatten die Habsburger die Offensive in der Auseinandersetzung mit dem Osmanischen Reich übernommen und erweiterten ihr Herrschaftsgebiet kontinuierlich. Der Verlust der wirtschaftlich bedeutsamen Provinz Schlesien an Preußen (1740) verlangte nach Kompensation. Wiens Aufstieg zur habsburgischen Metropole war damit in ein verändertes geopolitisches Umfeld eingebettet. In der Symbolik, die in der Repräsentation des Wiener Barock zum Ausdruck kommt, wurde der weltbeherrschende Anspruch beibehalten: Das Territorium, auf das sich dieser bezog, lag indes in Europa. Es musste durch militärische und diplomatische Vorstöße, Handelsverträge, Annexionen und Siedlungspolitik erst erschlossen werden. Die Konsolidierung des zentralstaatlichen Verwaltungsaufbaus spiegelte sich im Ausbau Wiens zu einer Stadt des Hofes und der landesfürstlichen Behörden wider. Um diese gruppierten sich die Sitze der adeligen Familien, die im Hofdienst tätig waren. Das Wachstum der Repräsentationsbedürfnisse machte die Stadt auch zu einem Standort von Luxusgewerben, allen voran der Seidenindustrie. Das Bevölkerungswachstum speiste sich aus dem Zuzug von Menschen aus allen Teilen des Heiligen Römischen Reiches ebenso wie aus jenen Erweiterungsgebieten der Habsburger, die über dieses hinausreichten.

Schmelztiegel Wien

Die Auflösung des Heiligen Römischen Reiches machte Wien zur Hauptstadt des Österreichischen Kaiserreiches (1804). Damit konzentrierte sich der Einzugsbereich Wiens, das anziehend auf Migration, Handel, Wirtschaft und Kulturschaffen wirkte, auf die habsburgischen Erbländer und Erweiterungsgebiete. Die Zuwanderung verschob sich aus den deutschsprachigen Gebieten des Heiligen Römischen Reiches auf die nicht-deutschsprachigen Gebiete der Habsburgermonarchie. Wien wurde zum Schmelztiegel der Nationalitäten. Die Multikulturalität war mit einer ethno-sozialen Schichtung verbunden, die klare Hierarchien der Berufswahl, der Aufstiegsmuster und der räumlichen Gliederung der Stadt in reiche und arme Bezirke, integrierte und prekäre Bevölkerungsgruppen hervorbrachte. Gleichzeitig bewirkte das Aufeinandertreffen der politischen, künstlerischen und wissenschaftlichen Eliten aus allen Teilen des Habsburgerreiches eine kulturelle Entfaltung, die das Wien des Fin de Siècle zu einem internationalen Modell machte.

Im Kleinstaat der Ersten Republik hatte eine solche Hauptstadt ihre Funktion verloren. Sie wurde als Wasserkopf von den anderen Bundesländern abgelehnt. Wien war vom Beamtenabbau, der mit der Reduzierung der zentralstaatlichen Aufgaben einherging, am stärksten betroffen. Re-Emigration nicht-deutscher Nationalitäten, allen voran Tschechen, in ihre Nationalstaaten sowie erschwerte Aufenthaltsgesetze für Altösterreicher ohne Wiener Heimatrecht bewirkten einen starken Bevölkerungsrückgang. Vor diesem Hintergrund spielte die sozialdemokratische Wohnbau-, Sozial-, Bildungs- und Kulturpolitik eine zentrale Rolle im Management des Übergangs. Sie sicherte dem Roten Wien politische Mehrheiten, nährte aber auch den Gegensatz zwischen der Hauptstadt und den Bundesländern. In einer Zeit, als der – im Sinn ethnisch-sprachlicher Homogenität verstandene – Nationalstaat den zentralen Bezugspunkt für die Identität darstellte, musste „ein Staat, den keiner wollte" an Identifikationsmangel leiden: An die Stelle der staatsbürgerlichen Identifikation mit dem Staat trat die politisch-ideologische, die in den Vereinen und Kampfgruppen der Christlich-Sozialen und der Sozialdemokraten ihren Ausdruck fand und den Hintergrund für die Anziehungskraft der sozialdemokratischen Parallelwelt des Roten Wien darstellte. Wer sich nicht als Sozialdemokrat fühlte, hatte die Wahl zwischen austro-katholischem Patriotismus oder Deutschnationalismus, repräsentiert durch die Vaterländische Front und – solange Letztere die Regierung stellte – illegalem Nationalsozialismus.

Mit dem „Anschluss" 1938 wuchs das staatliche Territorium, dem Wien angehörte. Für die österreichische Hauptstadt war allerdings keine Sonderstellung im Deutschen Reich vorgesehen, dessen politisches Zentrum Berlin war. Die Nationalsozialisten gestanden Wien, Symbol österreichischer Eigenstaatlichkeit, nicht einmal die Rolle einer Gauhauptstadt von Niederdonau zu, die Krems zugesprochen wurde, auch wenn die Verwaltungsfunktionen in Wien belassen wurden. Durch Eingemeindungen wurde das Stadtgebiet erheblich vergrößert. Als wirtschaftliches Zentrum der Ostmark, die im Reich als schwerindustrielles Zentrum und Waffenschmiede fungierte, wurde Linz, der Stammsitz der Hermann-Göring-Werke, ausgebaut.

Die Befreiung 1945 setzte Wien wieder als Hauptstadt des österreichischen Kleinstaates ein. Die Viermächte-Besatzung wertete Wien zu einer Stadt internationalen Zuschnitts auf. Die sowjetische Präsenz

Wasserkopf Wien

Mit dem „Anschluss" 1938 wuchs das staatliche Territorium, dem Wien angehörte.

in Ostösterreich führte allerdings zu einer Verlagerung von Investitionen, US-amerikanischer Wiederaufbauhilfe und West-Kontakten in den österreichischen Westen mit Salzburg als heimlicher Hauptstadt. Nach dem Abzug der Besatzungsmächte 1955 behielt Wien die internationale Ausrichtung aufgrund der Mittleraufgaben, die die Neutralität ermöglichte, bei. Dies legte den Grundstein für Wien als Sitz der Vereinten Nationen (1957 Internationale Atomenergie-Organisation IAEA, 1966 UNIDO) und anderer internationaler Organisationen, die die österreichische Hauptstadt zu einem Standort internationaler Diplomatie mit weltweiter Ausstrahlung machten. Die besondere politische Rolle ermöglichte die Wahrnehmung von Vermittleraufgaben im Ost-West-Handel.

Die globale Standort-
konkurrenz heizte auch
innerhalb von Österreich
die Konkurrenz zwischen
den Regionen an.

Mit der Wiederherstellung des territorialen Rahmens in den Grenzen der Ersten Republik war die zentralstaatliche Politik im Wiederaufbau voll auf dieses Territorium konzentriert. Damit lebte auch der alte Gegensatz zwischen den Bundesländern und der Hauptstadt wieder auf und prägt die politische Kultur in Österreich bis heute. Der im Gefolge der Neuen Internationalen Arbeitsteilung innerhalb der Staaten stattfindende Übergang vom Wohlfahrts- zum Wettbewerbsstaat brachte allerdings eine Veränderung im Verhältnis von staatlicher Politik und Territorium. Die globale Standortkonkurrenz heizte auch innerhalb von Österreich die Konkurrenz zwischen den Regionen an. Sichtbarer Ausdruck ist die Verlagerung der niederösterreichischen Hauptstadtfunktionen aus Wien nach St. Pölten, dessen Ausbau zur niederösterreichischen Landeshauptstadt 1997 die Regionen auf ein neues Zentrum hin ausrichtet (Komlosy 2008: 766).

Mit dem Beitritt Öster-
reichs zur Europäischen
Union 1995 verschob
sich der Bezugsrahmen
für politisches Handeln
auf das Unionsgebiet.

Im internationalen Maßstab verschob sich mit dem Beitritt Österreichs zur Europäischen Union 1995 der Bezugsrahmen für politisches Handeln auf das Unionsgebiet bzw. den Hauptsitz der EU-Institutionen in Brüssel und Strasbourg. Da dies mit einem Kompetenzverlust der nationalstaatlichen Ebene verbunden ist, verliert Wien damit an Bedeutung. Gegenüber den osteuropäischen Nachbarn konnte die Stadt die wirtschaftliche Drehscheibenfunktion beibehalten. Sie stellt für multinationale Konzerne das Tor nach Osteuropa dar; dabei hat sich die Mittlerfunktion in eine Dienstleistungsfunktion im Rahmen globaler Güterketten verwandelt.

Textilregion Waldviertel

Anhand der im nordwestlichen Niederösterreich an der Grenze zu Böhmen gelegenen ländlichen Textilregion des Oberen Waldviertels wird aufgezeigt, dass Industriegeschichte immer eine kleinräumige Basis hat, im Zuge der Einbindung der Regionen in eine überregionale Arbeitsteilung aber nur als Globalgeschichte verständlich ist. Dabei stellt sich die Frage, wie weit der räumliche Horizont geöffnet werden muss, um alle Dimensionen dieser Verbindungen zu erfassen. Diese setzen sich aus Beschaffung, Absatz und Know-how-Transfer, Standortketten und Arbeitsmigration zusammen, die je nach Zeitpunkt der Betrachtung unterschiedliche Räume der Interaktion ergeben.

Zunächst ein kurzer historischer Rückblick auf die Region (Knittler 2006): Das Waldviertel wurde seit dem 11. Jahrhundert in den Reichsverband des Heiligen Römischen Reiches einbezogen; die Integration war mit der militärischen Ausschaltung von Herrschaftsansprüchen konkurrierender lokaler und überregionaler Machtzentren, der Einsetzung neuer Eliten, der Christianisierung und der Kolonisation durch Deutsch sprechende Siedler verbunden. In den Grenzgebieten wurden Adelige und Klöster mit Kolonisationsaufgaben betraut. Sowohl der Adel als auch das Bürgertum der im 13. Jahrhundert entstehenden Kleinstädte waren durch überregionale Kontakte in die weitreichenden Handels- und Kommunikationsnetze in Zentraleuropa eingebunden. Als Tor für das städtische Exportgewerbe, allen voran Leinen und Wolltuche, fungierten die Donaustädte Krems-Stein als Hafen sowie die Linzer Messen. Diese Einbindung in überregionale Handelsbeziehungen ließ in dem Maße nach, wie sich die wirtschaftlichen Zentren Europas an den Atlantik verschoben. Wie in anderen ostmitteleuropäischen Regionen fand im Waldviertel im 17. Jahrhundert ein Rückgang überregionalen Austauschs zugunsten kleinräumigen Wirtschaftens statt, in dem Selbstversorgung und lokale Märkte im Vordergrund standen.

Eine erneute Eingliederung in weiträumige Wirtschaftsbeziehungen erfolgte am Beginn des 18. Jahrhunderts, als die Waldviertler Textilproduzenten in eine überregionale Arbeitsteilung eingebunden wurden (Komlosy 1988, 1991, 2006). Diese gründete auf der Aufnahme von Wirtschaftsbeziehungen mit dem Osmanischen Reich, die die militärischen Erfolge der Habsburger im mittleren Donauraum be-

(Marginalien:)

Im 17. Jahrhundert erfolgte im Waldviertel ein Rückgang überregionalen Austauschs zugunsten kleinräumigen Wirtschaftens.

Das Waldviertel als Bindeglied in der ungleichen Arbeitsteilung zwischen Westeuropa und dem Osmanischen Reich

gleiteten. Über den Import von Baumwolle reichte der Bezugsrahmen der Waldviertler Textilregion ins Osmanische Reich. Die Produktion wurde von Textilmanufakturen organisiert, die am Manufaktursitz Verwaltung, Arbeitsvorbereitung und Endfertigung betrieben, die arbeitsintensiven Spinn-, Spul- und Webarbeiten jedoch in ländliche Textilregionen auslagerten (Verlagswesen). Damit änderte sich die Form der überregionalen Beziehungen: an die Stelle des Austauschs fertiger Erzeugnisse trat die arbeitsteilige Erzeugung, die von einer Manufakturzentrale organisiert wurde und über Mittelsmänner (Faktoren) häusliche Produzenten in einem weiten Umkreis als Zulieferer und Arbeitskräfte einbezog. Die in Schwechat bei Wien angesiedelte Schwechater Baumwollmanufaktur (1724), eine staatlich privilegierte Gründung der Orientalischen Handelskompagnie, verfügte 40 Jahre lang über ein Baumwollmonopol. Ihre wichtigsten Verlagsgebiete lagen im Waldviertel. Erst in der zweiten Hälfte des 18. Jahrhunderts wurden weitere Manufakturprivilegien verliehen. Die örtlichen Produzenten waren Teil eines niederösterreichweiten Netzwerks, dessen Erfolg auf dem Werttransfer aus den Zulieferregionen beruhte, die als häusliche Produzenten ihre Kosten nur unvollständig in Rechnung stellen konnten. Dazu kamen der Rohstoffbezug aus dem Osmanischen Reich, der ein rasches Wachstum erlaubte, sowie der Wissenstransfer aus westeuropäischen Textilregionen, aus denen Facharbeiter in niederösterreichische Textilregionen angeworben wurden. Die ungleiche Arbeitsteilung zwischen dem niederösterreichischen Zentralraum und dem Waldviertel fügte sich in die ungleiche internationale Arbeitsteilung zwischen Westeuropa und dem Osmanischen Reich ein.

Das Waldviertel als verlängerte Werkbank

Mit der Mechanisierung des Spinnens um die Wende vom 18. zum 19. Jahrhundert veränderte sich das Muster der Arbeitsteilung. Es kam zum Niedergang der Manufakturen. Das Spinnen wurde nun in mechanischen Spinnfabriken besorgt, die an den Flussläufen des südöstlichen Niederösterreich, zwischen dem Mittelmeerhafen Triest und dem Konsumzentrum Wien errichtet wurden, das seither als Industrieviertel bezeichnet wird. Webarbeiten wurden aufgrund der späteren Mechanisierung dieses Fertigungsschrittes in der ersten Hälfte des 19. Jahrhundert weiterhin in Waldviertler Heimweber-Haushalte auslagert, während Druck, Ausrüstung und Endfertigung wiederum im südöstlichen Niederösterreich erfolgten. Mit der Mechanisierung des Webens entstanden in der zweiten Hälfte des 19. Jahrhunderts im Oberen Waldviertel Webfabriken, die ihrerseits arbeitsintensive Tätigkeiten an HeimarbeiterInnen im lokalen Einzugsbereich auslagerten. Die Waldviertler Webereien befanden sich zum Großteil im Eigentum von außerregionalen Unternehmern, die über Standorte in anderen Regionen sowie über Vertriebsorganisation, Großhandels- und Detailgeschäfte in Wien und anderen Landeshauptstädten verfügten. Die Nutzung des Waldviertels als verlängerte Werkbank verstärkte sich, als im Gefolge der Weltwirtschaftskrise 1873 zu niedrigen Kosten verfügbare Arbeitskräfte und Grundstücke ausschlaggebend für die Krisenüberwindung wurden. Die damit im Waldviertel einsetzende nachholende Mechanisierung erwies sich aufgrund der organisatorischen Außenabhängigkeit und der Beschränkung auf den Textilsektor, der in dieser Zeit seine Funktion als Leitsektor eingebüßt hatte, als abhängige Industrialisierung, die die Peripherisierung der Region auf einer neuen Ebene fortschrieb.

In der Ersten Republik (1918–1938) führte der Verlust der böhmischen und mährischen Textilzentren zur verstärkten Nachfrage nach Webereikapazitäten, die die textile Monostruktur im Oberen Waldviertel verstärkten. Firmenzusammenbrüche, soziale Krise und Arbeitslosigkeit, die mit der Weltwirtschaftskrise einhergingen, wurden teilweise durch die agrarische Subsistenzbasis ländlicher TextilarbeiterInnen kompensiert. Während der NS-Zeit wurde die Textilindustrie vernachlässigt, sofern sie nicht für Uniformen, Fallschirme, Gasmasken etc. notwendig war. Im letzten Kriegsjahr wurden andere kriegswichtige Unternehmen in Textilfabriken einquartiert.

Während der Besatzungszeit (1945–1955) und den darauffolgenden Wiederaufbaujahren, in denen die Zentralräume im Vordergrund standen, überlebten die Waldviertler Textilbetriebe mehr schlecht als recht, ohne Investitionen oder öffentliches Interesse auf sich zu ziehen. Dies änderte sich erst ab den 1960er-Jahren, als Kostendruck und Arbeitskräftemangel in den Zentren zum Ausbau und zur Neugründung von Textil- und Bekleidungsbetrieben an ländlichen Standorten im Waldviertel führten; dazu gesellte sich mit der Elektro- und Elektronikindustrie ein weiterer arbeitsintensiver Wirtschaftszweig. Die industrielle Massenproduktion an Waldviertler Standorten fügte sich in die sich herausbildende Neue Internationale Arbeitsteilung ein. Ähnlich wie im Manufaktur- und Verlagswesen des 18. Jahrhunderts und der Periode der abhängigen Industrialisierung des

Die überregionale Einbindung der Region weist einen zyklischen Verlauf auf.

19. Jahrhunderts waren es außerregionale Unternehmen, nunmehr auch aus dem Ausland, die das Waldviertel aus Kostengründen als Billiglohnstandort mit geschultem Arbeitskräftepotenzial in ihre konzerninterne Arbeitsteilung einbezogen und damit die organisatorische Abhängigkeit der Region weiter verstärkten. Aufgrund der Beschränkung der industriellen Massenproduktion auf wenige Branchen und der Konkurrenz, die diese für regionale Kleinproduzenten darstellte, wurde die Abwanderung aus der Region durch die neuen Industriegründungen nicht gestoppt. Als im Zuge der weltweiten Umstrukturierung Billiglohnstandorte in alten Industrieländern mit den globalen Konkurrenten in Osteuropa und der Dritten Welt nicht mehr mithalten konnten, erlahmte das Interesse am Waldviertel. Es kam zur Abwanderung der textilen Massenproduktion, die durch den Fall des Eisernen Vorhangs 1989 eine weitere Beschleunigung erfuhr.

Kronland Galizien

Das mit Litauen vereinigte Königreich Polen erstreckte sich von der Ostsee bis ans Schwarze Meer.

Das Gebiet, das 1772 in den habsburgischen Länderkomplex eingegliedert wurde, lag im Westen der alten Kiewer Rus. Es gehörte dem Fürstentum Halyč-Wolhynien an, das nach der Eroberung durch die Mongolen im 12. Jahrhundert diesen tributpflichtig war. Dieses Fürstentum wurde für das habsburgische Galizien als Namensgeber herangezogen. Seit dem 14. Jahrhundert befand sich die Region unter polnischer Oberhoheit. Das 1385 mit Litauen vereinigte Königreich Polen erstreckte sich von der Ostsee bis ans Schwarze Meer, und das zur Debatte stehende Gebiet lag an einer Stelle, an der sich Ost-West- und Nord-Süd-Handelswege kreuzten. Polen-Litauens Rolle als Lieferant für Lebendvieh und Getreide, die den nordwesteuropäischen Zentren gewerbliche Spezialisierung erlaubt hatte und in der Folge den europäischen Nordwesten auf eine Zentrumsfunktion und den Osten auf eine Peripheriefunktion im frühneuzeitlichen Europäischen Weltsystem festlegte, trifft auch auf den südlichen Teil des Königreichs zu. Das bedeutet, dass die Region schon vor ihrer Zugehörigkeit zur Habsburgermonarchie in eine ungleiche Arbeitsteilung eingebunden war, allerdings ohne engeren Bezug zu den österreichischen Ländern. Engere Beziehungen gab es mit dem südlichen Nachbarn Ungarn, wobei beide Regionen ähnliche agrarische Zuliefer-Aufgaben im gesamteuropäischen Kontext erfüllten.

Als österreichisches Teilungsgebiet des polnisch-litauischen Staates wurde Galizien 1772 in Besitz genommen, seine Eroberung mit historischen Besitzrechten verbrämt und mit einem Entwicklungs- und Zivilisierungsauftrag legitimiert (Maner 2007). In den 150 Jahren seiner Existenz als Kronland erfüllte es für die österreichischen Zentralräume mehrfache Funktionen. In militärisch-geopolitischer Hinsicht diente es als Puffer und Grenzgebiet gegenüber Russland. Das an Fläche und Einwohnern größte Kronland trug zur Erhöhung des Steueraufkommens bei. Ökonomisch wurde es als Rohstofflieferant und Absatzmarkt für österreichische Industrieerzeugnisse in die innerstaatliche Arbeitsteilung eingebunden.

Als Rohstofflieferant und Absatzmarkt für österreichische Industrieerzeugnisse in den Binnenmarkt der Monarchie eingebunden

Durch die Einbettung in einen in Herausbildung begriffenen Binnenmarkt wurde der räumliche Bezugsrahmen auf die Habsburgermonarchie, und hier wiederum auf die wirtschaftlichen und politischen Zentren in den böhmischen und österreichischen Ländern ausgerichtet. Gleichzeitig hatten diese Zentren daran Interesse, die bestehenden überregionalen Verbindungen der örtlichen Kaufleute als Exportkanäle zu nutzen. Dies erforderte Zugeständnisse an die regionalen Eliten, die an der Aufrechterhaltung regionaler Bezugs- und Absatznetze sowie an der infrastrukturellen Erschließung der Region interessiert waren.

Galizien war durch große ethno-kulturelle Vielfalt geprägt. Im Westteil überwog die katholische polnische Bevölkerung, im Ostteil stand dem polnischen Großgrundbesitz eine überwiegend griechisch-katholische ruthenische Landbevölkerung gegenüber. Juden bekleideten Funktionen im Handel, im Geldgeschäft und als Gutsverwalter, Arme konzentrierten sich in Stadtflecken, den sogenannten Schtetln (Städtchen). Deutsche waren nach der Eroberung als Siedler ins Land gekommen; deutsch-österreichische Beamte bekleideten leitende Funktionen in der Provinzverwaltung. Da der Status und die Teilnahme am wirtschaftlichen und sozialen Leben untrennbar mit der ethno-religiösen Zugehörigkeit verbunden waren, hatte das Zentrum-Peripherie-Verhältnis auch eine ethno-kulturelle Komponente, die zu Konflikten in der Region sowie zu Auseinandersetzungen und Bündnissen zentraler mit regionalen Akteuren führte. Die österreichische Herrschaft setzte auf ein Bündnis mit dem polnischen Adel, stärkte aber, um dessen Unabhängigkeitsbestrebungen zu unterbinden, auch die Ruthenen, wie die Ukrainer in der Habsburgermonarchie bezeich-

Das Zentrum-Peripherie-Verhältnis hatte auch eine ethno-kulturelle Komponente.

net wurden, in ihren nationalen Emanzipationsbestrebungen. Die Entwicklung einer ruthenischen nationalen Identität und Sprache, die erst unter österreichischer Herrschaft einsetzte, ließ sich sowohl gegen das vorherrschende Polentum als auch gegen eine durch die gemeinsame kirchliche Tradition und kirchenslawische Sprache begünstigte grenzüberschreitende panslawisch inspirierte, ukrainisch-russisch-ostslawische Identität instrumentalisieren.

Galizien kann als Anschauungsbeispiel für eine innere Peripherie dienen.

Galizien kann als Anschauungsbeispiel für eine innere Peripherie dienen (Komlosy 2006: 65 ff.; Maner 2007). Sowohl die ökonomischen Abhängigkeitsverhältnisse als auch die Art und Weise, wie Erschließung und Modernisierung unter österreichischer Herrschaft als entwicklungsfördernd dargestellt wurden, fügen sich in koloniale Muster ein (Feichtinger u. a. 2003; Hárs u. a. 2006). Die ethnosoziale Schichtung wiederum ermöglichte es, die unterschiedlichen Bevölkerungsgruppen in wechselweiser Unterstützung ihrer sozialen und/oder nationalen Anliegen gegeneinander auszuspielen. Galizien macht gleichzeitig deutlich, dass rechtliche Angleichung und wirtschaftliches Wachstum nicht mit Entwicklung einhergingen. Entgegen allen Beteuerungen wurden die Hoffnungen, durch die Integration in die österreichische Monarchie den Entwicklungsabstand aufzuholen, nicht erfüllt. Vielmehr wurde die Provinz durch die im Zuge ihrer Eingliederung gesetzten Integrationsmaßnahmen überhaupt erst in die Lage versetzt, ihre peripheren Zulieferaufgaben zu erfüllen. Dies erforderte ihre infrastrukturelle Erschließung, den Ausbau von Institutionen und die Ausstattung mit Selbstverwaltungsfunktionen und Aufstiegsmöglichkeiten für regionale Eliten. Die wirtschaftliche, soziale und kulturelle Heterogenität wurde damit nicht überwunden. Die Nationalitäten schwankten zwischen der Loyalität zum Kaiserhaus und dem Bestreben nach nationaler Unabhängigkeit. Im letzten Drittel des 19. Jahrhunderts wurde Galizien zu einer bedeutenden Entsenderegion von ArbeitsmigrantInnen.

Durch die Präsenz konkurrierender Zentren wurde die Region in räumliche Beziehungen und Austauschmuster jenseits des habsburgischen Binnenmarktes einbezogen.

Die habsburgische Herrschaft über Galizien war auch außenpolitisch nicht unumstritten: Es gab territoriale Begehrlichkeiten der anderen Teilungsmächte, insbesondere von Russland, das im Ersten Weltkrieg große Teile Galiziens eroberte. Außerdem war die Provinz auch über Österreich hinaus als Absatzmarkt für Waren, Kapitalexport sowie als Arbeitskräftelieferant interessant. Die Erschließung der Erdölvorkommen – sie machten Österreich-Ungarn vor dem Ersten

Weltkrieg zum drittgrößten Erdölproduzenten der Welt – zog internationale Investoren an; polnische und ruthenische LandarbeiterInnen bewirtschafteten deutsche und französische Felder und stellten ein großes Kontingent an der österreichischen Überseemigration. Galizien dient daher auch als Indikator, in welchem Ausmaß sich österreichische gegenüber konkurrierenden Zentrums-Interessen behaupten konnten. Durch die Präsenz konkurrierender Zentren wurde die Region in räumliche Beziehungen und Austauschmuster jenseits des habsburgischen Binnenmarktes einbezogen. Aus der Perspektive der polnischen Nationalbewegung befand sie sich in einem Übergangsstadium auf dem Weg zur Wiedererrichtung eines polnischen Staates; Ruthenen sahen darin keine Perspektive; sie zielten vielmehr auf die Autonomie Ostgaliziens innerhalb der Habsburgermonarchie.

Der sich abzeichnende Zusammenbruch der drei Teilungsmächte am Ende des Ersten Weltkriegs verschärfte die militärische Auseinandersetzung. Er erlaubte allen Kräften, ihre politisch-territorialen Vorstellungen auf die Region zu projizieren, mit- und vor allem gegeneinander. Russland zog sich nach der Oktoberrevolution 1917 und dem Frieden von Brest-Litowsk als militärischer Spieler aus den südlichen Gebieten zurück. Deutschland und Österreich-Ungarn nützten die Situation und stießen im Februar 1918 in das Machtvakuum vor, errichteten Hauptquartiere in Kiew (Deutschland) und Odessa (Österreich-Ungarn), um in den fruchtbaren Schwarzerdegebieten Lebensmittel aufzubringen, um den Krieg weiterführen zu können. Ukrainische Nationalbewegungen sahen den Zeitpunkt für – je nach politischer Couleur und Dynamik der Ereignisse – eine bürgerliche oder sozialrevolutionäre Ukrainische Republik oder ein Hetmanat unter deutschem Protektorat (Pavlo Skoropadsky) gekommen, deren Unabhängigkeit sie jeweils erklärten. Unter den sozialrevolutionären Bauern gab es anarchistische Bestrebungen (Nestor Machno). Eine Sowjetukraine in Verbindung mit Sowjetrussland fand vor allem bei den nicht-ukrainischen Bewohnern Unterstützung. In Ostgalizien rief ein ukrainischer Nationalrat nach dem Zusammenbruch der österreichischen Herrschaft im Oktober 1918 die Westukrainische Volksrepublik aus, die im Jänner 1919 die Vereinigung mit den anderen Teilen der Ukraine beschloss. Gleichzeitig mischten sich Rote Armee, antibolschewistische Weiße Truppen und ausländische Armeen ins Geschehen ein und gingen partielle Bündnisse mit den örtlichen

Wechselnde staatliche Zugehörigkeiten

Kräften ein. Schließlich setzte sich die polnische Option durch und das gesamte Kronland wurde 1921 Teil des wiedererstandenen polnischen Staates (Kappeler 1994: 165 ff.).

Galizien wurde dadurch als Einheit bewahrt. Die Sonderrolle, die das Kronland als innere Peripherie und multikulturelles Aushängeschild der Habsburgermonarchie innehatte, war durch die staatliche Polonisierung beendet. Die nächste Neuordnung brachte der Hitler-Stalin-Pakt mit der Eingliederung Ostpolens in den sowjetischen Machtbereich (1939–1941). Nach der deutschen Besetzung (1941) verbündeten sich ukrainisch-nationale Widerstandsbewegungen in der Hoffnung auf ukrainische Eigenstaatlichkeit mit dem Vormarsch der Nationalsozialisten gegen die Sowjetunion. Galizien wurde zu einer Episode der Vergangenheit, die weitgehend in Vergessenheit geraten war. Vor dem Vergessen bewahrt wurde die Erinnerung an Galizien durch ihren Niederschlag in der Literatur eines Karl Emil Franzos und Joseph Roth, eines Ivan Franko, Taras Ševčenko u. a. m.

Auf die politische Tagesordnung kam der Mythos Galizien nach dem Zerfall der Sowjetunion. Er wurde von Intellektuellen entdeckt und kultiviert, um die Westukraine vom ostukrainisch-russischen Osten abzugrenzen und die mitteleuropäische Identität der ehemals von Habsburg beherrschten Gebiete hervorzuheben (DK Galizien 2009). Die Zivilisierungsmission der Habsburger erreichte damit eine späte Würdigung.

Auf die politische Tagesordnung kam der Mythos Galizien nach dem Zerfall der Sowjetunion.

Abb. 18: Wien – Waldviertel – Galizien: Reichweiten und Ausrichtungen der Handlungshorizonte

Gestalt Österreichs im Zeitraum	Wien Haupt- und Residenz-stadt	Oberes Waldviertel Textilregion	Galizien Kronland
Grenzland am östlichen Rand des Heiligen Römischen Reiches (10.–15. Jh.)	Seit 1136 babenbergi-scher Herrschersitz und Hauptstadt des Erzher-zogtums Österreich. In politische, wirtschaftliche und kulturelle Netzwerke des Heiligen Römischen Reichs und des „Systems der Christenheit" einge-bunden	Seit dem 11. Jh. Einbeziehung in die Grenzsicherungs- und Erweiterungspolitik des Reiches. Durch Kolonisierung, Klöster und Städte Anbindung an die wirtschaftlichen Zentren des Reiches. Herausbildung textiler Exportgewerbe	Das spätere Galizien ist als Teil der Kiewer Rus, des Fürstentums Halyč-Wolhynien und des Kö-nigreichs Polen-Litauen in deren überregionale Austauschbeziehun-gen eingebunden.
Weltmacht Habs-burgerreich (1516–1556)	Nebenschauplatz der habsburgischen Welt-herrschaftsambitionen unter Karl V.	Einbindung der lokalen Textilgewerbe in überre-gionale Handelsbezie-hungen	Im 16. Jh. Peripherisierung der Region als agrarischer Zuliefe-rer an die nordwesteuropäischen Zentralräume
Zentraleuropäi-sche Großmacht (1522–1918)	Trotz der Teilung in meh-rere höfische Zentren/Residenzstädte Aus-richtung der Kontakte auf alle zum österreichi-schen Länderkomplex gehörigen Territorien; zentrale Bedeutung der „Türken"-Abwehr; im Zuge der Zentralisie-rung staatlicher Macht seit 1620 Ausbau zum politischen Zentrum der Habsburgermonarchie – bis 1804/06 im Rahmen des Heiligen Römischen Reichs, 1804–1867 des Kaiserreichs Österreich, 1867–1918 Österreich-Ungarns (Funktionstei-lung mit Budapest). „Schmelztiegel" durch Zuwanderung aus den habsburgischen Kron-ländern. Als zentraleuropäische Kulturmetropole eine Staatsgrenzen über-schreitende Ausstrahlung	Im Zuge der Verschie-bung der wirtschaft-lichen Zentren an den Atlantik und der Regionalisierung der wirtschaftlichen Bezie-hungen in Zentral- und Ostmitteleuropa Vor-rang für Selbstver-sorgung und lokale Märkte; Reintegration in über-regionale Arbeitsteilung der Monarchie als Ver-lagsregion im Rahmen des Manufakturwesens (18. Jh.), als Heimwe-berregion (1. Hälfte 19. Jh.) und als von außer-regionalen Fabrikanten abhängiger Woberei-standort (2. Hälfte 19. Jh.); Entsenderegion für Arbeitsmigranten in den Großraum Wien	Die Rolle im Transithandel zwi-schen Ostsee und Schwarzem Meer, Russland, Zentralasien, Osmanischem Reich, Zentral- und Westeuropa wird im Zuge der Eingliederung ins Habsburgerreich auf den habsburgischen Bin-nenmarkt umgepolt: Galizien als Absatzmarkt für Industriewaren, Lieferant für Agrarerzeugnisse und Rohstoffe; Entsenderegion für Arbeitsmigranten, seit dem 19. Jahrhundert infolge zunehmender Konkurrenz in westeuropäische und überseeische Zusammenhän-ge einbezogen.

Kleinstaat Erste Republik (1918–1938)	„Wasserkopf"; trotz Redimensionierung der Beziehungen auf das Territorium der Republik; weiterhin starke Verflechtung der Nachfolgestaaten	Im Zuge der Ausrichtung der textilindustriellen Arbeitsteilung auf das Territorium der Republik Ausbau der Waldviertler Webereikapazitäten	Teil des polnischen Nationalstaats; Redimensionierung der Beziehungen auf das polnische Territorium
Ostmark (1938–1945)	Im Bezugsrahmen nationalsozialistischer Großraumwirtschaft und Expansion verliert Wien seine Hauptstadtfunktion.	Umstellung der Textilunternehmen auf kriegswichtige Produkte für das Deutsche Reich	Aufgrund des Hitler-Stalin-Paktes 1939 Eingliederung in den sowjetischen Machtbereich; 1941–1945 deutsche Besetzung
Kleinstaat Zweite Republik (1945–)	Redimensionierung der Beziehungen auf das Territorium der Republik; Westorientierung und Abbruch der engen Beziehungen mit den Nachfolgestaaten; mit der Neutralität neue Rolle als politischer und wirtschaftlicher Mittler zwischen Ost und West, Nord und Süd; Internationalisierung durch UNO u. a. internationale Organisationen	Seit den 1960er-Jahren verlängerte Werkbank als Billiglohnstandort für industrielle Massenproduktion im Rahmen von globalen Güterketten; seit den 1980er-Jahren Stilllegungen und Arbeitsplatzverluste wegen Verlagerung dieser Funktionen in ost- und außereuropäische Billiglohnregionen	1945 Zugehörigkeit des Westteils zu Polen, des Ostteils zur Sowjetrepublik bzw. Republik Ukraine; aufgrund von neuen Grenzziehungen, Bevölkerungsverschiebungen und planwirtschaftlicher Umgestaltung Überlagerung galizischer durch neue soziale, regionale und nationale Identitäten mit neuen Bezugsräumen
Mitglied der Europäischen Union (1995–)	Durch die Abgabe von Souveränität an die Union Kompetenzverlust als politisches Zentrum; Redimensionierung der internationalen Beziehungen auf EU-Ebene; Reaktivierung der Zentrums-Rolle gegenüber den Nachfolgestaaten der Monarchie	Ende der Rolle als Weltmarkt-Peripherie; Übernahme von landschaftlichen und touristischen Ausgleichsfunktionen im österreichischen Maßstab	Galizien erlangt eine diskursive Neubelebung bei der Abgrenzung einer westukrainischen Identität

Vergleich

Aus dem Vergleich können folgende Schlussfolgerungen für die Einordnung der drei Kleinräume gezogen werden. Wien und das Waldviertel lassen sich als konstante Teile ein und derselben politischen Einheit entlang desselben politischen Periodisierungsschemas wie der Gesamtstaat betrachten; erweitert sich der Blick auf Wirtschaft und Kultur, ergeben sich jedoch unterschiedliche Zäsuren und Wendepunkte. Galizien folgte dem österreichischen Takt der Periodisierung nur, solange es dem Habsburgerreich einverleibt war.

Alle drei Kleinräume lassen sich über die Reichweite ihrer Handlungshorizonte in überregionale Räume einbinden. Aufgrund ihrer funktionalen Zuordnungen in einem überregionalen Beziehungsfeld betrafen die Kontakte unterschiedliche Gegenstände und differierten nach Reichweite und Richtung. Die Bezugsräume von Wien in seiner Funktion als zentraler Ort mit Residenz- und Hauptstadtfunktion strahlen stufenweise auf das Umland sowie die zum Staat gehörigen Länder und Regionen aus, die über die zentralstaatlichen Instanzen mit der Hauptstadt verbunden sind; der Radius dieser Ausstrahlung ist einerseits von der Größe des Staates abhängig. Anderseits verbinden außenpolitische Kontakte die Hauptstadt Wien mit anderen Staaten und spannen es in ein Netz internationaler Beziehungen ein. Eine andere Art von überregionalem Netz innerstaatlicher und grenzüberschreitender Reichweite ergibt sich durch die wirtschaftlichen Netzwerke eines zentralen Wirtschaftsstandortes, Handelsplatzes und Konsumzentrums.

Anders im Fall der Textilregion Waldviertel und des Kronlandes Galizien: Diese Regionen erlebten in dem Maße, wie ihre kleinräumliche Entwicklung in größere Integrationsräume eingebunden wurde, eine Peripherisierung. Zunächst handelt es sich dabei um unterschiedliche Integrationsräume (Niederösterreich; Polen-Litauen). Nach der Einverleibung in die Habsburgermonarchie wurde Galizien für den habsburgischen Binnenraum hergerichtet. Während das Waldviertel unumstrittener Teil Niederösterreichs blieb, unterlag die politische Zugehörigkeit und Ausrichtung des ehemaligen Galizien nach 1918 mehrfacher Veränderung, verbunden mit Herrschaftswechsel, politischer Instabilität, militärischen Auseinandersetzungen und Bevölkerungstransfers.

Waldviertel und Galizien erlebten in dem Maße, wie ihre kleinräumliche Entwicklung in größere Integrationsräume eingebunden wurde, Peripherisierung.

Wenn Galizien und das Waldviertel auch beide als innere Peripherie charakterisiert werden können, unterschieden sie sich doch maßgeblich: Das Waldviertel war stets auf das gleiche politische und wirtschaftliche Zentrum ausgerichtet, auf Wien und sein Umland. Beziehungen mit Nachbarregionen spielten auch dann, wenn die Grenzen durchlässig waren, keine große Rolle. Galizien war als ungleich größere Einheit auch nach innen landschaftlich, ethnisch, kulturell, religiös und sozial stärker differenziert, darüber hinaus fokussierte es im Laufe der Geschichte auf unterschiedliche Zentren. Diese Verbindungen wirkten, auch wenn sie durch Herrschaftswechsel unterbunden wurden, weiter und überlagerten einander in mehreren Zeitschichten, sodass der Raum Galizien durch seine mehrfache Prägung eine viel größere Komplexität aufweist. Seine BewohnerInnen tun sich aufgrund der Tatsache, dass die Geschichte so viele Möglichkeiten bereit hält, auch viel schwerer, eine eindeutige räumliche Identität zu entwickeln. Es handelt sich, was das regionale Selbstverständnis und die überregionale Zuordnung betrifft, auch in der heutigen Ukraine um ein umkämpftes Terrain. Nicht so in Polen, wo Galizien im Identitäts- und Erinnerungsdiskurs keine große Rolle spielt. Die 150 Jahre während Zugehörigkeit zu Österreich wird in der innerukrainischen Auseinandersetzung als ein Merkmal und als Argument für eine Westorientierung der Ukraine angeführt, zumindest der ehemals zu Galizien gehörigen Gebiete. Dem stehen zahlreiche andere Bindungen entgegen, die auf den Übergangs-, Transit- und Zwischenraumcharakter der Region verweisen.

Für WaldviertlerInnen hingegen stellt die Identifikation mit ihrer Region kein Problem dar: Die Kritik an der Abhängigkeit vom Zentralraum Wien ist zentraler Gegenstand der Bestimmung ihres Selbstverständnisses als Peripherie. Darüber hinausreichende Horizonte verschwinden hinter der Massivität dieses Zentrums.

Literatur

Dieses Kapitel versteht sich als methodische Überlegung zu einer Geschichte Österreichs aus globalhistorischer Perspektive. Es baut auf ausgewählten zentralen Überblickswerken auf, die weitere Literatur vermitteln. Für die gesamtösterreichische politische Geschichte wurden Vocelka 2002, für die Sozialgeschichte Bruckmüller 1985, für die österreichische Identität Bruck-

müller 1996 und für das Verhältnis Österreichs zu den Nachfolgestaaten der
Monarchie Enderle-Burcel/Stiefel/Teichova 2006 herangezogen. Mehr zur
Geschichte der Stadt Wien vermittelt Czeike 1981, zum Waldviertel Knittler 2006 und Komlosy 1988, 1991, 2006, zum Kronland Galizien Maner
2007 sowie der vom Doktoratskolleg Galizien herausgegebene Tagungs-
band (DK Galizien 2009), zu Galizien im Kontext der Ukraine Kappeler
1994. Theoretisch-methodische Überlegungen zum Verhältnis zur Einbettung von Kleinräumen in das überregionale Geschehen werden in Komlosy
2003, 2006 (am Beispiel der Habsburgermonarchie) und 2008 (am Beispiel
Niederösterreichs) diskutiert.

Anhang
Methoden und Theorien in der Praxis globalhistorischen Arbeitens

Das Kapitel am Schluss dieses Buches bietet Reflexion und Anleitung zu einer Frage, die alle Studierenden im Laufe des Studiums früher oder später ereilt und Forschende zeit ihres Lebens nicht mehr loslässt: Wie finde ich ein Thema, wie formuliere ich eine Forschungsfrage, wie lege ich das Thema an, wie wähle ich passende Quellen, methodische Instrumentarien und den geeigneten theoretischen Rahmen? Im Rahmen der Globalgeschichte stellt sich diese Frage auf eine ganz besondere Weise. Die Überlegungen beziehen sich vor allem auf den Beginn des Forschungsprozesses, an dem Wahl, Konzeption und Einbettung des Themas in einen übergeordneten Rahmen im Vordergrund stehen. Es ist wichtig, diesen Moment bewusst zu gestalten und die Fortschritte im Laufe der Arbeit immer wieder damit zu vergleichen. Auf diese Art und Weise bringt die eigene Forschungsarbeit nicht nur eine Antwort auf eine Forschungsfrage, sondern trägt zur Entwicklung spezifisch globalhistorischer Herangehensweisen und damit zur Modellierung von Globalgeschichte als Methode bei.

Ausgangspunkt der folgenden Überlegungen bilden drei Organigramme, die die Einbettung einer Forschungsfrage in den geeigneten räumlichen und zeitlichen Analyserahmen, die Wahl eines geeigneten Einordnungsverfahrens sowie die Verortung des Themas im Spannungsfeld von Methoden und Theorien diskutieren.

Die Überlegungen werden losgelöst von einem bestimmten Forschungsthema angestellt. Dies lässt sie einerseits abstrakt erscheinen, andererseits verstellt so keine Sachfrage den Blick auf die Verfahrensfragen, ohne deren Bestimmung und Reflexion Forschung nicht existieren kann. Zur Illustration werden drei Grafiken beigefügt, die zur Orientierung von Studierenden beim Abfassen von Seminar-, Diplom- und Masterarbeiten in globalhistorischen Studiengängen erstellt wurden.

Räumliche und zeitliche Dimension einer Forschungsfrage

Abb. 19: Positionierung eines Themas in Raum und Zeit

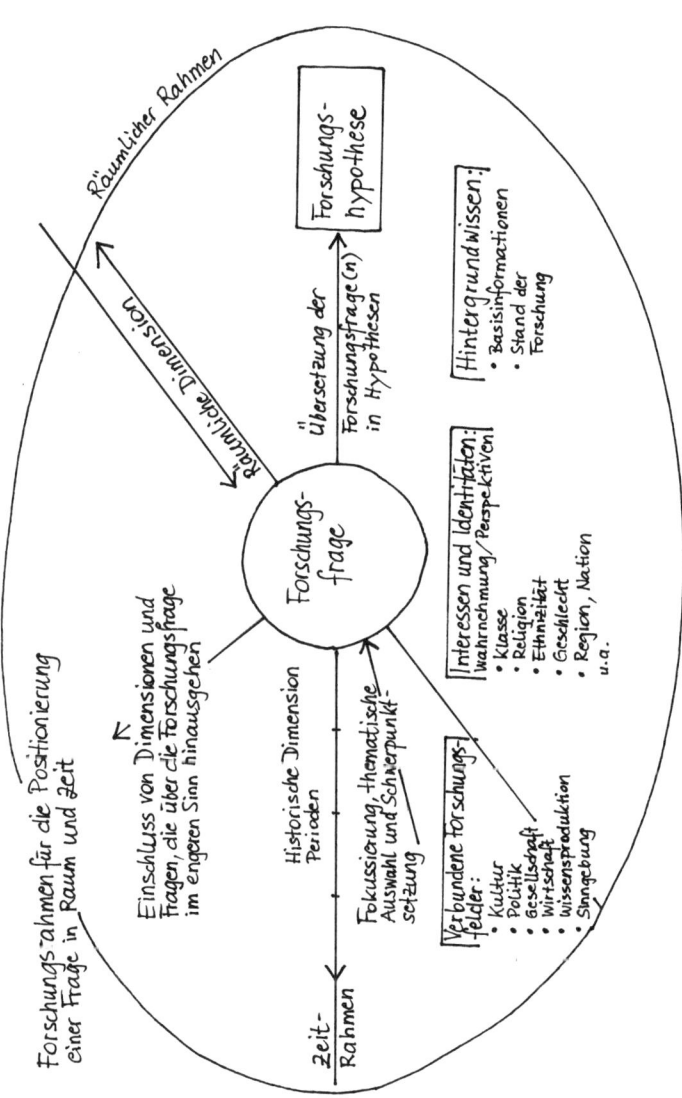

Am Anfang steht das Interesse für ein bestimmtes Thema. Oft hat dieses mit eigenen Erfahrungen, mit der Herkunftsregion, mit persönlichen Vorbildern oder Anregungen aus der Literatur, dem Rat von LehrerInnen und KollegInnen, dem Engagement für ein politisches oder soziales Anliegen, mehr Gerechtigkeit auf der Welt oder schlicht und einfach mit Karriereüberlegungen zu tun. Es ist wichtig, sich die persönlichen Hintergründe für die Themenwahl bewusst zu machen; unter Umständen wird dies auch den Betreuer der Arbeit, die KollegInnen und die zukünftigen LeserInnen interessieren.

Ein erster Schritt besteht darin, das Thema, das anfangs oft noch recht diffus ist, in eine oder mehrere Forschungsfragen überzuführen. Am Ende einer ersten Orientierungsphase steht schließlich die Forschungshypothese, die im Weiteren die Auswahl von und den Umgang mit Quellen, arbeitspraktischen und theoretischen Hilfestellungen leitet.

Jede Forschungsfrage hat eine zeitliche und eine räumliche Dimension. Sie kann auf der Zeitachse, zu einem bestimmten Zeitpunkt, in einer historischen Periode oder als Prozess von „langer Dauer" verankert werden, und ihr Gegenstand weist eine räumliche Erstreckung und Reichweite auf: Er hat einen Schauplatz (Ort); geht es um Interaktionen zwischen Orten und Regionen, stellt sich die Frage nach der Art ihrer Verbindung.

Sobald ich mein Thema zeitlich und räumlich eingegrenzt habe, stellt sich die Frage: Ist die Frage innerhalb der vorgenommenen zeiträumlichen Eingrenzung tatsächlich zu beantworten? Welche weiter zurückliegenden Ereignisse müssen berücksichtigt werden, um das Thema nicht aus seiner Vorgeschichte zu isolieren? Das kann dazu führen, dass Türen zu weiter zurückliegenden Perioden aufgestoßen werden, weil längerfristige Entwicklungen, in die mein Thema eingebettet ist, ansonsten nicht erfasst werden können. Der Blick auf frühere (oder spätere) Zeiten wirft die Frage nach der Art der Veränderung auf: Handelt es sich um Wandel, um Kontinuität bzw. in welchem Verhältnis stehen der Aspekt des Wandels und jener der Kontinuität?

Das gleiche Problem stellt sich auf der räumlichen Ebene. Das Thema hat nicht nur einen oder mehrere Schauplätze, die klein- oder großräumiger sein können und aufeinander einwirken. Das Ereignis oder der Prozess zeitigt sehr oft Wirkungen, die über den Schauplatz hinausgehen und dem Vorgang daher eine viel größere Reichweite seiner Wirkungsmächtigkeit verleihen. Umgekehrt erfordert das Ereignis mit Sicherheit die Berücksichtigung von Entwicklungen, Einflüssen, Zuschreibungen, die von anderen Orten oder räumlichen Ebenen aus zum Geschehen und zu seiner Wahrnehmung vor Ort beitragen. Dies erfordert, den Vorgang im engeren Sinn in ein räumliches Mehrebenensystem einzuordnen und zu entscheiden, von wo und auf welchen Ebenen relevante oder sogar den Entwicklungsverlauf bestimmende Beiträge erfolgen.

Die Frage, wie weit hier auszuholen ist, ist schwierig zu beantworten. Denn Vorgänge, die an unterschiedlichen Orten stattfinden, stellen sich aus der Binnenperspektive oft als voneinander getrennte Dinge dar. Bei genauerem Nachfragen treten Zusammenhänge und gegenseitige Einflüsse zutage: Ein globalgeschichtlicher Blick erfordert die Bereitschaft, solchen Zusammenhängen nachzuspüren, indem Fragen nach Verbindungen gestellt und Hinweise auf solche aufgegriffen werden. Als Beispiel aus der Konsumgeschichte mag die Veränderung der Ernährungsgewohnheiten der Engländer im 19. Jahrhundert gelten, die in abgewandelter Form auch die kontinentaleuropäischen Industrieländer erfasste. Es greift zu kurz, den Übergang von Getreidebrei, Mehl- und Milchsuppen als Frühstücksspeisen durch Tee, Weißbrot, Bacon and Eggs als Ausdruck der proletarisch-industriellen Lebensweise mit ihrer erhöhten Verfügbarkeit von Lohneinkommen zu erklären. Dass englische Arbeiterfamilien chinesischen Tee, brasilianischen Kaffee, dänische Eier und Schweinefleisch kaufen konnten, lässt sich vielmehr nur im globalen Kontext verstehen. Der wachsende Teekonsum war ein Resultat der Öffnung der chinesischen Märkte für Opium aus Britisch-Indien. Die Leistbarkeit von Kaffee basierte auf der billigen Arbeit von schwarzen Sklaven oder LandarbeiterInnen im brasilianischen Nordosten. Weizen erlebte aufgrund der Ausweitung der Anbauflächen in den Siedlerkolonien und der Verbilligung der Transportkosten in den 1870er-Jahren einen Preisverfall, der Weißbrot auch für ärmere Bevölkerungsschichten zugänglich machte. Dänische Bauern, die bisher vom Getreideexport nach England gelebt hatten, konnten mit den Getreidepreisen nicht mehr mithalten und wichen auf Rinder- und Schweineexport aus. Als Großbritannien und andere europäische Abnehmer darauf mit Einfuhrzöllen und Seuchengesetzen reagierten, wichen die dänischen Bauern auf tierische Veredelungswirtschaft aus und exportierten anstelle der lebenden Tiere eingesalzene Schweinehälften, den sogenannten Bacon. Die veränderte Zusammensetzung des englischen Frühstückstisches führt uns also unmittelbar in andere Weltregionen, auch wenn diese vordergründig gar nichts damit zu tun zu haben schienen.

In einer frühen Phase der Entwicklung des Forschungskonzepts ist es ratsam, die räumliche und die zeitliche Dimension der Forschungsfrage zu erweitern und Momente einzubeziehen, die über den zunächst ins Auge gefassten Gegenstand hinausgehen (-> Einschluss von Dimensionen und Fragen<-). Nur so können die weiter zurückliegenden, anderswo oder in globalen Konstellationen liegenden Einflussfaktoren erfasst werden. An einem bestimmten Moment muss der Erweiterungsprozess aber beendet werden und eine thematische ->Auswahl und Fokussierung auf die Kernfrage der Arbeit <- erfolgen; was in räumlicher und zeitlicher Hinsicht darüber hinausreicht, muss im Auge behalten werden, aber nicht unbedingt Gegenstand der empirischen Forschung und der Erörterung im Text sein. Auswahl und Eingrenzung fallen leichter und sind plausibler, wenn sie bewusst vorgenommen, anstatt von der Verfügbarkeit von Quellen oder Arbeitszeit bestimmt werden.

Neben Zeit und Raum gibt es weitere Dimensionen einer Arbeit, mit denen in ähnlicher Weise verfahren werden kann: zuerst das Bewusstmachen ihrer Relevanz und Verbindung mit dem Forschungsthema, möglicherweise auch ihre Einbeziehung in die Forschungsfragen; dann erfolgt die Entscheidung, was alles, obwohl es themenrelevant ist, nicht direkt in die Arbeit aufgenommen werden soll. In der Praxis bedeutet dies, dass viele Themenbereiche und Fragen erarbeitet werden müssen, die schlussendlich nur am Rande und als Hintergrundinformation in das Werk einfließen. Werden sie nicht mitbedacht, fehlt dem Werk aber die Fundierung. Diese Dimensionen betreffen:

- ■ Verbundene Forschungsfelder:
  Mit dem eigentlichen Forschungsfeld in Verbindung stehende Felder dürfen trotz Schwerpunktsetzung nicht ausgeklammert werden. Egal, ob der eigene Schwerpunkt stärker im Feld des Politischen, des Sozialen, des Ökonomischen, der Wissensproduktion oder der kulturellen Orientierung und Repräsentation liegt, müssen die Verbindungen und Anschlüsse zu den jeweils anderen Bereichen offengehalten werden.

- Gruppen- und interessensbezogene Perspektiven und Wahrnehmungen:
  Jede Frage wird sich anders darstellen, je nachdem, aus welcher Perspektive oder aus welcher Interessensposition sie betrachtet wird. Zum einen spielen hier der Standpunkt (Standort) und die Herkunft des Forschenden eine Rolle, zum anderen wird sich die Forschungsfrage oft auf eine bestimmte soziale Gruppe konzentrieren und diese zum Ausgangspunkt der Betrachtung machen. Geschlecht, Klasse, Status, Religion, Ethnizität sind hierfür ebenso relevant wie Nation, Herkunft oder regionale Identität.

- Hintergrundwissen:
  Jede Forschung baut auf bereits vorhandenem Wissen auf, das sowohl aus Fakten als auch aus theoretischen Erkenntnissen und Herangehensweisen besteht. Diesen Forschungsstand zu kennen, ist unerlässliche Voraussetzung, um das eigene Projekt positionieren zu können: Welche Forschungslücken sollen geschlossen, welche Ergebnisse widerlegt, welche Herangehensweisen und Perspektiven verändert werden?

Die Positionierung eines Themas in Raum und Zeit, die Verbindung und Abgrenzung zu benachbarten Themenfeldern, die Klärung der Betrachtungsperspektive und Einordnung in den Forschungsstand erlauben es, das Thema in Form eines Fragenkatalogs aufzubereiten. Der folgende Arbeitsschritt ist der Umsetzung der Forschungsfragen in Forschungshypothesen gewidmet.

Einordnungsverfahren

Jede globalgeschichtliche Frage muss sich mit Unterschieden zwischen den an einer Interaktion beteiligten Räumen auseinandersetzen. Diese führen zu Dominanz- und Abhängigkeitsverhältnissen. Sie sind – unabhängig von Reichweite und Dauer – in jedes Untersuchungsthema eingeschrieben. Zur Erkundung von Differenz und Dominanz/Abhängigkeit stehen verschiedene methodische Verfahren zur Verfügung. Welche gewählt werden, hängt einerseits von der Weltanschauung, dem Menschen-, Gesellschafts- und Weltbild des Forschenden ab, andererseits von der Fragestellung selbst. Grund-

Abb. 20: Vergleichen – Inbeziehungsetzen – Interessen identifizieren

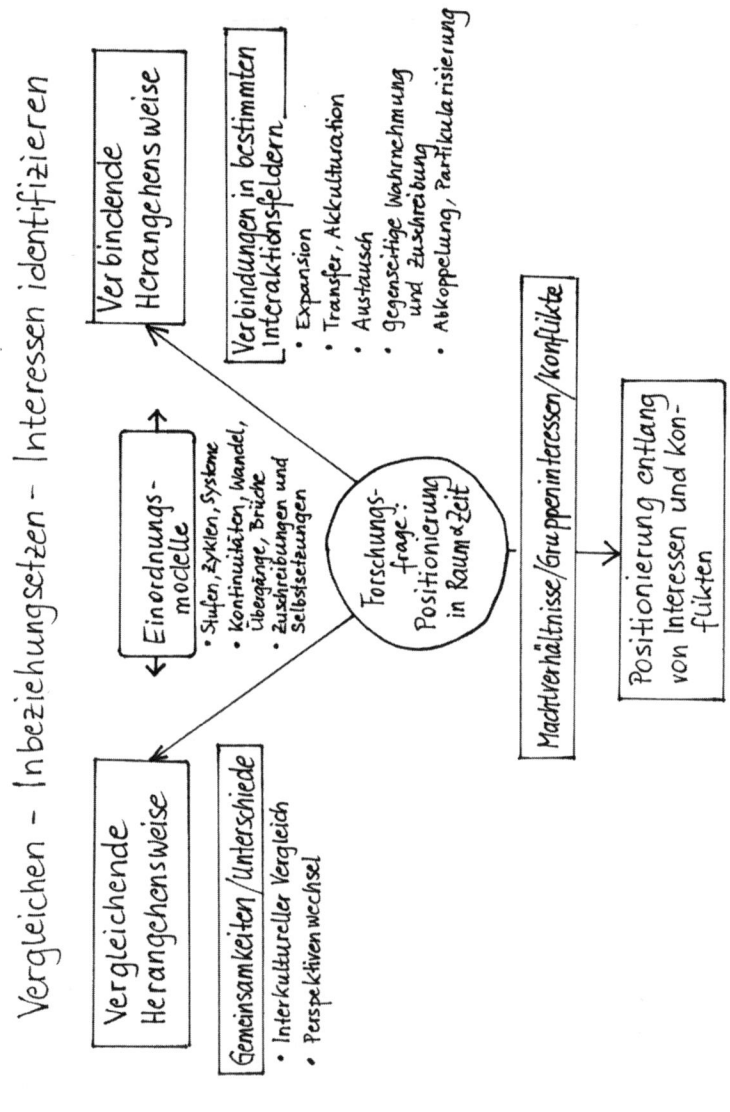

sätzlich stehen die vergleichende, die interaktionsorientierte und die interessensorientierte Herangehensweise zur Verfügung.

Der vergleichende Ansatz fragt nach Gemeinsamkeiten und Unterschieden. Er betrachtet die Vergleichseinheiten als getrennte Gegenstände, die erst durch das Forschungsverfahren miteinander in Beziehung gesetzt werden. Zu diesem Zweck ist es notwendig, die eigene Position und Blickrichtung zu definieren und den Vergleich gegebenenfalls – um einseitige Wahrnehmungen und Zuschreibungen zu vermeiden – aus der Perspektive des anderen vorzunehmen. Der Vergleich dient in erster Linie dazu, einen bestimmten Gegenstand durch die kontrastierende Gegenüberstellung mit einem anderen in seiner Bauweise und seinen Funktionsmechanismen besser zu erkennen. In zweiter Linie können mehrere Gegenstände vergleichend gegenübergestellt werden und bei der Erörterung der Gemeinsamkeiten und Unterschiede auf die jeweiligen innergesellschaftlichen Konstellationen und deren überregionales Bedingungsumfeld Bezug genommen werden. Wenn sich dabei herausstellt, dass die Vergleichsgegenstände nicht unabhängig voneinander, sondern direkt oder indirekt aufeinander bezogen sind, mündet der kontrastierende Vergleich in einen Beziehungsvergleich.

Das Verfahren des Vergleichs variiert, je nachdem ob der Bezug auf die Zeit- oder auf die Raumachse vorgenommen wird. Beim Vergleich ähnlicher Phänomene entlang der Zeitachse ist das Interesse auf die Ungleichzeitigkeit ihres Auftretens gerichtet. Die Auswahl der Vergleichsgegenstände ist dabei von jenen Räumen geprägt, in denen ein bestimmtes Phänomen als Erstes auftrat; daraus ergibt sich zwangsläufig eine Reihung in Vorreiter, Nachzügler und solche, die eine bestimmte Entwicklung (noch) gar nicht durchlaufen haben: Es geht um die „Ungleichzeitigkeit des Gleichzeitigen" im Sinne einer Abfolge von Modernisierungen. Anders beim Vergleich auf der räumlichen Ebene: Unterschiedliche Ausprägungen eines Phänomens zum gleichen Zeitpunkt bringen die „Gleichzeitigkeit des Ungleichzeitigen" zum Ausdruck.

Die Herangehensweise des Inbeziehungsetzens, die der Interaktionsgeschichte und der Weltsystem-Geschichte zugrunde liegt, kommt dort zum Einsatz, wo Verbindungen zwischen den an einem – zum gleichen Zeitpunkt stattfindenden – übergreifenden Prozess Beteiligten angenommen werden können. Hier geht es nicht darum, Gegenstände einander gegenüberzustellen, sondern nach den Triebkräften, Mechanismen und Folgen der Verbindungen sowie der Rolle der einzelnen Beteiligten im Gesamtprozess zu fragen. Verbindungen, Kooperationen, funktionale Ergänzung und Rolle in einem durch hierarchische Beziehungen geprägten arbeitsteiligen Zusammenhang bilden hier die Kernfrage. Durch diese Verbindungen werden die Beteiligten zu einem Teil eines Gesamtkontinuums, das sich aus gegensätzlichen, einander ausschließenden Positionen, aber auch aus verschiedenen Transfer-, Akkulturations- und Hybridisierungsprozessen zusammensetzt.

Wenn die beteiligten Akteure auch im Gesamtzusammenhang miteinander verbunden sind, repräsentieren sie darin dennoch unterschiedliche Interessen. Diese Interessenslage kann Gleichklang oder Gegensätze widerspiegeln und Kooperationen oder Konflikte bewirken. Eine interessensbezogene Herangehensweise nähert sich einem übergreifenden Phänomen also nicht, indem im Vergleich Gemeinsamkeiten oder Unterschiede, und auch nicht, indem Verbindungsmuster herausgearbeitet werden. Vielmehr geht es um Positionen, die sich aus Interessen herleiten lassen; stehen diese zueinander in einem Gegensatz, handelt es sich um einen Konflikt; dies setzt allerdings voraus, dass die Interessenten an einem gemeinsamen Prozess teilhaben oder mit anderen Worten: dass Interaktion stattfindet. Im globalgeschichtlichen Kontext entscheidend ist, dass Interessen nicht nur mit Gruppen und Konfliktparteien identifiziert werden, sondern auch mit Regionen in einer regionenübergreifenden Arbeitsteilung.

Vergleich, Inbeziehungsetzen und Interessens- und Konflikterforschung entsprechen unterschiedlichen Fragestellungen. Umgekehrt können wir davon ausgehen, dass die meisten Fragestellungen, je nachdem welche der Einordnungs- und Beziehungsverfahren zur Anwendung gelangen, unterschiedliche Aspekte des Themas in den Vordergrund treten lassen. Dies spricht dafür, sie nicht alternativ, sondern gleichzeitig anzuwenden, zumal viele Themen sich aus Fragestellungen zusammensetzen, die eher mit dem einen oder dem anderen Verfahren erschlossen werden können.

Mit allen drei Einordnungsverfahren kann induktiv gearbeitet werden, d. h. ausgehend von der konkreten Fragestellung eine allgemeine Fragestellung behandelt werden. Alle drei Einordnungsverfahren können aber auch auf Einordnungsmodelle zurückgreifen, die in

Form von Theorien und Modellen zur Verfügung stehen. Bestehende Theorien zu Hilfe zu nehmen, kann hilfreich sein. Es kann aber auch so viele Vorannahmen, vorgefertigte theoretische und begriffliche Festlegungen mit sich bringen, dass der selbstständige Analyse- und Interpretationsprozess dadurch behindert wird. Dies spricht für eine empirische, von Fallbeispielen geleitete Vorgangsweise. Umgekehrt kann sich niemand dem bestehenden Forschungsstand und den diesem zugrunde liegenden theoretischen Modellen entziehen, sodass die Auseinandersetzung damit schlussendlich unerlässlich ist.

Verortung im Spannungsfeld von Methoden und Theorien

Abbildung 21 führt die verschiedenen Elemente des Forschungsprozesses zusammen. Sie zeigt, dass zur Entwicklung von Forschungsfragen und Hypothesen die ->Positionierung eines Themas in Raum und Zeit<- und die ->Einordnung mithilfe von Vergleich, Inbeziehungsetzen und Konfliktanalyse<- erforderlich sind. Dieser Prozess setzt sich aus einer empirischen Ebene, die der Informationssammlung, und einer analytischen Ebene zusammen, die der Aufbereitung und Verarbeitung der gesammelten Information dient. Beide Seiten wirken auf die Forschungsfragen ein: Die empirische Seite stellt Quellen zur Verfügung, auf deren Basis Fragen beantwortet werden können; die theoretisch-methodische Seite stellt Methoden und Theorien zur Verfügung, die der Begriffsklärung und der Entwicklung von Konzepten dienen. Erst in ihrer Kombination sind Einsichten und Erklärungen möglich. Die theoretische und methodische Seite stehen in enger Wechselwirkung: Während theoretische Erkenntnisse aus vorgelagerten Forschungsprozessen sowie Modelle dazu dienen, Auswahl und Zusammenstellung des Quellenkorpus zu bewerkstelligen, wirken die auf Basis der Quellen gewonnenen Erkenntnisse auf die theoretischen Einordnungs- und Funktionsmodelle dynamisch zurück. Durch diesen mehrstufigen Austauschprozess, in den idealerweise mehrere ForscherInnen in Form von Kooperation und Feedback-Verfahren involviert sind, können die Forschungshypothesen am besten überprüft und Schlussfolgerungen gezogen werden.

Mehrere Regionen oder Kulturen inkludierende Fragestellungen, wie sie für einen globalgeschichtlichen Zugang charakteristisch sind, stellen die Forschenden dabei vor das Problem, in vielen Sprachen

**Abb. 21: Das Zusammenspiel von Methoden und
Theorien im Forschungsprozess**

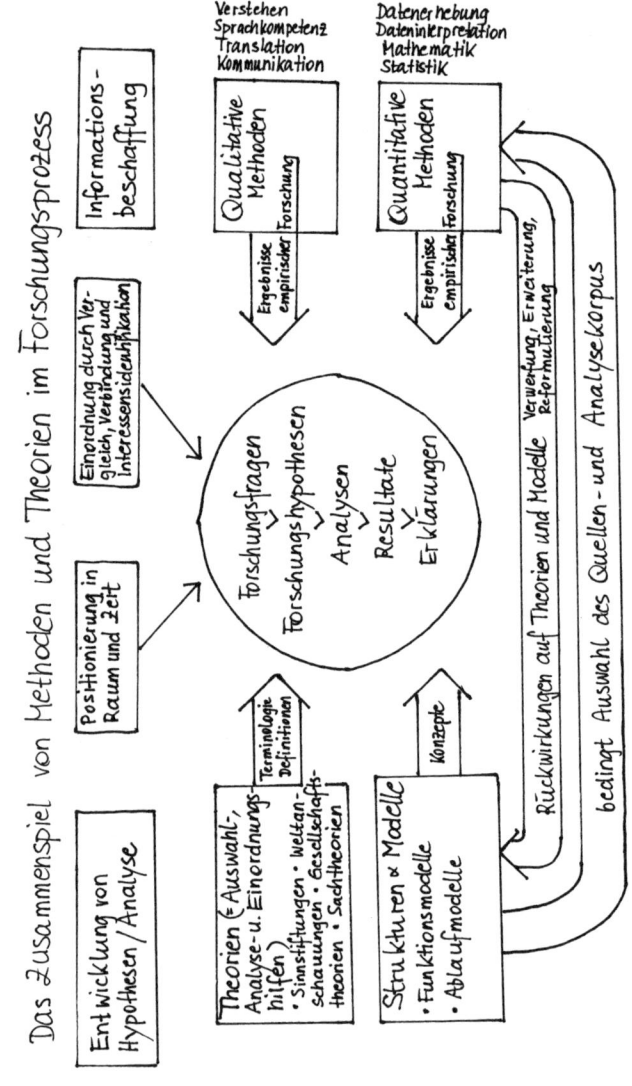

verfasste Informationen aufzunehmen und zu verarbeiten. Sprachkompetenz ist daher für die Erschließung von Information entscheidend. Der Schlüssel dazu liegt nicht nur im Bereich des Spracherwerbs, sondern auch im Einschluss von ForscherInnen aus verschiedenen Sprachräumen. Verstehen ist jedoch mehr als ein sprachliches Phänomen. Es setzt Translationskompetenz voraus, die es erlaubt, Sinn- und Bedeutungssysteme der einen für die andere Kultur verständlich zu machen. Diese Form von Übersetzung ist Teil jeder historischen oder sozialwissenschaftlichen Analyse.

Die abschließenden Überlegungen sind weit über die Geschichtswissenschaften hinaus relevant; sie wollen deutlich machen, dass Globalgeschichte sich in eine Forschungslandschaft einfügt, die eine disziplinenübergreifende Zusammenarbeit erfordert.

Abbildungsverzeichnis

Bibliographie

Annales d'histoire économique et sociale, dann: Annales Economies Societés Civilisations, heute: Annales Histoire Sciences Sociales 1929 ff. Edition de L'École des Hautes Études en Sciences Sociales, Paris

Augustynowicz Christoph 2010: Ostmitteleuropa. Wien

Bayly Christopher Alan 2006: Die Geburt der modernen Welt. Eine Globalgeschichte 1780–1914. Frankfurt/M.-New York (engl. 2004)

Becker Joachim/Komlosy Andrea (Hg.) 2004: Grenzen weltweit. Zonen, Linien, Mauern im historischen Vergleich. Wien

Bennholdt-Thomsen Veronika/Mies Maria 1997: Eine Kuh für Hillary. Die Subsistenzperspektive. München 1997

Berend Iván 1996: Central and Eastern Europe 1944–1993: Detour from the Periphery to the Periphery. Cambridge

Bhaba Homi 2000: Die Verortung der Kultur. Tübingen: Stauffenberg (engl. 1994)

Blaut J. M. 1993: The Colonizer's Model of the World: Geographic Diffusionism and Eurocentric History. London-New York

Bley Helmut 2005: British Empire. In: Enzyklopädie der Neuzeit, Hg. Friedrich Jäger, Bd. 2. Stuttgart, Sp. 426–443

Braudel Fernand 1963: Grammaire des Civilisations. Paris

Braudel Fernand 1985/86: Sozialgeschichte des 15.–18. Jahrhundert, 3 Bde. München (frz. 1979)

Braudel Fernand 1992: Geschichte und Sozialwissenschaften: Die lange Dauer. In: Schriften zur Geschichte 1. Stuttgart, 49–87 (frz. 1958)

Braudel Fernand 1994: Das Mittelmeer und die mediterrane Welt in der Epoche Philipps II. Frankfurt/Main (frz. 1966)

Bruckmüller Ernst 1985: Sozialgeschichte Österreichs. Wien

Bruckmüller Ernst 1996: Nation Österreich. Kulturelles Bewußtsein und gesellschaftliche Prozesse. Wien

Busek Erhard 1986: Projekt Mitteleuropa. Wien

Castells Manuel 2001: Das Informationszeitalter Teil 1: Der Aufstieg der Netzwerkgesellschaft. Opladen 2001

Chakrabarty Dipesh 2002: Europa provinzialisieren. Postkolonialität und die Kritik der Geschichte. In: Conrad Sebastian/Randiera Shalini (Hg.): Jenseits des Eurozentrismus. Postkoloniale Perspektiven in den Geschichts- und Kulturwissenschaften. Frankfurt/Main, 283–312

Chase-Dunn Christopher 1997: Rise and Demise: Comparing World-Systems. Boulder, Colorado

Chaudhuri Kriti N. 1985: Trade and Civilisation in the Indian Ocean. An Economic History from the Rise of Islam to 1750. Cambridge

Chaudhuri Kriti N. 1990: Asia before Europe. Economy and Civilisation of the Indian Ocean from the Rise of Islam to 1750. Cambridge

Comparativ. Zeitschrift für Globalgeschichte und vergleichende Gesellschaftsforschung 1991ff. Leipziger Universitätsverlag

Conrad Sebastian/Randiera Shalini (Hg.) 2002: Jenseits des Eurozentrismus. Postkoloniale Perspektiven in den Geschichts- und Kulturwissenschaften. Frankfurt/Main

Conrad Sebastian/Eckert Andreas/Freitag Ulrike 2007: Globalgeschichte. Theorien, Ansätze, Themen. Frankfurt-New York

Coronil Fernando 2002: Jenseits des Okzidentalismus. Unterwegs zu nichtimperialen geohistorischen Kategorien. In: Conrad/Randiera (Hg.): Jenseits des Eurozentrismus. Frankfurt/Main, 177–218

Czeike Felix 1981: Geschichte der Stadt Wien. Wien

Denemark Robert/Friedman Jonathan/Gills Barry K. /Modelski George (Hg.) 2000: World System History. The social change of long-term change. London-New York

Dermigny Louis 1964: La Chine et l'Occident. Le Commerce à Canton au XVIIIe siècle 1719–1833, Bd. 1. Paris

De Vries Jan 2008: The Industrious Revolution. Consumer Behaviour and the Household Economy. Cambridge, Mass.

Doktoratskolleg Galizien (Hg.) 2009: Galizien. Fragmente eines diskursiven Raums. Innsbruck

Elvert Jürgen 1999: Mitteleuropa! Deutsche Pläne zur europäischen Nachkriegsordnung (1918–1945). Stuttgart

Enderle-Burcel Gertrude/Stiefel Dieter/Teichova Alice (Hg.) 2006: „Zarte Bande." Österreich und die planwirtschaftlichen Länder. Wien

Esteva Gustavo 1993: Fiesta – jenseits von Entwicklung, Hilfe und Politik. Frankfurt/Main-Wien

Fanon Frantz 1968: Die Verdammten dieser Erde. Frankfurt 1968 (frz. 1961)

Fanon Frantz 1980: Schwarze Haut, weiße Masken (frz. 1952)

Fässler Peter E. 2007: Globalisierung: Ein historisches Kompendium. Köln-Weimar-Wien

Feichtinger Johannes/Prutsch Ursula/Csáky Moritz (Hg.) 2003: Habsburg postcolonial. Machtstrukturen und kollektives Gedächtnis. Innsbruck

Feldbauer Peter/Hausberger Bernd/Lehners Jean-Paul (Reihen-Hg.)
2008–2010: Globalgeschichte 1000–2000, 10 Bde. Wien
Feldbauer Peter/Komlosy Andrea 2003: Globalgeschichte 1450–1820: Von
der Expansions- zur Interaktionsgeschichte. In: Carl-Hans Haupt-
meyer/Dariusz Adamczyk/Beate Eschment/Udo Obal (Hg.): Die Welt
querdenken. Festschrift Hans-Heinrich Nolte zum 65. Geburtstag.
Frankfurt/Main, 59–94
Fischer Karin/Reiner Christian/Staritz Cornelia (Hg.) 2010: Globale
Güterketten. Weltweite Arbeitsteilung und ungleiche Entwicklung.
Wien. Fischer Karin/Zimmermann Susan (Hg.) 2008: Internatio-
nalismen. Transformation weltweiter Ungleichheit im 19. und 20.
Jahrhundert. Wien
Fragner Bert 2006: Iranisch-islamische Kulturen Zentralasiens. In: Frag-
ner Bert/Kappeler Andreas (Hg.): Zentralasien 13. bis 20. Jahrhun-
dert. Wien, 103–120
Frank André Gunder 1998: ReOrient. Global Economy in the Asian Age.
Berkeley-Los Angeles-London
Frank André Gunder 2005: Orientierung im Weltsystem. Von der Neuen
Welt zum Reich der Mitte. Wien
Frank André Gunder/Gills Barry (Hg.) 1993: The World System: Five
Hundred Years or Five Thousand. London-New York
Fröbel Volker/Heinrichs Jürgen/Kreye Otto 1977: Die neue internatio-
nale Arbeitsteilung. Reinbek bei Hamburg
Geier Wolfgang 2006: Südosteuropa-Wahrnehmungen. Reiseberichte,
Studien und biographische Skizzen vom 16. bis zum 20. Jahrhun-
dert. Stuttgart
Gereffi Gary 1994: The organization of buyer driven commodity chains:
how US retailers shape overseas production networks. In: Gereffi G./
Korzebiewicz M. (Hg.): Commodity chains and global capitalism.
New York
Gereffi Gary/Memedovic Olga 2003: The Global Apparel Value Chain:
What Prospects for Upgrading by Developing Countries? UNIDO
Wien
Gerschenkron Alexander 1972: Wirtschaftliche Rückständigkeit in his-
torischer Perspektive. In: Braun Rudolf u. a. (Hg.): Industrielle Re-
volution. Wirtschaftliche Aspekte. Köln-Berlin (engl. 1966)
Geschichte transnational: http://geschichte-transnational.clio-online.net/

Giordano Christian 2003: Interdependente Vielfalt: Die historischen
    Regionen Europas. In: Wieser Enzyklopädie des europäischen Os-
    tens, Bd. 11: 113–135
Grandner Margarete/Rothermund Dietmar/Schwentker Wolfgang (Hg.)
    2005: Globalgeschichte und Globalisierung. Wien
Gruzinski Serge 1999: La pensée métisse. Paris
Guha Ranajit u. a. 1982–2005: Subaltern Studies I–XII. Delhi
Halecki Oskar 1957: Grenzland des Abendlandes. Salzburg (engl. 1952)
Hárs Endre/Müller-Funk Wolfgang/Reber Ursula/Ruthner Clemens (Hg.)
    2006: Zentren, Peripherien und kollektive Identitäten in Österreich-
    Ungarn. Tübingen-Basel
Hirsch Joachim 2002: Herrschaft, Hegemonie und politische Alterna-
    tiven. Hamburg
Hofbauer Hannes/Komlosy Andrea: Osteuropa: Sozialismus als Versuch
    nachholender Entwicklung. In: Englert Birgit/Grau Ingeborg/Komlosy
    Andrea (Hg.), Nord-Süd-Beziehungen. Kolonialismen und Ansätze
    zu ihrer Überwindung. Wien, 213–240
Hrytsak Yaroslav 2005: Historic Memory and Regional Identity among
    Galicia's Ukrainians. In: Hann Christopher/Magocsi Paul R. (Hg.):
    Galicia. A Multicultured Land. Toronto-Buffalo-London 2005, 185–
    209
Illich Ivan 1978: Fortschrittsmythen. Reinbek bei Hamburg
Illich Ivan 1987: Die Nemesis der Medizin. Von den Grenzen des Ge-
    sundheitswesens. Reinbek bei Hamburg
Journal of Global History 2006 ff.: Cambridge University Press
Journal of World History 1989 ff.: World History Association, Univer-
    sity of Hawaii
Kaelble Hartmut/Schriewer Jürgen (Hg.) 2003: Vergleich und Transfer.
    Frankfurt am Main-New York
Kappeler Andreas 1994: Kleine Geschichte der Ukraine. München
Knittler Herbert (Hg.) 2006: Wirtschaftsgeschichte des Waldviertels.
    Horn-Waidhofen/Thaya
Köhler G./Chaves E. J. Hg. 2003: Globalization: Critical Perspectives.
    Hauppauge/New York
Komlosy Andrea (Hg.) 1991: Spinnen – Spulen – Weben. Leben und
    Arbeiten im Waldviertel und anderen ländlichen Textilregionen.
    Krems-Horn

Komlosy Andrea 1988: An den Rand gedrängt. Wirtschafts- und Sozialgeschichte des Oberen Waldviertels. Wien

Komlosy Andrea 2003: Grenze und ungleiche regionale Entwicklung.
Binnenmarkt und Migration in der Habsburgermonarchie. Wien

Komlosy Andrea 2005: Weltzeit – Ortszeit. Zur Periodisierung von Globalgeschichte. In: Grandner Margarete u. a. (Hg.): Globalisierung
und Globalgeschichte. Wien, 83–114

Komlosy Andrea 2006: Vom Kleinraum zur Peripherie. Entwicklungs-
phasen der wirtschaftlichen Abhängigkeit im 19. Jahrhundert. In:
Knittler Herbert (Hg.), Wirtschaftsgeschichte des Waldviertels. Horn-
Waidhofen/Thaya, 217–340

Komlosy Andrea 2007: Arbeitsbeziehungen in der globalisierten Wirtschaft: Das Zusammenspiel von Formalisierung und Informalisierung.
In: Becker Joachim u. a. (Hg.), Kapitalistische Entwicklung in Nord
und Süd. Handel, Geld, Arbeit, Staat. Wien, 208–226

Komlosy Andrea 2008: Zeiten und Reichweiten. Wirtschaft in Nieder-
österreich im 20. Jahrhundert. In: Melichar Peter/Langthaler Ernst/
Eminger Stefan (Hg.): Niederösterreich im 20. Jahrhundert, Bd. 2:
Wirtschaft. Wien u. a., 733–722

Komlosy Andrea 2010a: Weltmarkttextilien: Globale Güterketten im his-
torischen Wandel. In: Fischer Karin/Reiner Christian/Staritz Cornelia
(Hg.): Globale Güterketten. Weltweite Arbeitsteilung und ungleiche
Entwicklung. Wien, 76–97

Komlosy Andrea 2010b: Arbeitsverhältnisse. Weltumspannende Kombination und ungleiche Entwicklung. In: Sieder Reinhard/Langthaler
Ernst (Hg.), Globalgeschichte 1800–2010. Wien, 261–283

Komlosy Andrea/Nolte Hans-Heinrich/Sooman Imbi (Hg.) 2008: Ostsee
700–2000. Gesellschaft, Wirtschaft, Kultur. Wien 2008

Komlosy Andrea/Parnreiter Christof/Stacher Irene/Zimmermann Susan
(Hg.) 1997: Ungeregelt und unterbezahlt. Der informelle Sektor in
der Weltwirtschaft. Frankfurt-Wien 1997

Komlosy Andrea u. a. (Reihen-Hg.) 1999–2010: Edition Weltregionen,
bisher 20 Bde., 1999–2011

Kriedte Peter/Medick Hans/Schlumbohm Jürgen (1977): Industrialisierung vor der Industrialisierung. Gewerbliche Warenproduktion auf
dem Land in der Formationsperiode des Kapitalismus. Göttingen

Landsteiner Erich: Epochen, Stufen, Zeiten. Vom historischen Epochenschema zu Fernand Braudels Dialektik historischer Zeitabläufe. In:
Wiener Zeitschrift zur Geschichte der Neuzeit 1,2, 17–37

Linhart Sepp/Weigelin-Schwiedrzik Susanne (Hg.) 2004: Ostasien 1600–
1900. Geschichte und Gesellschaft. Wien

Linhart Sepp/Weigelin-Schwiedrzik Susanne (Hg.) 2007: Ostasien im
20. Jahrhundert. Geschichte und Gesellschaft. Wien.

Maddison Angus 2001: The World Economy. A Millennial Perspective.
Paris

Magocsi Paul R. (1993, 1995): Historical Atlas of East Central Europe.
Washington u. a.

Maner Hans-Christian 2007: Galizien. Eine Grenzregion im Kalkül der
Donaumonarchie im 18. und 19. Jahrhundert. München

Mann Michael 2005: Geschichte Indiens. Vom 18. zum 21. Jahrhundert.
Paderborn u. a.

Manzenreiter Wolfram 2007: Jenseits von Japan: Staat und Wirtschaft
in der industriellen Modernisierung Japans. In: Linhart Sepp/ Weigelin-Schwiedrzik Susanne (Hg.): Ostasien im 20. Jahrhundert. Wien,
98–114

Marx Karl (1867): Das Kapital, Bd. 1 (= Marx Engels Werke Bd 23. Ber-
lin/DDR 1977)

Matis Herbert 1991: Protoindustrialisierung und „Industrielle Revolution"
am Beispiel der Baumwollindustrie Niederösterreichs. In: Komlosy
Andrea (Hg.): Spinnen – Spulen – Weben. Leben und Arbeiten im
Waldviertel und anderen ländlichen Textilregionen. Krems-Horn
1991, 5–48

Menzel Ulrich (1988): Auswege aus der Abhängigkeit. Die entwicklungspolitische Aktualität Europas. Frankfurt/Main 1988

Middell Matthias 2005: Universalgeschichte, Weltgeschichte, Globalgeschichte, Geschichte der Globalisierung – ein Streit um Worte?
In: Grandner Margarete u. a. (Hg.): Globalisierung und Globalgeschichte. Wien, 60–82

Mitterauer Michael 2003: Warum Europa? Mittelalterliche Grundlagen
eines Sonderwegs. München 2003

Mückler Herfried 2005: Imperien. Die Logik der Weltherrschaft – vom
Alten Rom bis zu den Vereinigten Staaten. Berlin

Musiolek Bettina/Barendt Regina 2005: Workers' Voices. The Situation of Women in the Eastern European and Turkish Garment Industries. Meißen

Naumann Friedrich (1915): Mitteleuropa. Berlin

Nolte Hans-Heinrich (Hg.) 2001: Innere Peripherien in Ost und West. Stuttgart

Nolte Hans-Heinrich 2003: Kleine Geschichte Russlands. Stuttgart

Nolte Hans-Heinrich 2004: Deutsche Ostgrenze, russische Westgrenze, amerikanische Südgrenze. Zur Radikalisierung der Grenzen in der Neuzeit . In: Becker Joachim/Komlosy Andrea (Hg.) 2004: Grenzen weltweit. Zonen, Linien, Mauern im historischen Vergleich. Wien, 55–74

Nolte Hans-Heinrich 2005/2009: Weltgeschichte Bd. 1: Imperien, Religionen und Systeme 15.–19. Jahrhundert, Bd. 2: 20. Jahrhundert. Wien-Köln-Weimar

Nolte Hans-Heinrich (Hg.) 2008: Imperien. Eine vergleichende Studie. Schwalbach

O'Brian Patrick 1982: European Economic Development: The Contribution of the Periphery. In: Economic History Review 35/1, 1–18

Osterhammel Jürgen 2001: Geschichtswissenschaft jenseits des Nationalstaats. Studien zu Beziehungsgeschichte und Zivilisationsvergleich. Göttingen

Osterhammel Jürgen (Hg.) 2008: Weltgeschichte Basistexte. Stuttgart

Osterhammel Jürgen 2009: Die Verwandlung der Welt. Eine Geschichte des 19. Jahrhunderts. München

Periplus. Jahrbuch für außereuropäische Geschichte 1991 ff: Lit Verlag, München 1991 ff.

Pomeranz Kenneth 2001: The Great Divergence. China, Europe and the Making of the Modern World Economy. Princeton-Oxford

Portes Alejandro/Castells Manuel/Benton Lauren A. (Hg.) 1989: The Informal Economy. Studies in Advanced and Less Developed Countries. Baltimore

Rehbein Boike/Schwengel Hermann 2008: Theorien der Globalisierung. Konstanz

Review 1977 ff: Fernand Braudel Center, Binghamton University, New York

Rivoli Pietra 2006: Reisebericht eines T-Shirts. Ein Alltagsprodukt erklärt die Weltwirtschaft. Berlin

Rostow Walt W. 1960: Stadien wirtschaftlichen Wachstums. Eine Alternative zur marxistischen Entwicklungstheorie. Göttingen

Rothermund Dietmar 2005: Globalgeschichte und Geschichte der Globalisierung. In: Grandner Margarete u. a. (Hg.) 2008: Globalisierung und Globalgeschichte. Wien, 12–35

Rothermund Dietmar/Weigelin-Schwiedrzik Susanne (Hg.) 2004: Der Indische Ozean. Das afro-asiatische Mittelmeer als Kultur- und Wirtschaftsraum. Wien 2004

Roy Tirthankar (1993): Artisans and Industrialization – Indian Weaving in the Twentieth Century. Delhi

Rufin Jean-Christophe 1993: Das Reich und die neuen Barbaren. Berlin

Rufin Jean-Christophe 2005: Globalia. Köln

Ruthner Clemens 2006: Kakaniens kleiner Orient. Post/Koloniale Lesarten der Peripherie Bosnien-Herzegowinas (1878–1918). In: Hárs E. et al. (ed.), Zentren, Peripherien und kollektive Identitäten in Österreich-Ungarn. Tübingen-Basel, 255–284.

Said Edward W. 1981: Orientalismus. Berlin (engl. 1978)

Said Edward W. 1986: Orientalism Reconsidered. In: Francis Barker/Hulme Peter u. a. (Hg.): Literature, Politics, and Theory. London, 210–229

Schäbler Ulrike (Hg.) 2007: Area Studies und die Welt: Weltregionen und neue Globalgeschichte. Wien

Schiller Friedrich 1789: Was heißt und zu welchem Ende studiert man Universalgeschichte. Eine akademische Antrittsrede. In: Deutsche Geschichtsphilosophie. Ausgewählte Texte von Lessing bis Jaspers, hg. v. Kurt Rossmann: Bremen 1959, 86–109

Senghaas Dieter (Hg.) 1974: Peripherer Kapitalismus. Analysen über Abhängigkeit und Unterentwicklung, Frankfurt/Main

Senghaas Dieter 1977: Weltwirtschaftsordnung und Entwicklungspolitik. Plädoyer für Dissoziation. Frankfurt/Main

Senghaas Dieter 1982: Von Europa lernen. Entwicklungsgeschichtliche Betrachtungen. Frankfurt/Main

Senghaas Dieter (Hg.) 1972: Imperialismus und strukturelle Gewalt. Analysen über abhängige Reproduktion. Frankfurt/Main

Shanin Teodor (Hg.) 1985: Late Marx and the Russian Road. Marx and the peripheries of capitalism. London

Sieder Reinhard/Langthaler Ernst (Hg.) 2010: Globalgeschichte 1800–2010. Wien

Strayer Robert W. (Hg.) 1989: The Making of the Modern World. Connected Histories, Divergent Paths. 1500 to the Present. New York

Subrahmanyam Sanjay 1997: Connected Histories. Towards a Reconfiguration of Early Modern Eurasia. In: Lieberman V. B. (Hg.), Beyond Binary Histories: Re-imagining Eurasia to c. 1830. Ann Arbor, 289–315

Sugihara Kaoru (Hg.) 2005: Japan, China, and the Growth of the Asian International Economy, 1850–1914. Oxford

Szűcs Jenő 1990: Die drei historischen Regionen Europas. Frankfurt/Main (engl. 1983)

Teichova Alice 1988: Kleinstaaten im Spannungsfeld der Großmächte. Wirtschaft und Politik in Mittel- und Südosteuropa in der Zwischenkriegszeit. Wien

Todorova Maria (1999): Die Erfindung des Balkans. Europas bequemes Vorurteil. Darmstadt

Troebst Stefan (2006): Kulturstudien Ostmitteleuropas. Aufsätze und Essays. Frankfurt/Main

Van der Linden Marcel (2008): Workers of the World. Essays toward a Global Labor History. Leiden-Boston.

Van der Linden Marcel/Roth Karl-Heinz (Hg.) 2009: Über Marx hinaus. Arbeitsgeschichte und Arbeitsbegriff in der Konfrontation mit den globalen Arbeitsverhältnissen des 21. Jahrhunderts. Berlin-Hamburg

Van Duijn Jacob J. 1983: The Long Waves in Economic Life. London

Van Voss Lex Heerma/Hiemstra Els/van Nederveen Meerkerk Elise (Hg.) (2010): A World History of Textile Workers, 1650–2000. London

Vocelka Karl 2002: Geschichte Österreichs. München

Vries Peer 2003: Via Peking back to Manchester: Britain, The Industrial Revolution, and China. Leiden

Vries Peer (Hg.) 2009: Global History. Österreichische Zeitschrift für Geschichtswissenschaften 20/Bd.2

Wallerstein Immanuel 1984: Der historische Kapitalismus. Berlin (engl. 1983)

Wallerstein Immanuel 1995: Die Sozialwissenschaften „kaputtdenken". Die Grenzen der Paradigmen des 19. Jahrhunderts. Weinheim (engl. 1991)

Festschrift for Immanuel Wallerstein 2000: vol. I and II, Journal of World-Systems Research vol. XI, 2 (2000), vol. VI, 3 (2000):

http://jwsr.ucr.edu/archive/vol6/number2/pdf/jwsr-v6n2.pdf

http://jwsr.ucr.edu/archive/vol6/number3/pdf/jwsr-v6n3-frnt.pdf

Wallerstein Immanuel 2000: The Essential Wallerstein. New York
Wallerstein Immanuel 2002: Utopistik. Historische Alternativen des 21.
    Jahrhunderts. Wien (engl. 1998)
Wallerstein Immanuel 2004a/1998/2004b: Das moderne Weltsystem, Bd.
    1: Die Anfänge der kapitalistischen Landwirtschaft und die europäi-
    sche Weltökonomie im 16. Jahrhundert; Bd. 2: Der Merkantilismus.
    Europa zwischen 1600 und 1750; Bd. 3: Die große Expansion. Die
    Konsolidierung der Weltwirtschaft im langen 18. Jahrhundert (engl.
    1974/1980/1989)
Weigelin-Schwiedrzik Susanne 2004: Zentrum und Peripherie in China
    und Ostasien. In: Sepp Linhart/Susanne Weigelin-Schwiedrzik (Hg.):
    Ostasien 1600–1900. Wien 2004, 81–98
Weigelin-Schwiedrzik Susanne 2007: Ist Ostasien eine europäische Er-
    findung? Anmerkungen zu einem Artikel von Wang Hui. In: Linhart
    Sepp/Weigelin-Schwiedrzik Susanne (Hg.): Ostasien im 20. Jahrhun-
    dert. Wien, 9–21
Wendt Reinhardt 2009: Vom Kolonialismus zur Globalisierung. Europa
    und die Welt seit 1500. Paderborn u. a.
Werlhof Claudia von/Mies Maria/Bennholdt-Thomsen Veronika 1983:
    Frauen, die letzte Kolonie. Reinbek bei Hamburg
Werner Michael/Zimmermann Benedicte 2002: Vergleich, Transfer, Ver-
    flechtung. In: Geschichte und Gesellschaft 28, 607–636
Wittfogel Karl A. 1977: Die orientalische Despotie. Eine vergleichende
    Untersuchung totaler Macht. Frankfurt/Main
Wolff Larry 1994: Inventing Eastern Europe: The Map of Civilization of
    the Mind of Enlightment. Standford
Wong Bin 2001: Entre monde et nation. Les régions braudéliennes en
    Asie. In: Annales Histoire Sciences Sociales 56/1, 5–41
Yeates Nicola 2009: Globalizing care economies and migrant workers:
    Explorations in global care chains. Basingstoke: Palgrave MacMillan
Zeitschrift für Weltgeschichte 2000ff: Peter Lang 2000–2006, seit 2007
    Meidenbauer Verlag, München
Zernack Klaus 1993: Nordosteuropa. Skizzen und Beiträge zu einer Ge-
    schichte der Ostseeländer. Lüneburg
Zimmermann Susan 2010: GrenzÜberschreitungen. Internationale Netz-
    werke, Organisationen, Bewegungen und die Politik der globalen
    Ungleichheit vom 17. bis zum 21. Jahrhundert. Wien 2010

Begriffsregister

Das Register umfasst Schlüsselbegriffe, Konzepte, theoretische Ansätze, Forschungsstrategien sowie ausgewählte Autoren, auf die im Buch zentral Bezug genommen wird. Es handelt sich um kein Ortsnamen-, Sach- und Personenregister.
Eine **fette** Zahl markiert die Seite, auf der ein Begriff im Buch eingeführt wird.

Die Autorin

Andrea Komlosy, geboren 1957 in Wien, Studium der Geschichte und der Politikwissenschaft an der Universität Wien und am Institut für Höhere Studien, Wien, lehrt und forscht am Institut für Wirtschafts- und Sozialgeschichte der Universität Wien. Sie ist maßgeblich am Aufbau und der Curriculum-Entwicklung der Globalgeschichte und Global Studies an der Universität Wien beteiligt.

Zum Verständnis der Ausführungen in diesem Buch ist es nicht unwesentlich, über die thematische und regionale Verankerung der Autorin Bescheid zu wissen. Andrea Komlosy fasst als Wirtschafts- und Sozialhistorikerin Geschichte als historische Sozialwissenschaft auf. Ihre regionale Spezialisierung liegt in der europäischen Geschichte, wobei sie den Fokus auf Regionen und regionale Ungleichheit legt. Ihre Forschungsschwerpunkte liegen in der Wirtschafts- und Sozialgeschichte der Habsburgermonarchie und ihrer Nachfolgestaaten seit dem 18. Jahrhundert, der globalen Arbeits- und Unternehmensgeschichte, vor allem in der Erzeugung von Textilien, sowie der vergleichenden Erforschung von Grenzen und Imperien. Ihre wichtigsten Anregungen bezog sie aus der Weltsystem-Analyse, die sie für ihre Fragestellungen adaptiert hat.

Regionalforschung zu betreiben, erfordert Einbettung und Inbeziehungsetzung der Regionen in überregionale Zusammenhänge. In diesem Sinn versteht Komlosy Regionalgeschichte als Globalgeschichte. Regionale Fragen zogen die Forscherin zunehmend über den Rand ihrer zentraleuropäischen Forschungsgebiete hinaus und entführten sie in neue Gefilde, zum Beispiel ins Osmanische Reich, woher die Baumwolle für die zentraleuropäischen Manufakturen des 18. Jahrhunderts importiert wurde, oder auf den indischen Subkontinent, dessen führende Stellung bei der Herstellung bedruckter Baumwollstoffe ausschlaggebend für die Innovationen in der englischen Baumwollindustrie waren, die schließlich den Vorsprung Englands in der Industriellen Revolution begründeten. Diesen außereuropäischen Entwicklungen nachzuspüren, erfordert eine Horizonterweiterung. Komlosy betreibt diese themenbezogen und am Interaktionsfeld, also beispielsweise dem Textilhandel, den globalen Güterketten oder der internationalen Arbeitsteilung orientiert. Dieser Interaktionszusammenhang gibt die Fragestellungen vor und begründet die Auswahl der Forschungsthemen. Er weist den Weg zu Kooperationen mit SpezialistInnen aus und für andere Regionen und Themenfelder. Wichtig ist ihr, dass die Ergebnisse der globalhistorischen Erweiterung einer Fragestellung wieder in die Ausgangsregion rückgeführt werden, um die Schauplätze globaler Entwicklungen in ihrer Wechselwirkung zu begreifen.

böhlau

REINHARD SIEDER UND
ERNST LANGTHALER (HG.)
GLOBALGESCHICHTE
1800–2010

Wie der Globus bevölkert wird und wie wir altern. Was Migrationen antreibt – und was sie antreiben. Wie beginnt und verläuft die Globalisierung der Wirtschaft? Kann internationale Politik Konflikte regulieren?

Dieser Band bietet eine Einführung in die Entstehung und Entwicklung moderner Gesellschaften in global vergleichender Perspektive. Dabei sind ökonomische, soziale, kulturelle, politische und ökologische Interaktionen wie z. B. Wirtschaft, Politik, Handel, Verkehr, Migrationen usw. zwischen Weltregionen ebenso Thema wie die Ausbildung jener Infrastrukturen und Medien, die diese Interaktionen möglich machen (Währungs- und Finanzsysteme, Verkehrs-, Transport- und Kommunikationssysteme, etc.). Ein weiterer Schwerpunkt ist dem Vergleich von sozial-kulturellen Systemen und Prozessen in diversen Weltregionen wie z. B. Arbeitsverhältnisse, Familie und Elternschaft, Religionen, Kriege, u. a. gewidmet.

2010. 588 S. BR. 52 S/W-ABB. & 14 TAB. 170 X 240 MM.
ISBN 978-3-205-78585-9

BÖHLAU VERLAG, WIESINGERSTRASSE 1, 1010 WIEN. T : +43(0)1 330 24 27-0
BOEHLAU@BOEHLAU.AT, WWW.BOEHLAU.AT | WIEN KÖLN WEIMAR

HANS-HEINRICH NOLTE
WELTGESCHICHTE
IMPERIEN, RELIGIONEN UND SYSTEME
15.–19. JAHRHUNDERT

Die Europäer waren nicht klüger als die Inder und nicht militaristischer als die Azteken. Sie haben nicht mehr neue Technologien entwickelt als die Chinesen und nicht härter gearbeitet als die Afrikaner auf den Plantagen der Karibik oder in den Haushalten der muslimischen Welt. Warum steht Europa 1815 so groß da und stürzt 1914 so tief in den Abgrund?

Hans-Heinrich Nolte analysiert die entscheidenden Momente des Aufbruchs der Menschheit in die Moderne und vereint, beeindruckend kenntnisreich, afrikanische, osmanische, indische, chinesische und europäische Kultur und Geschichte zu einer Weltgeschichte des 15. bis 19. Jahrhunderts.

2005. 392 S. ZAHLR. TAB. U. GRAF. GB. M. SU. 170 X 240 MM.
ISBN 978-3-205-77440-2

BÖHLAU VERLAG, WIESINGERSTRASSE 1, 1010 WIEN. T: +43(0)1 330 24 27-0
BOEHLAU@BOEHLAU.AT, WWW.BOEHLAU.AT | WIEN KÖLN WEIMAR

böhlau

PAOLO MALANIMA
EUROPÄISCHE
WIRTSCHAFTSGESCHICHTE
10.–19. JAHRHUNDERT

Thema des Buches ist die Entwicklung der europäischen Wirtschaft vom 10. Jahrhundert bis zum Beginn des modernen Wachstums im 19. Jahrhundert. Europa wird im globalen Kontext betrachtet, und die spezifisch europäischen Merkmale werden analysiert. So bietet das Buch ein klares Bild von Struktur und Organisation der vormodernen europäischen Wirtschaft und bestimmt ihre Merkmale, Institutionen und Grenzen vor einem weltweiten Hintergrund.

„Der richtige Wälzer für alle, die anlässlich der Krise ihr Wissen um wirtschaftliche Zusammenhänge vertiefen wollen." *(Falter)*

2010. 493 S. BR. ZAHLR. S/W-ABB. 150 X 215 MM.
ISBN 978-3-8252-3377-8

BÖHLAU VERLAG, WIESINGERSTRASSE I, IOIO WIEN. T: +43(0)1 330 24 27-0
BOEHLAU@BOEHLAU.AT, WWW.BOEHLAU-VERLAG.COM | WIEN KÖLN WEIMAR